VERLAG TORSTEN LOW

**Das Buch:**

Ein in Menschenhaut gebundenes Buch zieht eine Spur von Selbstmorden hinter sich her ...

Der König in Gelb sucht einen Erben ...

Worte der Qual bewahren unser Universum vor dem Wahnsinn ...

Die Notizen eines alten Mannes bergen eine blasphemische Geschichte ...

Das Buch Llyfr y Cythraul eröffnet einer Frau ein Schicksal, dem sie nicht entkommen kann ...

Blasphemische und verbotene Bücher, die schreckliche Geheimnisse in sich tragen oder grauenvolle Entitäten heraufbeschwören, waren schon immer ein wichtiger Bestandteil des lovecraft'schen Kosmos.

16 Autoren wandeln erneut auf den Spuren des Meisters und haben sich aufgemacht, die Bibliothek des Schreckens zu öffnen, und sind dabei auf Mysterien jenseits der menschlichen Vorstellungskraft gestoßen. Das Grauen lauert nicht in Gräbern oder Spukhäusern, sondern zwischen den Worten und Buchstaben verruchter Bücher!

**Aus unserem Verlagsprogramm:**

Aus der Reihe *Auf den Spuren H. P. Lovecrafts*:
Metamorphosen
Die Klabauterkatze

Andere Anthologien:
Geisterhafte Grotesken
Geheimnisvolle Bibliotheken
Dunkle Stunden
Dampfmaschinen und rauchende Colts
Die Irrlichter

# Verbotene Bücher

## Auf den Spuren H. P. Lovecrafts

Thomas Backus,
Eric Hantsch,
Nina Horvath und
Sabrina Hubmann (Hrsg.)

### Eine Anthologie
der Geschichtenweber

Besuchen Sie uns im Internet
www.verlag-torsten-low.de

1.Auflage
Deutsche Erstveröffentlichung Oktober 2015
© 2015 by Verlag Torsten Low,
Rössle-Ring 22, 86405 Meitingen/Erlingen

Umschlaggestaltung:
Chris Schlicht

Lektorat und Korrektorat:
Maria Blömeke

Satz: Torsten Low

Druck und Verarbeitung: Winterwork, Borsdorf
Printed in Germany

ISBN 978-3-940036-34-6

# Inhalt

| | |
|---|---:|
| Bonus | 7 |
| Untergang | 9 |
| *Eric Hantsch* | |
| Bitte nicht lesen! | 11 |
| *Holger Göttmann* | |
| Blockade | 35 |
| *Christian Damerow* | |
| Das Erbe des Walther Stuck | 55 |
| *Johannes Harstick* | |
| Der verschollene König | 89 |
| *Thomas Backus* | |
| Ein Wolf im Schafspelz | 105 |
| *Bernhard Finger* | |
| Fim Schabbah | 121 |
| *Sabine Frambach* | |
| Köderwurm | 137 |
| *Detlef Klewer* | |
| Marketing | 165 |
| *Bettina Ferbus* | |
| Samhain | 177 |
| *Julia Annina Jorges* | |
| Sammelband | 207 |
| *Tobias Müller* | |
| Tod dem König in Gelb | 233 |
| *Felix Woitkowski* | |
| Mr Ashshires Vermächtnis | 257 |
| *Vanessa Kaiser & Thomas Lohwasser* | |
| Thaler Thaler | 289 |
| *T. S. Orgel* | |
| Der Mann am anderen Ende | 337 |
| *Sabrina Hubmann* | |
| Das Bionomicon | 349 |
| *Nina Horvath* | |

# Bonus-Beilage

## Download-Code für
## einen Titel der Band

## *Sea Of Disorder*

beeh-bedh

**Sea Of Disorder** wurden 2012 auf der Heimfahrt von einem Konzert in München gegründet.

Die Band besteht aus den Mitgliedern Robert Czeko (Gitarre, Bass, Effekte) und Christian Hubmann (Schlagzeug, Gitarre, Bass), welche in Salzburg leben.

Das Album »Merging Land and Sky« ist bereits ihre zweite Veröffentlichung und nicht minder erfolgreich als ihr Erstlingswerk »Sea Of Disorder«.

Die Musik wird neben ihren Brotjobs ausgeübt, und in der Freizeit beschäftigen sie sich neben der Musik mit allerlei anderen Hobbies, wie dem Rollenspiel – beide sind bereits seit Langem Fans von H.P. Lovecraft und dessen Cthulhu Mythos – und Filmen, Serien sowie Computerspielen.

Das erste Album kann man auf bandcamp kostenlos herunterladen, und für dieses Buch stellen sie einen Track zur Verfügung, der für alle Käufer mit einem speziellen – im Buch befindlichen – Code herunterladbar ist.

Viel Spaß beim Hören wünschen
Robert & Chris

Der Verlag Torsten Low dankt **Sea Of Disorder** für die Möglichkeit, den Lesern dieser Anthologie einen Song vom aktuellen Album zur Verfügung zu stellen.

Um den Song herunterladen zu können, benötigen Sie den Code auf dem Aufkleber auf Seite 7. Suchen Sie dazu bitte die folgende Webseite auf und folgen dann den Hinweisen auf der Seite:

https://seaofdisorder.bandcamp.com/yum

# Untergang

### von
### Eric Hantsch

Ein bleicher Schimmer, des Mondes Gruß
Den Schatten im Zimmer zum Verdruss
Über schartige Buchrücken wandert der Schein
Nichts ahnend vom düsteren Wort und dem Sein

Wissen so mächtig, gebannt auf Papier.
Kräfte so schrecklich, lauern hier.
Von verruchtem Geist, in gieriger Hast.
Die Formeln des Grauens hervorgebracht.

Stechende Augen, gräulicher Plan
Von der Macht besessen, sitzen daran
Mit Donnerstimme finstre Worte erschallen
Mit Getöse in der Finsternis sie verhallen

Die Säulen der Erde, im kalten Feuer entflammen.
Die Sterne sie fallen, der Himmel vergangen.
Ein verzehrender Kataklysmus, unwiderruflich setzt ein.
Gefangen auf ewig, in der alten Götter Pein.

# Bitte nicht lesen!

von

Holger Göttmann

Zu neugierig, hm? Dabei hätte Sie der Titel warnen sollen. Na gut, jetzt haben Sie reingeschaut, dann können Sie auch meine Geschichte lesen. Wer ich bin? Mein Name ist Aislinn Porter und ich bin eine moderne Schatzjägerin.

Sie glauben, Bücher sind nur beschriebene Seiten, oder? Das dachte ich lange Zeit auch und wir irrten uns beide. Es existieren Bücher dort draußen, die sollen nicht sein. Damit meine ich nicht diesen Firlefanz, mit dem man irgendwelche unaussprechlichen Dämonen beschwört. Auch den gibt es. Aber jene Bücher, die ich meine, sind schlimmer – viel schlimmer! Sie infizieren uns mit Bildern, mit Ideen, mit Wahnsinn.

Haben Sie schon einmal darüber nachgedacht, was das wirklich Schreckliche an solchen Büchern wie dem »Al Azif« oder dem »De Vermiis Mysteriis« ist? Nicht, dass man damit Kreaturen von jenseits der Dimensionen beschwören kann. Viel entsetzlicher ist, dass sie unsere Realität zersetzen! Sie zerstören sie, beherrschen sie und entreißen uns ihrer Kontrolle. Niemand sollte diese Bücher lesen, denn es entfesselt ihre Macht über uns.

Das wusste ich aber noch nicht, als ich in dem muffigen Raum auf dieser gottverlassenen Insel bei Rhode Island saß und mich umblickte. Das gesamte Haus stank nach Lebertran und sogar der Teppich wirkte versifft, als ob dort literweise Alkohol ausgeschüttet worden war. Zumindest hoffte ich, dass es nur das war.

Der runde Salontisch vor mir machte einen überraschend guten Eindruck – dunkles und stabiles Holz. Ja, es war ein wenig zerkratzt. Doch es war nicht in einem so schlimmen Zustand wie die Tapete oder der

Teppich. Flecken und ein schimmernder Schmierfilm waren allgegenwärtig.

Ein Schauer lief mir über den Rücken, während ich auf den Tisch blickte, denn dort lag es – das Buch. Dabei glaubte ich doch gar nicht an solchen Unsinn! Eine innere Stimme sagte mir aber, dass ich es nicht hierher hätte bringen sollen. Doch diese Stimme lachte ich aus. So schnell würde ich nicht abergläubisch werden!

Ungeduldig betrachtete ich den modrigen Ledereinband. Im ersten Moment wollte ich aus dem Herrenhaus rennen, doch dazu war ich zu gierig. Ich brauchte das Geld – dringend! Schon lange hatte ich keinen gescheiten Job mehr gehabt. Da war mir die Gelegenheit gerade recht gekommen, als sich einer meiner Kontakte über E-Mail gemeldet hatte, dass ich ein Buch besorgen sollte.

»Dann schau mal, wie du da wieder heil rauskommst«, murmelte ich mir selbst zu.

Die Tür öffnete sich quietschend und ein untersetzter Mann mit Glubschaugen trat herein. Mir fiel sofort sein Jackett auf. Es muss einmal ein kräftiges Dunkelblau gewesen sein, doch unzählige Waschvorgänge hatten es vollkommen ausgebleicht. Die Augen des Mannes wirkten durch die Brille wie zwei verquollene Fischaugen, die mich lauernd betrachteten. Kontinuierlich leckte er sich mit der Zunge über die Lippen.

»Miss Porter, nehme ich an?« Der Mann holte ein dreckiges Stofftuch hervor und wischte sich damit über den Mund.

»Genau. Und Sie sind dann Mr. Amstead?«

Er nickte und setzte sich mit einem schmatzenden Geräusch auf einen Stuhl am Tisch, der unter seinem

Gewicht bedenklich knirschte. Ehe er weitersprach, schnäuzte sich Mr. Amstead: »Ich darf Aislinn sagen?«

»Wie Sie wollen. Das ist mir einerlei. Ich bin nicht zum Reden hier.«

»Genau wie ich, meine Teuerste. Ich habe Sie angeheuert, damit Sie mir diesen kostbaren Schatz besorgen. Deswegen sind Sie hier.«

»Das stimmt. Es freut mich, Ihre Bekanntschaft zu machen, Mr. Amstead.« Das war gelogen. Es gab kaum etwas, was ich widerlicher fand. »Hier ist Ihr Buch.«

Ich schob es zu Mr. Amstead. Dieser betrachtete es aber nicht. Er starrte mich nur aus seinen Glubschaugen an: »Sagen Sie, haben Sie das Buch gelesen?«

»Nein, habe ich natürlich nicht.« Ich lachte. »Aber ich habe vorher ›Claatu Verata Nectu‹ gesagt, wenn Sie das meinen. Bin schließlich keine Anfängerin.«

»Was?« Mr. Amstead blickte mich irritiert an. »Von irgendwelchen Worten hatte ich gar nichts ...?«

Ich unterbrach ihn mit einer wegwischenden Handbewegung: »Schon gut, war ein Scherz. Nur so ein Film.«

»Wie Sie meinen. Aber das hier ist eine wichtige Sache. Sie sollten ernster sein.«

»Ernster? Ich? Wissen Sie ...« Ich lehnte mich nach hinten, faltete die Hände hinter dem Kopf und legte meine Füße auf den schönen Tisch. »... dann wäre es doch alles viel langweiliger, oder?«

Manchmal übertrieb ich es mit meiner schnippischen Art. Wenn ich mich mehr zurückhalten würde, würde ich nicht in diesem Schlamassel stecken. Das wusste ich. Aber so ganz aus meiner Haut konnte ich nie.

14

»Ich interessiere mich nicht für Langeweile oder deren Abwesenheit. Ich interessiere mich nur für Bücher wie dieses hier.« Mr. Amstead deutete vor sich. »Wissen Sie, was Sie mir da gebracht haben?«

»Nein, und es interessiert mich ehrlich gesagt nicht.«

Natürlich wusste ich, was ich da mitgebracht hatte. Aber es war immer gut, sich unwissender zu stellen, als man war.

»Oh, meine Teuerste, ich hatte Sie für professioneller gehalten – oder zumindest neugieriger.« Mr. Amstead zog seine Nase hoch. »Vor allen Dingen, nachdem Sie solche Mühen auf sich genommen haben! Ich kann mir nur entfernt vorstellen, wie schwer es gewesen sein muss, in diesen Unterwassertempel einzudringen und das Buch so wohlbehalten herauszuholen.«

Ich lachte prahlerisch: »War kein Problem! Lara Croft ist eine Stümperin gegen mich.«

»Lara Croft?« Mr. Amstead schmatzte irritiert. »Ach, vermutlich erneut einer Ihrer Witze. Ein Film wieder?«

Mein Grinsen wurde breiter: »Ja, leider auch – sogar zwei ganz schlechte. Aber eigentlich ist es mehr ein Video...«

Mr. Amstead winkte mit seiner speckigen Hand ab: »Ich sagte doch bereits: Ich interessiere mich für diesen neumodischen Krempel nicht, meine Teuerste. Können wir diesen Unsinn also bitte lassen?«

»Mal schauen.« Ein Schmunzeln konnte ich mir nicht verkneifen. Doch mir war klar, dass ich es nicht allzu sehr übertreiben sollte, auch wenn es Spaß machte.

»Wie dem auch sei!« Mr. Amstead holte tief Luft. »Aislinn, Sie sind sehr spät dran.«

»Mir war nicht bewusst, dass wir eine Deadline für das alles hatten. Zumindest stand davon nichts im Vertrag.«

»Richtig, richtig. Doch das meinte ich nicht. Mir ging es um die Fähre zurück nach Rhode Island.«

»Das bedeutet?«

»Dass sie zumindest für heute Nacht mein Gast sind. Die nächste Fähre geht morgen früh.«

Ich blickte mich um und schaute erneut zu Mr. Amstead: »Ich hoffe, mein Zimmer ist in einem besseren Zustand als dieser Salon?«

»Sicher, meine Teuerste. Für meine Gäste nur das Beste. Übrigens habe ich noch einen weiteren Gast. Wir würden uns freuen, wenn Sie uns zum Abendessen Gesellschaft leisten.«

»Es wäre mir eine Ehre, Mr. Amstead.« Das war es nicht, aber ich wusste, dass ich da durch musste.

Mr. Amstead grinste mich überbreit an: »Das freut mich. Dann werde ich gleich meinen Butler Bolton rufen, damit er Ihnen Ihr Zimmer zeigt.«

»Danke.«

Sehr gut. Alles verlief nach Plan – dachte ich zumindest.


Der Butler war nicht so klein und schmierig wie Mr. Amstead. Das machte ihn aber nicht weniger unangenehm. Er war groß, dürr und sein Kopf wirkte wie ein Totenschädel. Bei seiner Statur fragte ich mich, ob er überhaupt jemals etwas aß. Aber gut, nicht jeder konnte einen so gesegneten Appetit haben wie ich. Das ließ ich ihm also durchgehen – und nicht jeder konnte so gut aussehen wie ich.

Das widerlichste an ihm war, dass er leider auch bemerkte, dass ich gut aussah. Sein Blick zog mich förmlich aus. Unter normalen Umständen hätte ich ihm dafür eine gescheuert. Doch das hier war anders. Ich konnte keinen Aufruhr wegen so etwas Unwichtigem gebrauchen. Alles musste weiter wie geplant laufen. Daher ließ ich mich von ihm eskortieren.

Einen neugierigen Blick warf ich noch zurück, denn ich wollte wissen, wohin Mr. Amstead mit meinem muffigen Buch ging, als er den Raum triumphierend verließ. Aha, einen anderen Gang watschelte er entlang und verschwand dort zur Seite. Gut zu wissen!

Bolton führte mich über eine Galerietreppe auf eine Empore hoch über die Eingangshalle. Mehrere Gänge zweigten von ihr ab. Der Butler geleitete mich an eine hintere Tür. Als ich ihn musterte, war ich erstaunt, wie man so höflich gaffen konnte.

»Ihr Zimmer.« Er verbeugte sich.

»Danke.« Ich hielt mich kurz, denn ich wollte nur noch in meinem Zimmer verschwinden.

Bolton blieb stehen, bis ich den Raum betreten und die Tür hinter mir geschlossen hatte.

Ging er weg? Ich wusste es nicht, denn ich konnte keine Schritte hören. Stand er noch vor der Tür? Erneut wollte ich die Tür sicherlich nicht öffnen! Am Ende würde dieser eklige Kerl das als Einladung ansehen. Daher holte ich tief Luft, verbannte diese Gedanken aus meinem Kopf und blickte mich im Gästezimmer um.

Es war ordentlich, als ob die Widerlichkeit des Hauses hier keinen Einzug gehalten hätte – oder regelmäßige Gäste diesen Raum immer wieder säuberten. Ich konnte mir nicht vorstellen, wie man in einem der anderen Räume gut übernachten konnte. Alles roch in diesem Haus nach Fischöl – nur dieses Zimmer nicht. Vielleicht war dieses Gästezimmer daher so, wie es war. Ich beschwerte mich nicht,

Meinen Koffer stellte ich vor den Schrank. Auspacken wollte ich ihn nicht. Mehr als eine Nacht würde ich hier sowieso nicht verbringen! Andernfalls würde ich noch vor Ekel krepieren. Da langte es, wenn ich die Sachen einfach aus dem Koffer herausholte. Ich zog mich um, auch wenn ich mir nicht sicher war, ob der Butler draußen durch das Schlüsselloch spannte. Doch auch diesen Gedanken verdrängte ich rasch wieder und konzentrierte mich auf meine Pläne. Von so einem widerlichen Kerl würde ich mich nicht verunsichern lassen.

Ich hatte damit gerechnet, über Nacht hier bleiben zu müssen und mein Auftraggeber hatte mir gesagt, dass Mr. Amstead ein Faible für dekadente Essen habe. Ja, mein richtiger Auftraggeber – nicht dieser widerliche Mr. Amstead! Denn dass ich ihm dieses Buch gebracht hatte, war nur Tarnung. Ich hatte ein anderes Ziel.

»Dann mach dich mal schick, Aislinn«, murmelte ich mir zu.

Kleider waren noch nie mein Ding gewesen, aber ich wusste, wann und wie ich sie einsetzen musste. Mir war es gleich, ob ich Hose oder Rock trug. Solche Kerle wie dieser Butler begafften einen sowieso. Daraus konnte man auch einen Nutzen ziehen! Ich war neugierig, wie es bei Mr. Amsteads ominösem Gast war.

Als ich den Raum verließ, stand der Butler noch immer dort. Ich hatte demnach richtig gelegen, dass er sich nicht entfernt hatte. Ob er gespannt hatte? Vermutlich! Aber sollte er doch glotzen – sollten sie alle gaffen! Das spielte mir nur in die Hände, wenn sie mich nicht ernst nahmen. Bald würde ich wieder weg sein und dann wäre mir das sowieso egal. Dafür wäre ich aber um eine hübsche Summe reicher.

»Ich bringe Sie in den Speisesaal«, sagte der Butler und verbeugte sich wieder vor mir. Ein Wunder, dass er mir dabei nicht direkt die Nase in den Ausschnitt steckte.

»Na, dann aber mal flott.« Ich wedelte mit einer Hand durch die Luft, allerdings eher um den fischigen Geruch zu vertreiben. »Ich habe nämlich einen ziemlichen Kohldampf.«

Das stimmte sogar, auch wenn ich unsicher war, ob mir von dem Essen hier nicht genauso übel werden würde wie bei nahezu allem anderen hier.

Bolton führte mich die Galerietreppe hinunter und in den hinteren Teil des Herrenhauses. Der Gang, durch den er mich geleitete, war gesäumt von großen Bildern. Es waren Landschaftsbilder – meist vom Meer, vom Riff in der Nähe, aber auch von einem Fischerdorf. War ja klar!

Am Ende des Ganges öffnete mir der Butler eine Doppeltür, verbeugte sich und ließ mich allein eintreten. Während allem hatte er dieses Grinsen auf den Lippen, das mich schaudern ließ. Was fand er so ungeheuer witzig an allem? Hinter mir schloss er die Tür und ich war erleichtert.

Ich hatte einen großen Speisesaal erwartet, doch er war klein – nur wenige Quadratmeter. An einer Seite prasselte ein Feuer im Kamin, aber Wärme spendete es nicht. Die Luft wurde dadurch nur noch modriger und kurioserweise feuchter.

In der Mitte stand ein runder Tisch, auf dem für drei Personen angerichtet war. Natürlich waren die Teller noch leer. Mr. Amstead und sein Gast saßen auch bereits dort. Als ich den Raum betrat, erhoben sie sich.

»Ah, meine Teuerste, da sind Sie ja.« Mr. Amstead winkte mich heran und deutete auf seinen Gast. »Das hier ist Khaliq Ibn Hazen.«

»Miss Porter, es ist mir eine Ehre.« Khaliq verbeugte sich und ich musste zugeben, dass er nicht schlecht aussah. Er war hochgewachsen, hatte breite Schultern und dunkles Haar. An seiner Haut konnte man aber spätestens seine arabische Abstammung erkennen.

Da wollte ich mal nicht so sein und knickste. Auch eine Aislinn Porter kann auf Dame machen. »Die Ehre ist ganz auf meiner Seite.«

Khaliq zog meinen Stuhl vom Tisch, damit ich mich setzen konnte. Ich nickte ihm dankbar zu. Man sollte Männer immer im Glauben lassen, dass sie die Kontrolle über eine Situation hatten.

Nachdem Mr. Amstead und Khaliq sich gesetzt hatten, öffnete der Butler die Tür und schob einen quietschenden Speisewagen herein. Es dampfte und roch nach Fisch. Überrascht war ich nicht.

»Ich hoffe, Sie mögen Fisch, meine Teuerste.« Mr. Amstead nickte dem Butler zu.

Der servierte jedem von uns eine riesige Forelle mit grünem Gemüse, das ich noch nie gesehen hatte – halb Brokkoli, halb Algen. Dazu gab es Wein.

Ich lachte und winkte ab. »Fisch ist immerhin gesund, nicht wahr?«

»Ja, das ist er.« Mr. Amstead schmunzelte.

20

»Miss Porter«, setzte Khaliq an. »Ich habe gehört, dass Sie uns das Manuskript der Aram'kali besorgt haben.«

Mein Blick war noch ein wenig von dem merkwürdigen Gemüse abgelenkt. Doch dann blickte ich auf zu Khaliq und nickte hastig. »Ja, genau. Es war in einem versunkenen Tempel vor Indien. Hat mich einiges an Zeit und auch Nerven gekostet. Naja, ein paar blaue Flecke auch, und leider eine gebrochene Rippe. Aber das ist Berufsrisiko. Jetzt haben Sie Ihr mystisches Buch.«

Khaliq schmunzelte. »Das klingt so, als glaubten sie nicht an diesen Hokuspokus?«

Ich entschloss mich, das Gemüse zu ignorieren. Der Fisch würde mir reichen. »Natürlich nicht, wo kämen wir denn da hin? Ich bin Archäologin. Wir glauben nicht an das Übernatürliche – im Gegenteil. Wir graben Vergangenheit aus – Geschichte! Nicht mehr und nicht weniger. Wie sagte es mal ein bekannter Professor? Archäologie ist die Suche nach Fakten. Nicht nach der Wahrheit. Wahrheit suchen die Priester – oder die Okkultisten.«

Khaliq lachte, Mr. Amstead blieb ernst. »Meine Teuerste, ich denke, sie sollten nicht ganz so abfällig von Menschen mit Überzeugung reden, nur weil sie selbst keine haben.«

»Oh, ich habe Überzeugung! Das können Sie mir ruhig glauben. Ich glaube an Geld, Spaß und Nervenkitzel. Bisher bin ich damit immer ganz gut gefahren.«

»Das glaube ich Ihnen.« Khaliq schmunzelte und aß gemütlich von seinem Fisch – und dem Gemüse.

»Wenn ich mir aber die Frage nun erlauben dürfte, Mr. Hazen ...«, setzte ich an.

»Nennen Sie mich Khaliq.«

Ich grinste. »Also gut, Khaliq. Sie haben eben davon gesprochen, dass ich Mr. Amstead und Ihnen das Buch gebracht habe. Was für ein Interesse haben Sie daran?«

Khaliq tupfte sich den Mund mit der Serviette ab, ehe er sprach. »Ich bin Schriftsteller. Es ist eine Tradition in meiner Familie, die noch weit zurück in die alten Zeiten Arabiens reicht. Mit Stolz kann ich auf einen Stammbaum hochkarätiger Schreiber zurückblicken und ich setze dieses Erbe fort.«

»Durch Kopien!«, warf Mr. Amstead mit einem glucksenden Lachen ein.

»Jawohl, mit Kopien – auch.« Khaliq seufzte. »Wir sammeln alte Schriftstücke, Karten und Manuskripte, um möglichst gute Kopien davon herzustellen. Und wenn mich persönlich die kreative Muse packt, dann lasse ich mich davon auch inspirieren und schreibe selbst etwas.«

»So, so, ein Schriftsteller.« Ich grinste, während ich von dem Fisch aß – und der war verdammt gut! Ich war überrascht. »Sollte ich denn eines Ihrer Werke kennen?«

»Ich denke nicht. Dann hätten Sie vorhin ganz anders geschaut, als wir uns bekannt gemacht haben. Aber Sie könnten meine nächste Muse sein, wenn Sie wollen.«

Ich schmunzelte innerlich, aber weigerte mich, mich geschmeichelt zu fühlen. Daher überging ich diesen Kommentar von ihm.

»Könnte ich etwas von Ihnen lesen? Sie haben nicht zufällig ein Buch dabei?«

Khaliq blickte zu Mr. Amstead und schüttelte den Kopf. »Nein, das tut mir leid. Ich habe zwar etwas hier, aber noch ist es nicht reif für die Welt. Gedruckt habe ich schon ein Exemplar, doch es ist nur halb fertig. Es braucht einige Ergänzungen, wie mir zu spät auffiel. Daher würde ich es ungern zu früh einem Testleser geben. Ich hoffe, Sie verstehen?«

»Natürlich. Dann sollten Sie aber vorsichtig sein. Nicht dass ein Einbrecher hier hereinkommt und es stiehlt.«

Mr. Amstead lachte gluckernd auf. »Das wird nicht passieren. Khaliq ist ein alter Freund von mir. Immer wenn er mir eines seiner neuen Werke bringt, kommt es zu meinen anderen Schätzen in die Bibliothek.«

Das dürfte also der Ort gewesen sein, an den Mr. Amstead vorhin mein Lederbuch gebracht hatte. Ich hatte es zwar nicht genau sehen können, aber würde mich wundern, wenn ich die Tür nicht erkennen würde.

»Dann ist es gut aufgehoben?«, hakte ich unschuldig nach.

»Ja, hier bekommt das Buch niemand weg.« Mr. Amstead fasste in eine seiner Jacketttaschen. Es war kaum zu sehen, aber er nickte danach zufrieden. Ich bemerkte es natürlich.

Den Rest des Gespräches brachte ich mit sehr belanglosem Smalltalk hinter mich. Ich musste mich nur noch aus der Sache mit dem Gemüse herausreden, aber das war keine Schwierigkeit. Ich bin eine Meisterin der Ablenkung und beide hatten weder hierbei noch bei meinem anderen Vorhaben Lunte gerochen.

Nach einer weiteren Stunde stand ich auf, woraufhin auch die beiden sich erhoben: »Es war ein angenehmer Abend, die Herren.«

Als ich mich verabschiedete, rempelte ich Mr. Amstead unauffällig an. Wenn man sich ein wenig angeheitert gibt, fällt so etwas nicht auf. Das konnte ich gut und daher schöpfte er keinen Verdacht.

Zurück in meinem Zimmer bereitete ich mich auf den Rest der Nacht vor und wartete, bis die anderen tief und fest schliefen. Immer noch verlief alles nach Plan – dachte ich weiterhin.

»Showtime!«, murmelte ich mit einem Grinsen und zog mir die graue Kapuze über das Gesicht. Ein letztes Mal überprüfte ich meine Einbrecherwerkzeuge am Gürtel und meine Taschen. Perfekt! Jetzt war genau die richtige Zeit, um in Mr. Amsteads Heiligtum einzusteigen.

Die Bibliothek hatte ich schnell gefunden. Die Richtung wusste ich noch von vorher, als Mr. Amstead mein Buch weggebracht hatte. Es war die einzige Tür mit einem Sicherheitsschloss. Das hätte sich auch ein Vollidiot denken können. Allzu stolz war ich daher auf diese Schlussfolgerung ausnahmsweise nicht.

Ich konnte nur hoffen, dass weder Mr. Amstead noch Khaliq oder gar der Butler aufkreuzen würden. Aber irgendeine Ausrede würde mir schon einfallen – ich war nicht auf den Mund gefallen.

Als ich das Türschloss betrachtete, grinste ich. Dieser Mr. Amstead glaubte selbst an seinen okkulten Mist: Auf das Metall am Schloss war ein Pentagramm mit Kreide gezeichnet – in der Mitte befand sich sogar ein flammendes Auge.

So etwas hatte ich schon einmal gesehen: ein älteres Zeichen, wie es genannt wurde. Das kannte ich bisher nur aus irgendwelchen Filmen oder Horrorromanen.

Aber sollte mir doch egal sein, woran der Kerl glaubte! So ein Zeichen würde jedenfalls keine Aislinn Porter von ihrem Ziel fernhalten. Weder hatte ich Tentakel, noch war ich ungeheuer schläfrig oder Herrscherin über eine uralte Stadt im Meer. Daher wischte ich das Symbol einfach mit der Hand weg.

Ich zückte eine kleine Karte mit Magnetstreifen, die ich Mr. Amstead vorhin gestohlen hatte. Denn ich hatte sehr genau seinen Kontrollgriff gesehen, als er von der Bibliothek gesprochen hatte. Natürlich bewahrte er in dieser Jacketttasche den Schlüssel auf und meine flinken Hände hatten ihn unbemerkt herausfischen können. Zum Glück hatte ich es über mich gebracht, Mr. Amstead anzurempeln.

Mit einem Grinsen schob ich die Karte in einen Schlitz am Metallkasten. Es surrte und die Tür klickte. Ich konnte mir ein leises »Sesam öffne dich!« nicht verkneifen und schlüpfte in den Raum dahinter.

Als ich mich umblickte, war sogar ich für den ersten Moment sprachlos. Riesige Regalwände säumten die Seiten, gefüllt mit den unterschiedlichsten Büchern, die ich je gesehen hatte. Aber auch in der Mitte standen kleinere Schränke, an denen Leitern gelehnt waren. Gute vier Meter hoch musste der Raum sein, wenn ich mich nicht verschätzte. Das konnte eigentlich nicht sein, denn damit müsste er bis weit in den nächsten Stock reichen. Dergleichen war mir aber nicht aufgefallen.

Doch darum ging es mir nicht. Ich war wegen etwas anderem hier: wegen der Bücher! Oder um genauer zu sein: wegen eines bestimmten Buches. Daher blickte ich mich um.

Hier waren riesige Wälzer, abgenutzte Schmöker und zerfledderte Taschenbücher. Ja, alle möglichen Arten und nicht nur die ganz alten, sondern auch neu wirkende Bücher. Das passte zu den Informationen, die mir mein Auftraggeber geschickt hatte – und Khaliq hatte mir eine sogar noch bessere Beschreibung geliefert. Ich schritt siegessicher durch die gewaltige Bibliothek. Meine Schritte wurden vom Teppich gedämpft. Besser hätte es mir nicht passieren können.

Das Buch, das ich suchte, musste neu sein. Immerhin hatte Khaliq es erst kürzlich geschrieben und drucken lassen. Wer kam eigentlich auf die Idee, dass man so etwas auch drucken konnte? Wenn die doch so übermächtig und mysteriös waren, dann sollten sie mit Hand geschrieben sein – am besten noch in Blut!

Vermutlich war das aber nur einmal wieder mein Sinn für Popkultur, der da in mir aufschrie. Gedruckte mysteriöse Bücher – das würde bei mir mehrere Punkte Abzug in der Kategorie »Unheimliche Bücher« geben. Doch meine Gedanken durften jetzt nicht abschweifen.

Es war also keines dieser alten Dinger, die ich da in den Regalen sah. Ich hoffte in diesem Moment, dass all die Geschichten Quatsch waren. Hoffentlich war das nur der übliche Firlefanz, den man im Internet bei Ebay ersteigern konnte, wenn man »Necronomicon« oder so etwas eintippte.

Es gab genug Idioten, die auf sowas hereinfielen und dachten, sie hätten tatsächlich ein verbotenes Buch in den Händen. Ich wollte gar nicht wissen, was diese Leute sich darauf einbildeten.

Welche Ironie des Schicksals dachte ich mir, dass dies hier die Quelle all jener schlechten Necronomicon-Kopien bei Ebay war. Wie viele Bücher sich Mr. Amstead und Khaliq wohl erdacht hatten, um leichtgläubigen Kultisten Geld aus der Tasche zu ziehen?

Vielleicht lebte Mr. Amstead deshalb auf dieser Insel, damit er besser kontrollieren konnte, wer hierher kam und wer nicht. Auch wenn ich diesen Kultisten nur Wahnsinn zuschrieb und keine übernatürliche Macht, so ist ein Irrer mit einer Knarre immer noch ein Irrer mit einer Knarre. Und wenn es eines war, was ich in meinem Job gelernt hatte dann, dass man Menschen mit Pistolen nicht verärgern sollte. Na gut, das lernte man auch, wenn man genug Filme oder Serien sah – oder einfach nur nicht bescheuert war.

Wie viele Bücher hier waren! Das hätte eine Fundgrube für einen Horrorfilm sein können. Wieso verdienten sich solche Leute ihr Geld damit, Menschen zu schröpfen? Wieso heuerten sie nicht bei einem Guillermo del Toro an, wenn sie solch überzeugende Requisiten herstellen konnten! Damit wäre doch jedem wesentlich mehr gedient, oder?

Aber dieser Mr. Amstead musste Geld ohne Ende haben, wie mir bewusst wurde, während ich mich umblickte. Einige der Bücher waren sogar hinter Glas. Ich vermutete, dass es schusssicheres Glas war und das war nicht billig. Wenn man auch noch die Teppiche in Betracht zog, dieses Haus, den Butler, die ganze Fährenstation von der Insel nach Rhode Island, dann war das mal echt ein stinkreicher Mann.

Wieso jedoch stellte er Leute wie mich ein, um an richtige Bücher zu gelangen, wenn er doch offensichtlich genug selbst von diesen Büchern entwarf? Nicht, dass ich dachte, dass das Buch besonders viel realer wäre, das ich ihm da besorgt hatte. Ach, diese Büchernarren waren doch alle gleich dämlich! Mir ging es nur um das Geld – na gut, und ein wenig um den Nervenkitzel.

Noch während meine Gedanken sich einmal wieder verselbständigten, sah ich es aber ganz offensichtlich auf dem Tisch liegen: ein neues Taschenbuch! Ja, das musste es sein. Ich konnte es schon allein am Titel erkennen: »Verbotene Bücher – eine Kurzgeschichtensammlung von Khaliq Ibn Hazen«.

Ich steckte es rasch ein und legte eine vorgefertigte Attrappe dorthin. Es sah nicht genauso aus, aber das würden sie sowieso erst merken, wenn sie danach schauen würden. Wenn sie sehen, dass es das falsche Buch war, wäre es bereits zu spät und ich über alle Berge. So war zumindest meine Hoffnung.

Mein Blick wanderte ein letztes Mal durch die Bibliothek. Es gab hier noch so viele weitere Bücher, die auch ein kleines Vermögen wert waren. Die Versuchung war groß, eines davon mitgehen zu lassen; doch ich widerstand. Ich würde gerne sagen, dass es Bescheidenheit war. Aber ich fürchte, die Atmosphäre des gesamten Hauses, der Gespräche vorher und auch dieser Bibliothek flößten sogar mir ein wenig Respekt ein. Also nichts wie raus hier!

Rasch war ich aus der Bibliothek verschwunden, huschte die große Galerietreppe hinauf und glitt in meinen Raum. Ich verschloss die Tür hinter mir und atmete dort erleichtert aus. Ich hatte es geschafft! Beinahe zumindest. Heute würde ich nicht mehr von der Insel herunterkommen können und am nächsten Morgen plante ich, die erste Fähre zu nehmen. Dann würde mich dieses eklige Stückchen Land nie wieder sehen!

28

Mein Blick wanderte zu meiner Tasche, die ich auf den Tisch gelegt hatte. Ob ich einen Blick in das Buch riskieren sollte? Nein. Es waren nur Kurzgeschichten. Was sollte daran schon schlimm sein? Doch dann hielt ich es nicht mehr aus, ging zur Tasche und öffnete das Buch.

Zuerst stutzte ich, als ich das Buch aufschlug und den Titel sah: »Bitte nicht lesen!« Doch meine Neugierde gewann. Ich begann zu lesen.

Es wirkte wie eine Sammlung von Geschichten. So etwas kannte ich. Ich hatte in meiner Jugend viel Lovecraft gelesen. Vielleicht hatte das auch meine Faszination für Archäologie ausgelöst – na gut, das und Indiana Jones.

Plötzlich spürte ich einen Luftzug hinter mir und ich bemerkte eine Bewegung. Mr. Amstead trat hinter mich. Wie war er hier hereingekommen und wieso jetzt? Hastig schlug ich das Buch zu und versteckte es in meiner Tasche. Meine Hand glitt sofort an meine Pistole in der Jacke und ich zog sie.

»Aber, aber, meine Teuerste.« Mr. Amstead hob seine Hände abwehrend. »Wer wird denn gleich?«

»Was wollen Sie, Mr. Amstead, und was suchen Sie in meinem Zimmer? Ist das Ihre Art von Gastfreundschaft?«

Einen Versuch war es wert, dachte ich mir.

»Geben Sie mir das Buch. Oder was haben Sie vor? Es zerstören? Sie sollten selbst wissen, dass dies nicht möglich ist. Oder sind Sie wirklich so ... ungläubig?«

Ich zögerte. Könnte es wirklich sein ...? Nein, ich würde auf diesen Hokuspokus nicht hereinfallen! Dennoch senkte ich meine Pistole verunsichert. Ich war vielleicht eine Diebin, eine Einbrecherin, aber ich war keine Mörderin.

Mr. Amstead schmunzelte triumphierend. »Außerdem sollten Sie froh sein, dass es nicht so leicht zu zerstören ist.«

»Wie meinen Sie das?«

»Nun, meine Teuerste …« Mr. Amstead schritt um mich herum und betatschte meine Schulter mit seinen Schleimfingern. »... es ist ganz in Ihrem Interesse. Oder wollen Sie aufhören zu existieren?«

Ich stutzte und schaute immer verwirrter. »Soll das eine Drohung sein?«

»Wissen Sie, dies ist ein besonderes Buch. In gewisser Weise ist es wie Sie und ich, Aislinn.«

»Wir haben nichts miteinander gemein!«

»Oh, doch, das haben wir.« Mr. Amstead gluckerte ein Lachen. »Wir sind beide Sammler. Sicherlich jeder von uns auf seine eigene Weise. So ist es auch mit dem Buch.«

»Sammler? Ich habe schon mehr als genug Irrsinniges gehört.« Ich schnaubte. »Wenn das alles stimmt, was ich gelesen habe, dann können diese Bücher viel Wahnsinn verbreiten. Aber das hier ergibt keinen Sinn!«

»Wenn Sie nur wüssten! Dieses Buch hat einen Willen, ein Ziel. Es ist eines von vielen Sammlerbüchern. Es sammelt – Geschichten. Geschichten über sich und seine Artgenossen – über andere Bücher.«

»Das klingt ... harmlos.« So ganz traute ich dem Braten nicht. Eigentlich hätte ich doch schon längst wissen sollen, worauf es hinausläuft.

»Ist es auch – eigentlich. Wissen Sie, dieses Buch will nicht die Welt zerstören. Das wird es auch nicht. Das kann es nicht.« Mr. Amstead leckte sich über die Lippen. »Bücher enthalten Ideen. Bücher sind Ideen!

Diese Ideen sind wie Krankheiten. Einmal im Kopf ist man infiziert und man trägt diesen Virus mit sich herum – überall hin! Man steckt andere Menschen damit an.«

»Hätte ich das gewusst, hätte ich es doch besser dem Seuchenschutz übergeben.« Ich grinste, als ich mich wieder in meine flotten Sprüche rettete.

»Spotten Sie nicht!« Mr. Amstead funkelte mich wütend an. »Sie verstehen nicht, worum es hier geht! Sie begreifen nicht, was das Buch kann! Es erschafft Welten! Doch dazu braucht es Menschen.«

»Sie wollen damit sagen, dass dieses Buch Menschen gefangen nimmt?«

»Sozusagen, meine Teuerste, sozusagen! Sie sind so neugierig wie eine Katze und genau das ist Ihr Untergang.« Mr. Amstead hielt kurz inne. »Haben Sie auch dieses Buch gelesen?«

Ich wurde unsicher. Mir schien, dass Mr. Amstead die Antwort sowieso bereits wusste. Er grinste und nickte: »Ich weiß es, doch ich will es aus Ihrem Mund hören!«

»Ja, ich habe es gelesen.«

Triumphierend lachte Mr. Amstead auf: »Und seit diesem Moment sind Sie nicht mehr in Ihrer Welt! Seitdem sind Sie in diesem Buch!«

»Das ist unmöglich!«

»So? Dann versuchen Sie doch einmal, mein Haus zu verlassen.«

»Das ist eine Falle, oder?« Ich beäugte Mr. Amstead misstrauisch.

»Nein, ich will Ihnen nur etwas beweisen. Wissen Sie, dies ist eine Kurzgeschichte. Sie ist sehr simpel und sie hat nur einen Schauplatz: dieses Anwesen. Noch nicht einmal die Insel an sich existiert hier. Sie können nicht heraus. Sie, Khaliq und ich, wir sind hier eingesperrt! Ach, und mein werter Butler freut sich natürlich auch sehr über Ihre Gesellschaft, habe ich mir sagen lassen.«

»Sie sind wahnsinnig!«, schrie ich Mr. Amstead entgegen und rannte los.

Ich riss die Tür meines Zimmers auf und stürmte die Galerietreppe hinunter bis zur großen Doppeltür, die nach draußen führte – oder besser: führen sollte. Denn als ich sie öffnete, fand ich dahinter nur eine weiße Mauer. Sie war so weiß wie ein unbeschriebenes Blatt Papier. Hektisch zerriss ich die Mauer aus Papier, doch dahinter war eine weitere Wand aus Papier und dahinter noch eine und noch eine. Sie schienen endlos!

»Das kann nicht sein!«, keuchte ich.

»Probieren Sie es nur weiter, meine Teuerste«, hörte ich von hinten ein amüsiertes Lachen, als Mr. Amstead die Treppe hinunter schlurfte. »Wissen Sie, ich freue mich einfach nur über ein wenig Gesellschaft hier drinnen.«

Khaliq folgte ihm die Treppe hinunter und schmunzelte: »Ich denke sogar, es könnte wesentlich schlimmere Gesellschaft geben. Meinen Sie nicht, Mister Bolton?«

Neben ihn trat der hagere Butler, der wieder diesen widerwärtigen Blick hatte, bei dem ich mich so nackt und hilflos fühlte: »Daher habe ich ihr diesen Auftrag geschickt und alles fügte sich.«

»Das haben Sie raffiniert gemacht«, gackerte Mr. Amstead.

Aber gut, so einfach würde ich es ihnen nicht machen! Ich warf ihnen meine Tasche mit dem Taschenbuch entgegen. Mir war es mittlerweile egal. Ich wollte einfach nur raus aus diesem Haus und von dieser verdammten Insel herunter! Doch egal welches Fenster ich nach außen probierte, überall fand ich die Wand aus weißem Papier.

Natürlich versuchte ich, alle Wände einzureißen. Doch mittlerweile weiß ich, dass ich nach etwa fünf Minuten an eine feste Wand gelange, die nicht aus Papier ist. Dafür besteht sie aus einem unnachgiebigen Material wie der stabile Einband eines Taschenbuches.

Was soll ich noch weiter erzählen? Jetzt kennen Sie meine Geschichte, denn ich begann, sie auf die Papierwände zu schreiben. Doch ich befürchte, dass es Ihnen nicht anders gehen wird als mir. Mag sein, dass Ihr Buch ein anderes ist, doch Mr. Amstead verriet mir, dass es mehrere von diesen Büchern gibt.

Sie sind vielleicht an einem anderen Ort. Wenn Sie Glück haben, dann haben Sie nicht so eine beschränkte Kurzgeschichte wie ich und sind nicht in einem solchen Anwesen gefangen. Möglicherweise haben Sie sogar eine ganze Stadt oder ein ganzes Land als Spielwiese.

Ich kann Sie aber nur warnen: Nehmen Sie sich in Acht! Etwas hat Sie dorthin geholt, wo Sie jetzt sind und es will Sie dort behalten. Es mag alles echt wirken um Sie herum, doch das ist es nicht.

Aber das ist eigentlich auch egal. Ich sagte es bereits am Anfang: Es ist jetzt sowieso zu spät. Sie waren zu neugierig – genau wie ich. Der Schock, wenn man die Grenzen der eigenen Welt erkennt, ist nicht schön. Doch man gewöhnt sich daran. Zumindest hätte ich das, wenn nicht dieser verdammte Butler wäre!

# Blockade

von

Christian Damerow

Ich bin weder begabt noch talentiert. Meine Prosa ist holprig wie ein Feldweg und nicht geeignet für einen gemütlichen Spaziergang. Wer mich liest, sollte mit blauen Flecken und manchem Sturz rechnen und nicht erwarten, etwas zu lernen.

Mein Vater hingegen ist gut in dem, was er tut. Er besitzt eine schöne Sprache, eine Sprache, die einen hässlichen Menschen schön machen kann. Wenn er von Mutter spricht, dann entsteht eine Frau vor meinen Augen, die nur wenig mit Mutter zu tun hat, wie sie wirklich ist. Er ist ein Alchemist der Grammatik, durch seine Worte werden Fehler zu sinnvollen Entscheidungen und ein Makel zu einem Schönheitsmerkmal.

»Man sagt, das Genie überspringt eine Generation, also lass es meinen Enkeln an nichts mangeln.«

So lautete Vaters Anweisung an mich.

Ich missgönne ihm den Erfolg nicht und erfolgreich ist er über die Maßen. Er kann eine bekritzelte Serviette fallen lassen und die Menschen reißen sich noch darum. Er ist ausgezeichnet mit den angesehensten Preisen des Literaturbetriebs, selbst einen Preis, der nach ihm benannt wurde, sollte er erhalten, was er in aller Bescheidenheit ablehnte.

Während ich um jedes Wort und jede veröffentlichte Geschichte kämpfen muss, fließen die Ideen bereits vollentwickelt aus ihm heraus. Sein Kopf ist eine selbst für ihn nicht einsehbare Gebärmutter, die zuverlässig ihre Aufgabe verrichtet.

»Sie müssen sich vom Einfluss Ihres Vaters lösen«, sagt der Leiter meines Schreibklubs, Oskuro Sfumato. »Es ging schon vielen wie Ihnen, und viele haben trotz aller Hindernisse ihre eigene Stimme gefunden.«

Ich besuche den Schreibklub nun seit einem halben Jahrzehnt, jeden Montag, jede Woche. Wir sind dreizehn Autoren, alle mehr oder weniger etabliert in der Branche, doch alle mit einem Gefühl der Minderwertigkeit geschlagen, was jede unserer Sitzungen kurzzeitig in ein Treffen einer anonymen Selbsthilfegruppe zu verwandeln scheint.

»Was unsere Gruppe auszeichnet«, fasste Sfumato es einmal zusammen, »ist, dass viele Autoren mit dem Schreiben ihr Leben in Ordnung bringen. Viele von uns aber scheinen sich mit jedem Wort und jeder Geschichte mehr Schaden zuzufügen. Wir sind wie Süchtige davon abhängig, obwohl es uns krank macht.«

Nach einleitenden Worten und therapeutischen Floskeln dieser Art gehen wir daran, unsere Entwürfe und Skizzen oder vollständige Geschichten vorzutragen. Um ehrlich zu sein, ist keins der Mitglieder sehr begabt. Die Momente des Vorlesens sind peinlich bedrückend, denn wir sehen jeder auf den anderen herab und schätzen die eigenen Ideen am höchsten. Jeder hat Strategien entwickelt, die eigene vernichtende Meinung in diplomatische Redewendungen zu kleiden.

»Mit ein wenig Arbeit könnte etwas Großes daraus werden.«

»Deine Sprache ist bemerkenswert, doch an den Dialogen solltest du noch feilen.«

»Du befindest dich auf einem guten Weg.«

Tatsächlich aber hört niemand zu, jeder wartet nur darauf, dass die anderen verstummen, um selbst an die Reihe zu kommen. Auf dem Heimweg fühlen wir uns jedoch nichtsdestotrotz gestärkt. Wie mit einer unsichtbaren Uniform ausgestattet, stehen wir in den öffentlichen Verkehrsmitteln und ragen, unsichtbar für die anderen, aus der Gruppe gewöhnlicher Menschen hervor.

»Meidet Bahnhofskioske und Buchhandlungen«, ist Sfumatos Anweisung, wenn man dem Klub beitritt. »Lasst euch von der Masse an Publikationen nicht beirren und haltet euch stets vor Augen, dass die wahrhaft großen, alten Künstler nur wenige ihrer Werke unter die Leute brachten, doch jeder von ihnen seine Bewunderer zu eigener Kreativität inspirierte. Ihr seid nicht länger Teil der Industrie, ihr seid keine Schreibmaschinen, sondern mit einem Schöpfungsfunken begabt.«

Mein Vater hat seine eigene Meinung zu unserem Klub.

»Was treibt ihr da?«, sagt er, während er sich einen Liter Tee für seine Arbeit kocht. »Umarmt ihr euch und lasst den Tränen freien Lauf? Geht ihr sorgsam die Liste der Schreibübungen durch? Das Clustern oder das Mindmapping? Assoziiert ihr frei, ihr Tollkühnen? Heute schreiben wir lustig, morgen traurig?«

Er lacht hart, ohne mich anzusehen.

»Wir arbeiten an unserer Technik«, sage ich, nur um zu antworten.

»An der Technik arbeiten ist gut«, sagt er. »Ich arbeite seit Jahren erfolgreich an meiner Technik. Frag deine Mutter.«

Er grinst breit, während er drei Teebeutel in das kochende Wasser taucht. Die Beutel schweben wie seltene Tiefseelebewesen darin und sofort geht eine dunkle Wolke von ihnen aus, die wie Blut in dem Wasser aufquillt und es verfinstert.

»Die Arbeit fängt nicht hier an«, sagt er und zeigt auf seinen Kopf.

»Sie fängt nicht hier an.«

Er zeigt auf sein Herz.

»Von hier kommt die Kraft«, sagt er entschieden und reibt sich den Bauch.

»Aus dem Abgrund. Schreib es dir auf. Gib es an deine Kinder weiter. Das ist kein Geheimnis.«

Und so lässt er mich stehen, wie ein lästiges Intermezzo und begibt sich mit genügend Tee ausgestattet an die Arbeit. Wenn er sein Zimmer im Kellergeschoss betritt, verschließt er die Tür hinter sich.

»Was tut er darin?«, fragte ich meine Mutter, als ich klein war und sie hatte nur gelächelt und nichts gesagt, wie sie ohnehin nur selten die Stimme erhob.

»Geh nicht hinein«, war alles, was sie manchmal über die Lippen brachte. »Stör deinen Vater nicht bei der Arbeit.«

Wenn ich es in kindlicher Neugier doch versuchte, an der Tür klopfte oder an der Klinke rüttelte, dann schlug er mich weder, noch trat er mir zornig entgegen.

Er lachte nur. Er zeigte auf mich und lachte, bevor er die Tür wieder schloss.


»Fragt nicht nach dem Geheimnis anderer«, sagt Sfumato. »Findet eure eigene Stimme.«

Doch ich weiß, dass Vater ein Geheimnis hat. Seine Familie, bis hin zu den Ahnen, war von ungebrochenem Erfolg gekrönt, ein Erfolg, der sich wie ein Gen auf die zweite Generation übertrug.

»Ehrt eure Kinder«, lautet der Wahlspruch auf einem alten Familienwappen, von dem Vater behauptete es ging auf einen Familienzweig zurück, der bis zu den Habsburgern und noch weiter in die Vergangenheit reichte.

Es ist nicht verwunderlich, dass die Beziehung zwischen Kindern und Eltern in dieser Familie immerfort unter einem schlechten Stern stand und von Neid und Eifersucht gezeichnet war.

»Wir haben eine Gabe, die in unserem Blut verwurzelt ist«, sagt Vater. »Solange es fließt, werden wir Erfolg haben.«

Es ist die alte, die mythische Frage. Was ist das Geheimnis? Was ist der Trick und die Formel, dass alles, was er von sich gibt, eine gefällige Form hat und wie ein dezentes Parfüm die Schwelle des Bewusstseins überwindet und die Menschen im Unterbewussten anspricht?

Es wäre gelogen zu behaupten, ich hätte mich nicht daran versucht, seinen Stil zu kopieren. Diesen leisen Plauderton mit den originellen Bildern, die in ihrer Einfachheit nicht hochgestochen, sondern vertraut klingen. So etwas hätte jeder sagen können, denkt man als Leser gutmütig.

Was ich jedoch zustande bringe, ist so lebendig und frisch wie Frankensteins Monster, ein Flickenteppich aus Versatzstücken, das jedes für sich authentisch ist, zusammengenommen jedoch nur Wortgeklingel und geistlose Lebensfunktionen ergibt. Ich bin unfähig, unterhaltsam zu sein. Zwei Seiten von mir fühlen sich an wie schwere Arbeit.


»Ihr seid allein. Eure Augen sind geschlossen und alle Kanäle zur Außenwelt abgebrochen.«

Oskuro Sfumatos Stimme ist weich und warm. Die Hypnoseübung wird einmal pro Woche durchgeführt, bevor wir mit den spontanen Schreibübungen beginnen.

»Jeder von euch ist an einem Ort seiner Wahl. Ein Ort der Einsamkeit. Ein verlorenes Paradies. Ihr öffnet euch der Stille dieses Ortes und horcht. Euer Körper wird ein Ohr, eine empfängliche Leere. Ihr hört die Stimme, die zu euch spricht und ihr lasst sie sprechen.«

Ich sitze mit geschlossenen Augen zwischen den anderen Klubmitgliedern, doch in meinem Geist entsteht das Bild einer leeren Weite, einer Öde. Nur wenige Schritte von mir entfernt ragt ein Brunnen aus groben Steinen aus dem Boden, dessen Öffnung verschlossen ist von einer dicken Holzplatte. Selbst aus der Entfernung höre ich das Murmeln, das durch das Holz dringt.

»Wenn ihr eine Tür seht«, sagt Sfumato, »öffnet sie. Eure Kreativität wartet dahinter. Wenn ihr vor geschlossenen Fenstern steht, öffnet sie. Wenn ihr vor etwas Verschlossenem steht, öffnet es. Öffnet es. Öffnet es.«

Ich lege die Hand auf die verschlossene Brunnenöffnung und fühle ein Vibrieren im Holz.

»Es wird euch Kräfte geben, von denen ihr nicht zu träumen wagt. Es wird keine Hürde mehr geben zwischen Inhalt und Form, zwischen Gedanken und Ausdruck.«

Bevor das Murmeln aus dem Brunnen vernehmliche Worte bilden kann, öffne ich die Augen. Die anderen zwölf sitzen mit abwesendem Gesichtsausdruck im Kreis, selbst Sfumato hat die Augen geschlossen. Ich hätte in diesem Moment gehen können, ohne dass einer von ihnen es bemerkt hätte.

»Stimmt etwas nicht?«, fragt Sfumato, mit geschlossenen Augen. »Hilft Ihnen die Übung nicht weiter?«

»Ich verlor nur für einen Moment die Konzentration«, sage ich.

Alle Augen sind nun wieder offen und auf mich gerichtet.

»Ich muss gestehen«, sagt Sfumato, »dass noch kein Mitglied vor Ihnen so schwer zu knacken war. Es wirkt auf mich, als wollten Sie überhaupt nicht aus dem Schatten Ihres Vaters treten. Ich bitte Sie um einen Gefallen. Bleiben Sie nach der Sitzung noch einen Moment bei mir.«

Aller Aufmerksamkeit ruht noch kurz auf mir, bevor der gewohnte Ablauf wieder aufgenommen wird.

»Schließt eure Augen«, sagt Sfumato. »Und öffnet alles, was dahinter ist.«

Als alle Mitglieder gegangen sind, führt Sfumato mich in sein Büro, das früher eine Besenkammer gewesen sein muss, so wie unser Sitzungsort früher eine Sporthalle war.

»Ich habe ehrlich gesagt wenig Hoffnung für Sie«, eröffnet er. »Sie besitzen so viel Talent und wissen so wenig damit anzufangen. Die Übungen sind für Sie ein Kinderspiel, Ihre Technik ist hervorragend. Es gibt nichts, was Sie in unserer Gruppe lernen könnten.«

Er schürzt die Lippen, während er einen Bleistift zwischen den Fingern kreisen lässt.

»Lassen Sie mich ehrlich reden. Keins der anderen Mitglieder hat Aussicht darauf, jemals etwas Großartiges zu schreiben. Wenn sie schreiben, dann ist es als würden sie einen Spiegel polieren, um sich selbst besser darin zu sehen. Sie hingegen schreiben gegen etwas an, das habe ich gleich gemerkt, und ich rede nicht allein von Ihrem Vater. Es gibt eine Blockade, die man bereits Ihren Augen ansieht.«

»Vielleicht haben Sie recht«, sage ich. »Aber ich kann mir keine Lösung für meine Situation vorstellen.«

»Die Lösung wäre, dass Sie mit dem, was Sie tun fortfahren. Ich habe nur das Gefühl, dass Sie Ihre Worte filtern. Sie schreiben durch ein Sieb, das mehr zurückhält, als es durchlässt. Woran, glauben Sie, liegt das?«

»Ist das nicht üblich? Eine gewisse Selbstzensur?«

Sfumato presst die Lippen aufeinander und senkt den Blick. Der Stift steht nun still, seine Knöchel sind weiß angelaufen.

»Ich möchte Ihnen etwas vorschlagen. Sie sollten aufmerksam zuhören. Zuvor möchte ich nur gern wissen, ob Sie je die Werke Ihres Vaters gelesen haben. Haben Sie sich eines davon vollständig zu Gemüte geführt?«

»Natürlich habe ich mich mit den Büchern meines Vaters auseinandergesetzt.«

Ich habe seine Sprache beobachtet, sie zeitweilig studiert und imitiert, mit dem Resultat, dass ich umso verzweifelter wurde.

Sfumato nickt und sagt nichts weiter dazu.

»Ich möchte Sie zu einer speziellen Schreibgruppe unter meiner Leitung einladen«, fährt er fort. »Morgen Abend.«

Er schreibt die Adresse auf und steckte mir den Zettel zu.

»Vielleicht finden wir auf diesem Wege eine Möglichkeit, Ihnen zu helfen.«

Ich willige ein, ohne mir viel davon zu versprechen. Jeder Leiter eines Schreibkurses hatte diese Art von gesonderter Gruppe, die aussortierten Juwelen, die darin gesammelt wurden, waren jedoch selten mehr als schön anzusehende Steine.

Die Bücher meines Vaters handeln von Liebe. Von nichts anderem. Es sind zarte Liebesgeschichten, die von Gebrochenen und Ausgestoßenen handeln. Er beschreibt die alltäglichen Gestalten und Handlungen, ohne die Brüche darin zu verbergen. Im Gegenteil hebt er die Mängel hervor, als wären sie es, die ihre Schönheit ausmachen.

In der Hand jedes anderen hätten die Geschichten sich in schwer verdaulichen Kitsch verwandelt, doch von seinen Beschreibungen geht etwas Hypnotisches aus, als blicke man durch seine Sätze wie durch ein Fenster. Ein Fenster, das mit einem Bild in leuchtenden Farben bemalt war, durch das jedoch etwas Formloses und Dunkles hindurchscheint, eine Überlagerung, die zu vage ist, um beschrieben, aber zu offensichtlich, um ignoriert zu werden.

Es ist etwas unausgesprochen Grauenvolles, das seine schönen Geschichten so anziehend macht, als bewegen sich seine Figuren auf einer unausgesprochenen Geschichte von Massenmord, als ständen sie auf einem gefrorenen See, in den sie jederzeit einbrechen konnten.

Als kleiner Junge lauschte ich manchmal an der Tür meines Vaters und hörte, wie er seine elegante Prosa mit gekonnter Betonung vortrug. Ein Schauer lief mir über den Rücken, denn es klang, als beschriebe er mit einem schlichten Liebesschwur ein großes Verbrechen.

Sfumatos gesonderte Gruppe trifft sich in einer Alt-bauwohnung am Rand der Stadt. Die Wohnung ist unauffällig, mit hoher Decke, hohen Fenstern und hohen Türen. Ein alter Holzboden kommentiert jeden Schritt, den man auf ihm tut. Die Hälfte der Anwesenden ist nicht älter als Dreißig, die andere Hälfte ist sehr viel älter. Alle sind dezent gekleidet. Es ist eine auffällige Form der Unauffälligkeit, eine maskierte Normalität.

Einige Gesichter kamen mir vertraut vor, als hätten sie mir in einem Magazin begegnen können, das man sich selbst am Kiosk nicht leisten konnte.

»Ich freue mich, Ihnen ein neues Gesicht in unserer Runde vorstellen zu können«, eröffnet Sfumato die Sitzung, die sich nicht anders benimmt als jede andere. Dreizehn Menschen sitzen im Kreis und richten ihre Aufmerksamkeit auf mich. Er stellt mich den Anwesenden vor und fragt in die Runde, wer von ihnen meinen Vater oder besser gesagt die Bücher meines Vaters kennt. Es gibt keinen, der nicht den Arm hebt.

»Ich habe Sie aus einem bestimmten Grund eingeladen«, wendet er sich nun direkt an mich. »Jeder, den Sie hier sehen, leidet unter einer Blockade wie Sie, mit einem Unterschied.« Sfumato lässt seinen Blick Bestätigung suchend in die Runde gehen.

»Wir glauben zu wissen, was es ist, das es so schwer macht der Kreativität freien Lauf zu lassen.«

Ich höre aufmerksam zu, absolut ahnungslos, worauf er hinauswill.

»Seien es erfolgreiche Freunde oder Familienmitglieder, jeder den Sie hier sehen, steht im Schatten einer starken Persönlichkeit, einem Mehr, oder wenn Sie wollen, einem Zuviel an Erfolg, das nichts für andere übrig lässt. Doch wir haben eingesehen, dass es nicht Erfolglosigkeit ist, die uns blockiert.«

»Davon bin ich auch nicht ausgegangen«, sage ich. »Wenn Sie glauben, ich benei…«

»Warten Sie. Nehmen Sie sich Zeit, ihm zuzuhören«, sagt jemand aus der Gruppe.

Sfumato nickt lächelnd und fährt fort: »Hatten Sie jemals das Gefühl, Ihren Ideen freien Lauf zu lassen, ohne jedes Stocken? Ein ungebrochener Fluss der Fantasie?«

Ich zögere, nicht sicher, ob ich seine Beschreibung auf mich anwenden kann.

»Ich glaube nicht. Nicht wenn Sie es so beschreiben.«

»Und so geht es jedem der Anwesenden. Es ist die Angst, verstehen Sie? Die Angst, vor dem, was durchkommen könnte.«

Ich schüttele verständnislos den Kopf.

»Jeder in dieser Gruppe blickt auf einen Stammbaum aus Künstlern zurück, eine Ansammlung von Kreativität, die auf unerklärliche Weise erfolgreich war und jeder hier zählt, wie Sie, zu den schwarzen Schafen der Familie. Weil sie nicht mitspielten, weil sie das Rezept nicht anwenden konnten oder wollten.«

»Das Rezept?«

»Das Erfolgsrezept. Die schöne Sprache, die unterhaltsame Geschichte. Tun Sie mir einen Gefallen. Beschreiben Sie der Gruppe, was Sie sahen, als Sie sich gestern in unserer Schreibgruppe in Hypnose begaben. Welches Bild tauchte vor Ihrem inneren Auge auf?«

Ich blicke unbehaglich um mich und frage mich, ob ich im Begriff bin, in eine Falle zu tappen.

»Ich stand auf einer weiten Ebene, vor einem Brunnen.«

»Ein Brunnen, der fest verschlossen war«, fügt jemand hinzu.

»Und dessen Verschluss unter dem Klang einer Stimme vibrierte«, setzt wiederum jemand anders hinzu.

»Ja«, sage ich. »Aber es fällt nicht schwer, einen Archetypus zu erraten.«

»Wir sahen alle das identische Bild«, sagt Sfumato und schließt sich selbst mit ein. »Ich zog Sie aus der Schreibgruppe ab, weil Sie, wie alle hier, nicht leichtfertig meine Anweisung befolgen sollten. Ihre Blockade ist nicht zu Ihrem Schaden. Sie hält wie bei allen hier eine Kreativität zurück, die vielleicht nicht freigesetzt werden sollte. Es fällt Ihnen nur aus einem Grund so schwer, eine Geschichte zu verfassen. Weil jedes einzelne Wort, das Sie schreiben von realem physischem Gewicht ist. Ein Gewicht, das sie auf den Brunnendeckel stapeln, um ihn umso fester verschlossen zu halten.«

»Das ist Ihr Ernst? Raten Sie mir gerade, meine Blockade dankbar anzunehmen?«

Sfumato tauscht einen Blick mit den anderen, als kommunizierten sie auf einer für mich unhörbaren Frequenz. Eins der Gruppenmitglieder bückt sich nach einer Tasche am Boden und zieht einen quadratischen, in braunes Tuch eingeschlagenen Gegenstand hervor.

»Unsere Visionen ähneln sich nicht nur«, sagt Sfumato und nimmt den eingewickelten Gegenstand entgegen, der nur schwerlich nicht als Buch zu erkennen ist.

»In jeder Familie findet sich ein Buch, das von einer Generation zur anderen weitergegeben wird. Eine Art Ratgeber, ein Wegweiser zum Erfolg.«

»Waren Sie in letzter Zeit mal in einer Buchhandlung?«, frage ich. »Jedes zweite Regal ist mit Ratgebern gefüllt.«

»Haben Sie sich einmal in Buchhandlungen umgeschaut?«, gibt Sfumato die Frage zurück und schlägt das Tuch zurück. Das Buch in seiner Hand ist in schwarzes Material gebunden, dessen Oberfläche wie dunkles Glas schimmert.

»Es ist schwer, Ihnen zu beschreiben, woran sie noch nicht glauben. Dieses Buch hat ein Mitglied dieser Gruppe aus dem Besitz der Familie entwendet und es gab keinen, der es nicht wiedererkannt hätte. Sie hatten es allesamt im Besitz der eigenen, erfolgreichen Familienmitglieder gesehen. Wie eine Mitgliedskarte zu einem geheimen Klub. Wenn Sie es nicht glauben, dann werfen Sie einen Blick in das Arbeitszimmer Ihres Vaters. Es sollte mich nicht überraschen, wenn er es ebenfalls hat.«

Sfumato hält mir das Buch entgegen.

»Hier. Schauen Sie es sich an.«

Ich nehme es und bin überrascht, wie leicht es sich anfühlt. Es ist kaum schwerer als ein Stück Glas. Als ich es aufschlage, wird mir klar, dass es genau das war. Die Seiten tragen keinerlei Schrift, sondern eine spiegelnde, glatte Fläche aus schwarzem Material. Glatt wie es ist, hätte ich mein Spiegelbild in den Seiten sehen müssen, doch ich blicke wie in ein bodenloses Loch, in dem mein Blick umso tiefer sinkt, je länger ich hineinsehe.

»Nein«, sagt Sfumato. »Es ist kein Spiegel, falls Sie das denken. Es ist vielmehr ein Fenster.«

Plötzlich sehe ich kleine Lichter in der Tiefe der schwarzen Seiten aufleuchten. Lichter wie symmetrische Sternenkonstellationen, Lichter und etwas, das sich zwischen ihnen bewegt, sich in den Ausschnitt kilometerweiten Raums schiebt, langsam und gleitend, und mit seiner unsichtbaren Masse die Lichter verdeckt.

»Etwas bewegt sich darin«, bestätigt Sfumato meine Beobachtung. »Und wenn Sie lang genug hineinsehen, so werden Sie auch die Stimme wiedererkennen, die Sie in Ihrer Vision hören konnten.«

Ich schlage das Buch zu und gebe es Sfumato zurück. Er schlägt das Tuch wieder darum, als glaubt er, aus dem Buch heraus beobachtet zu werden.

»Ihr Vater ist eine Strohpuppe, verstehen Sie nicht? Der Geschmack seiner Geschichten geht auf jahrhundertealte Erfahrungen aus Erfolg und Scheitern zurück, eine ausgefeilte Rezeptur, die mit jeder Generation verfeinert wird, bis die Worte unwiderstehlich schmackhaft und eingängig werden, leicht und erheiternd. Die perfekte Unterhaltung. In Wirklichkeit handelt es sich jedoch um nichts anderes als eine Fütterung. Ihr Vater, und nicht nur er, mästet den Geist seiner Leser, bläht sie auf und macht sie dick und schwerfällig. Keiner der Leser merkt es, denn es liest sich so leicht und geschwind, ohne Spuren zu hinterlassen und doch setzen die Geschichten ein hartnäckiges Fett im Geist an.«

»Sie beschreiben nichts anderes als die Grundlage jeder zweitklassigen Unterhaltungsindustrie«, sage ich und Sfumato nickt ernst.

»Ganz genau«, sagt er. »Verstehen Sie immer noch nicht? Es ist eine einzige, große Mästung, was wir beobachten und, daran kann kein Zweifel bestehen, irgendwann muss ein Tag des Schlachtens kommen. Gehen Sie in die nächste Buchhandlung, gehen Sie noch heute. Das ist meine Anweisung. Schauen Sie sich die Bücher genau an. Nehmen Sie sich Zeit dafür. Blicken Sie hinter die Worte.«

Sfumatos Lippen zittern, es ist das erste Mal, dass er aus seiner Rolle fällt und hinter seiner Beherrschung echte Gefühle durchklingen. Es fällt mir schwer, in seinen Worten eine Lüge zu sehen. Er ist so überzeugt davon, dass er vor Angst bis in die Fingerspitzen bebt.

Die Gruppe eröffnet mir, einer nach dem anderen, ihre Lebensgeschichten, doch das Wesentliche ist bereits gesagt. Meine Gedanken sind längst auf etwas anderes gerichtet.

Kaum dass Sfumato die Sitzung beendet hat, mache ich mich auf den Weg in die größte Buchhandlung der Stadt, die bis Mitternacht geöffnet hat, als könnte es um diese Zeit einen Menschen geben, der eine lebensrettende Dosis Literatur benötigen würde. Die Hände in den Taschen, streife ich an den Regalen vorüber, die mir mit einem Mal wie mit neugierigen Augen gefüllt scheinen. In der Abteilung für Belletristik, der schönen Literatur, suche ich nach dem Namen meines Vaters und finde acht seiner Bücher. Ich ziehe eins hervor. Es fühlt sich nicht schwer an, obwohl seine achthundert Seiten schwer in meiner Hand liegen müssten.

Als ich es aufschlage, sehe ich schwarze Schrift auf weißem Papier, so wie man es von einem Buch erwartet, doch statt die Worte zu lesen, befolge ich Sfumatos Anweisung, lasse meinen Blick verschwimmen, an den

50

Wortketten vorbei und dahinter gleiten und als zöge jemand einen Vorhang beiseite, wird es dunkel auf dem Papier, die Worte verschwinden und ich sehe in eine Leere, einen Abgrund, den ich in meiner Hand halte und während ich erneut den formlosen Schatten zu sehen glaube, der sich zwischen den sternartigen Lichtern bewegt, überkommt mich das Gefühl, etwas würde zurückblicken und in mir lesen.

Ich schiebe das Buch zurück und muss es nicht erneut mit einem Exemplar meines Vaters versuchen. Stattdessen greife ich wahllos Exemplare aus den Mengen von Bestsellern, lasse die Seiten über meinen Daumen fliegen und verharre mit meinem Blick hinter den Worten, um immer wieder von Neuem den gleichen Effekt zu beobachten. Sie alle öffnen sich wie Fenster auf die gleiche Tiefe. Tatsächlich scheinen sie alle verschiedene Versionen ein und desselben Buches zu sein.

Ich habe es vor Jahren aufgegeben, an der Tür meines Vaters zu lauschen, doch als ich an diesem Abend heimkehre, fällt es mir schwer zu widerstehen.

Ich lege wie in meiner Kindheit das Ohr an die Kellertür und lausche auf ein Geräusch, auf ein Klappern von Tasten oder das Kratzen eines Stiftes.

Ich höre seine Stimme, die voluminös den Raum durchdringt. Er rezitiert sein eigenes Geschriebenes, die einfachen Worte mit einem bedrohlichen Vibrato versehen.

Ich versuche, ob die Tür verschlossen ist, doch sie gleitet ohne Widerstand auf. Die schlichte Holztreppe liegt wie eine Einladung zu meinen Füssen und ich steige die Stufen nacheinander hinunter.

Vaters Stimme spricht weiter, ohne zu stocken. Ich stütze mich an der feuchten Kellerwand ab, bis ich unten ankomme und ein helles Licht durch den offenen Türrahmen zum Arbeitszimmer fallen sehe. Ich bleibe am Rahmen stehen und warte, als Vater verstumme, sich räuspert und dann mit seiner Rezitation fortfährt.

»Es war der alte Nadelbaum«, liest er laut. »Den sie samt Wurzeln aus dem Garten rissen und ich musste an uns denken und die Worte, die wir in seinem Schatten flüsterten und die Buchstaben der Namen, die wir in seine Rinde ritzten. Mussten unsere Namen, indem wir sie in seinen Stamm schrieben, nicht Teil von ihm geworden sein, bis hinunter zu den Wurzeln? Rissen sie nicht auch uns an den Wurzeln aus dem Garten? Heute denke ich an dich und unseren Garten. Heute Nacht, wie jede Nacht, sehne ich mich nach dir, blicke in die Sterne und denke an dich.«

Ich beuge mich vor, um einen heimlichen Blick in sein Arbeitszimmer zu werfen. Ich sehe ihn im Licht der Schreibtischlampe, nicht mit gebeugtem Rücken über einem Text oder ein Schreibgerät gebeugt, sondern mit durchgestrecktem Rücken in seinem Stuhl sitzen, sein Körper so gespannt wie unter einem konstanten Stromfluss. Sein Kopf ist in den Nacken gelegt und sein Mund bewegt sich mechanisch, während sein Blick mit einem geistleeren Ausdruck auf den Schreibtisch gerichtet ist.

Ich bin nicht überrascht, das schwarze gläserne Buch vor ihm zu sehen. Er blickt darauf wie jemand, der in etwas hinein- und durch etwas hindurchsieht. Seine rechte Hand ist in einem automatischen Schreiben begriffen, zu dem er nicht die Kontrolle seines Blicks benötigt. Er schreibt blind nieder, was er in dem buchförmigen Fenster sieht.

Als ich den Atem anhalte und das leise Murmeln höre, das der Stimme meines Vaters vorausgeht, muss ich mich korrigieren.

Er schreibt nicht, was er sieht. Er hält fest, was ihm die Stimme diktiert, die aus dem Abgrund aufsteigt. Mein Vater selbst wird zur Verlängerung des Abgrunds, der in seiner schreibenden Hand und in das Papier mündet.

So leise ich kann, ziehe ich mich zurück, gehe rückwärts die Treppe hinauf, wie um meine Schritte wieder ungeschehen zu machen. Ich schließe die Kellertür und renne so schnell ich kann die Treppe zu meinem Arbeitszimmer hinauf. Zum ersten Mal wird mir bewusst, wie sonderbar es wirken muss, mich noch immer im Dachgeschoss meines Elternhauses zu sehen.

Ich öffne das Fenster weit und denke an Sfumatos Worte, als ich die kalten Herbststerne sehe, die wie gezückte Messer im Himmel stecken:

»Befolgen Sie nicht meine Anweisung. Öffnen Sie unter keinen Umständen Ihr Innerstes.«

In der kühlen Brise, die hineinweht, setze ich mich an meinen Schreibtisch und ziehe mein schwarzes Notizbuch hervor, dessen Seiten von Gekritzel und Ausstreichungen übersät sind. Es sieht aus wie ein Schlachtfeld.

»Jedes Ihrer Worte muss von Gewicht sein«, hat Sfumato gesagt. »Sie gehören zu jenen, die die Tür verschlossen halten müssen, die nichts hindurchkommen lassen dürfen. Wagen Sie es nicht, aus Ehrgeiz ein einziges leichtfertiges Wort zu schreiben.«

Ich setze den Stift an, schreibe den ersten Satz und streiche ihn wieder aus. Wort für Wort wuchte ich auf das leere Papier wie jemand, der schwere Steine trägt und aufeinanderschichtet. Selbst wenn es meine gesamten Kräfte aufreibt, ich schreibe die ganze Nacht hindurch. Ich schreibe eine Mauer aus Worten. Eine Mauer zu unserem Schutz.

# Das Erbe des Walther Stuck

von

Johannes Harstick

Auch wenn die Leser des Folgenden mich für ein Opfer geistiger Verwirrung oder sogar des Wahnsinns halten werden, kann nichts in dieser oder sonst einer Welt mich davon abhalten, es zu berichten. Man möge mir glauben, dass ich für meinen Teil den Wahnsinn vorziehen würde, wenn die grauenhaften Ereignisse, die hinter mir liegen, nur die Ausgeburt meines kranken Verstandes und nicht ein Teil von dem, was man Realität nennt, wären. Doch die Beweise sind erdrückend und jedes Detail, das ich bis heute herausgefunden habe, weist darauf hin, dass alles genauso geschehen sein muss, wie ich es hier schildern werde.

Am Beginn meines Berichtes steht ein Haus. Eines, das sich kaum von den anderen in dem kleinen Städtchen Echstein unterscheidet und das doch eine bedrückende Enge auf mein Gemüt legte, wann immer ich aus dem Fenster meines Arbeitszimmers über die holprige Dunstmanngasse zu ihm hinüberblickte.

Ich führte dieses Empfinden nicht auf sein altertümliches Erscheinungsbild zurück, wirkte doch die ergraute und von Wein überwucherte Fachwerkfassade mit ihren zugenagelten Fenstern fast wie ein steingewordenes Abbild der Gemälde Lorrains oder Oudrys. Auch die schaurigen Geschichten, die mit dem Schicksal des letzten Besitzers, eines gewissen Herrn Walther Stuck, in Verbindung standen und über die man in Echstein nur hinter vorgehaltener Hand sprach, rührten in keinster Weise an meiner kühlen Vernunft und brachten mir keine Erklärung für das strukturlose Unbehagen, welches das Haus mir in manchen Augenblicken bereitete.

Die Menschen dieser Region zeigten schon von jeher eine enge Verbundenheit zu jeglicher Form des

Aberglaubens und so zweifelte ich keinen Moment daran, dass das, was man hier über den alten Stuck zu berichten hatte, durch die Fantasie und die Begeisterung der Leute am Schaurigen dunkel eingefärbt worden war.

Man erzählte sich, dass jener Walther Stuck das Haus in der Dunstmanngasse zu Beginn dieses Jahrhunderts bezogen hatte. Er soll ein gebildeter, wohlhabender Mann in fortgeschrittenem Alter gewesen sein, der jedoch alleine lebte und von dem auch niemand zu sagen wusste, ob er je verheiratet gewesen war. Sein Reichtum ermöglichte es ihm, lange Reisen zu unternehmen, wobei er anscheinend die fernsten Orte dieser Welt erkundete. Und immer, wenn er von einer seiner Expeditionen zurückkehrte, bereicherte er sein Haus mit ungewöhnlichen Souvenirs.

Nicht selten kam es nach einer der Reisen vor, dass ganze Scharen von Trägern stundenlang bronzene Statuen, goldverzierte Vasen, seidene Teppiche oder andere exotische Kostbarkeiten in sein Haus schleppten.

Die Einwohner des Ortes wunderten sich zwar über diese Eigenart, doch besaß Herr Stuck bei allen ein hohes Ansehen, denn er war stets freundlich, hilfsbereit und, was besonders auffiel, äußerst großzügig.

Niemand konnte sagen, wie genau er zu seinem Vermögen gelangt war, aber es schien ihm nicht viel zu bedeuten, denn er ließ keine Gelegenheit aus, sein Geld mit anderen zu teilen.

So war die Sorge unter der Bevölkerung Echsteins groß, als Walther Stuck 1812 für ungewöhnlich lange Zeit verschwunden blieb. In der Regel hatten seine Reisen nie länger als einige Monate gedauert, doch in diesem Fall kehrte er erst nach über einem Jahr in die

Dunstmanngasse zurück. Er schien übermäßige Strapazen hinter sich zu haben, denn sein Haar war grau und kahl geworden und erinnerte nun eher an das eines Greises.

Die Menschen in Echstein erfüllte dies alles mit Verwunderung, doch was die meiste Unruhe hervorrief und bald zum beherrschenden Stadtgespräch wurde, war das, was Herr Stuck von dieser Reise mitgebracht hatte. Keine kostbaren Kunstwerke oder anderer Zierrat hatten ihn nach Hause begleitet, sondern einzig und allein ein kleines Mädchen.

Sie mochte etwa zehn Jahre alt gewesen sein, hatte schwarzes, wildes Haar und eine Haut, die so rein und dunkel schimmerte, dass sie eher an ein Gold als an ein Braun erinnerte. Wenn man sie ansah, vermochte man sich kaum von ihrer Schönheit loszureißen und nur ein seltsames, fremdes Glitzern in ihren schwarzen Augen trübte den Eindruck der Vollkommenheit. Dennoch ließ ihr Äußeres keinen Zweifel daran, dass sie nicht die Tochter Walther Stucks sein konnte, sondern vielmehr ein Findelkind aus einem der weit entfernten Länder war, die der Mann bereist hatte.

Eine Aufklärung all dieser Sonderbarkeiten blieb aus und so verging eine lange Zeit, in der sich Herr Stuck und das Kind kaum in der Öffentlichkeit zeigten. Nie sah man das Mädchen in dem kleinen Garten vor dem Haus spielen und nur manchmal nahm Herr Stuck sie mit, wenn er im Ort einige Besorgungen erledigte, was immer seltener geschah.

Begegnete man den beiden dennoch, ging man ihnen lieber aus dem Weg. Fast jeder Bürger der Stadt konnte bestätigen, dass der Anblick des Mädchens etwas Faszinierendes und doch Abstoßendes an sich hatte. Die Leute wichen zurück, kamen ihnen die beiden auf der Straße entgegen. Herr Stuck schwerfällig, auf einen Stock gebückt und das Mädchen, dessen Namen niemand kannte, leichtfüßig, einer Beleidigung der greisen Gestalt neben sich gleich. Und je mehr Zeit verging, desto gebrechlicher erschien der alte Stuck und desto lebendiger das junge Mädchen. Niemand konnte genau sagen, was es war, das diese Unruhe in einem auslöste, sah man das seltsame Kind. Doch jedem erschütterte es die Seele, ging er in den Abendstunden am Haus des Herrn Stuck vorbei. Denn zu dieser Tageszeit hörte man oft hinter den Fenstern der Dunstmanngasse 7 das fremde Mädchen singen. Immer war es der gleiche Gesang, dessen Melodie zwar in gewisser Weise an ein bekanntes Kinderlied erinnerte, der jedoch in seiner abgehackten, tierlautähnlichen Art eher einem sündigen Gebet glich.

Bald sah man Herrn Stuck über Wochen hinweg nicht mehr und hätte nicht in einigen Nächten Licht in den Fenstern seines Hauses gebrannt, hätte man denken können, er sei unbemerkt verreist.

Zunächst erregte dies alles noch Aufsehen bei vielen Echsteinern, doch der Alltag und die Zeit warfen ihre Schleier aus und so blieb es ruhig, bis zu jenen sonderbaren Ereignissen, die sich am 16. Juli 1814 in Echstein ereigneten.

Der Tag war heiß gewesen und auf den Straßen hatte es von Menschen gewimmelt, die zu dem wöchentlichen Markt auf dem Platz vor der Kirche drängten. Überall hatte man geschäftiges Stimmengewirr, Gelächter und die Rufe der Händler gehört. Und in diese Masse der ausgelassenen Sommergefühle war plötzlich ein Mann gestürmt, schreiend und schmutzig, die

Kleider in Fetzen vom Körper hängend und die Hände blutverschmiert.

Seine Arme in die Luft gerissen hatte er unverständliche Laute gekreischt, aus denen man nur schwer folgende Worte hatte heraushören können: »Es ist fort!«

Der Mann, der wenige Tage später im Sanatorium verstarb, war Walther Stuck gewesen. Das Mädchen hingegen blieb verschwunden und das Haus unbewohnt. Es verwitterte unter den Kräften der Jahrzehnte, seine Mauern wurden brüchig, sein Gebälk morsch und mir bereitete es diesen unergründlichen Schauer, dessen Ursache weder in seinem Erscheinungsbild noch in seiner Vergangenheit lag, sondern vielmehr in etwas unbeschreiblich Präsentem.

Im Frühjahr 1854 erfuhr ich, dass mein alter Studienkollege Richard Falk eine Anstellung an der städtischen Universität erlangt und daher beschlossen hatte, nach Echstein zu ziehen. Fast schicksalhaft wirkte dabei die Tatsache, dass er sich genau jenes Haus, das ich so verabscheute, als sein zukünftiges Heim erwählt hatte. Er begründete diese Entscheidung mit der erfreulichen Nachbarschaft, die er ab sofort mit mir teilen würde und mit dem ungewöhnlichen Charme, den das Gebäude auf ihn ausübte und den selbst ich, wie bereits erwähnt, in gewisser Weise nachvollziehen konnte. Mein Unbehagen hingegen teilte er nicht und sein rational denkender Verstand, der meinen noch an Festigkeit überstieg, hatte ihn über die düsteren Anspielungen, die beim Erwerb des Hauses von Seiten der Stadtverwaltung gemurmelt worden waren, nur amüsiert lächeln lassen. Ich selbst beschloss, ihm nichts von meinen Empfindungen gegenüber seiner neuen Unterkunft mitzuteilen, erschienen sie mir doch in seiner Gegenwart als fast albern.

An dem Tag, an dem er und ich die Tür des Hauses in der Dustmanngasse 7 das erste Mal öffneten, fühlte ich mich krank und ausgezerrt. Wogegen ich mich bisher in meinem verbotensten Inneren immer gesträubt hatte, geschah nun. Ich sollte die dunklen Räume meiner unterdrückten und stätig aufglimmenden Ängste betreten. Mein Freund bemerkte meinen unsäglichen Zustand nicht. Ihn hatte das Fieber ergriffen, welches den Forscher überkommen muss, der nach Jahrtausenden die verfallenen Ruinen einer vergessenen Zeit betritt.

Die Luft, die uns am Eingang aus den schwarzen Tiefen des Hauses entgegendrang, roch nach Fäulnis und Vergessenheit. Instinktiv überkam mich das Gefühl, dass etwas Falsches darin lag, diese Luft zu atmen, so als sei sie nicht dazu bestimmt, in die Welt hinauszuströmen, sondern auf ewig zwischen diesen Mauern zu liegen. Die Muskeln meiner Beine schrien vor Anspannung, als warteten sie nur darauf, den Befehl zu bekommen, einfach fortzulaufen. Doch mein wissenschaftlich geprägter Verstand kämpfte gegen diesen Drang an und errang schließlich die Oberhand.

Richard trug eine Kerze vor sich her und betrat endlich die Dunkelheit. Ich selbst tat es ihm erst gleich, nachdem er im Inneren eines der Fenster von den Brettern, die es verdeckten, befreit hatte und ein matter Strahl reinigenden Tageslichts die Eingangshalle durchflutete.

Vor mir erhellte sich ein Bild, das wie ein Stück konservierter Zeit wirkte. Im Schein der Frühlingssonne, der durch das vom Schmutz erblindete Fenster fiel, tanzte Staub wie seltsamer Schnee, der den Boden und die Möbel bedeckte. Alles stand noch so da, wie es der alte Stuck an dem Tag, an dem er verrückt geworden sein musste, zurückgelassen hatte. Keiner der Stadtbewohner hatte es seitdem gewagt, etwas aus diesem Haus zu entfernen oder etwas daran zu verändern. Zwischen zwei braunen Ledersesseln und einigen verzierten Schränken standen hier und da seltsame Figuren und Statuetten unterschiedlicher, fremder Kunstrichtungen, die Krieger und abscheuliche Götzen darstellten und zu jenen Dingen gehören mussten, die Walther Stuck von seinen Reisen mitgebracht hatte. Mein Freund lief aufgeregt hin und her, betrachtete alles voller Neugier und der Glanz in seinen Augen verriet seine Erregung. Mir blieb allein eine unterschwellige Abneigung gegen dies alles, doch sagte ich nichts.

Wir machten uns schließlich daran, die anderen Räume zu erkunden und stellten bald schon fest, dass sich die vielen gewundenen Gänge und verwinkelten Räume wie ein Labyrinth durch das Haus erstreckten. Und überall fanden sich die fremdartigen Zeugnisse der Expeditionen seines letzten Besitzers, das Erbe des Walther Stuck.

Als wir im zweiten Stock angelangt waren, betraten wir ein Zimmer, das an eine kleine Bibliothek erinnerte. Die Bücherregale an den Wänden waren gefüllt mit den großen Werken vergangener Jahrhunderte. Einige Schriftstücke waren sogar darunter, die Richard, der auf diesem Gebiet ein anerkannter Experte war, sogleich als sehr selten und wertvoll einschätzte. So fanden sich dort das legendäre *Primavera* von Seguy und Feradays *Physica*.

Meine Aufmerksamkeit jedoch zog ein ganz anderer Gegenstand auf sich, der in einer Ecke unter der Dachschräge stand. Es handelte sich um eine massive Truhe, deren Beschläge von seltsamen Schriftzeichen bedeckt waren, die mich spontan an die Keilschrift der Sumerer erinnerten und doch roher und archaischer wirkten. Das Besondere an dieser Truhe war, dass sie sich nicht öffnen ließ, obwohl nirgendwo ein Schloss, das sie hätte verriegeln können, zu finden war.

Auch wenn diese Truhe mich fesselte, so war es keine Faszination, sondern vielmehr eine lähmende Angst, die alles bisher da gewesene Unbehagen überstieg. Schwindel und Übelkeit ergriffen mich bei ihrem Anblick, als ob sie ein tiefschwarzer Abgrund war, in den ich zu fallen drohte. Auf meinen Freund hingegen wirkte sie scheinbar gegenteilig. Sein Kopf glühte feuerrot, während er versuchte, den verstaubten Deckel anzuheben und mir immer wieder versicherte, dass er alles daransetzen würde, diese Truhe irgendwann zu öffnen und ihre Geheimnisse zu ergründen. Ich jedoch hatte genug von diesem Haus und allem, was darin war. Mein rationaler Geist spottete zwar darüber, doch mein Herz ahnte bereits etwas.

Und während ich an diesem Abend in meinem Arbeitszimmer saß und durch das Fenster auf jenen unheilvollen Ort blickte, an dem mein Freund noch immer damit beschäftigt war, die Geister vergangener Zeiten zu wecken, betete ich dafür, dass sie ihn nicht irgendwann heimsuchen würden.

Jedoch, in den darauffolgenden Tagen und Wochen verloren meine Bedenken an Kraft. Der Eifer, der meinen Freund Richard antrieb, um das verkommene

Haus wieder bewohnbar zu machen, wirkte wie Balsam auf mein zerrüttetes Befinden. Er hatte ganze Armeen von Handwerkern und Hilfskräften eingestellt, die unermüdlich damit beschäftigt waren, die Fassaden zu streichen, zerbrochene Dachziegel zu ersetzen, die Innenräume zu renovieren und das Haus von seinem altertümlichen Inventar zu befreien. Ich betrachtete diese Vorgänge mit gewisser Genugtuung, denn ich versprach mir von ihnen, dass mit den alten Möbeln und anderen Gegenständen auch jene Aura, die das Haus verpestete, aus der Dunstmanngasse verschwinden würde.

Es kam der Tag, an dem Richard mich das erste Mal zu sich einlud, um mir die Ergebnisse der vergangenen Wochen ausführlich zu präsentieren. Inzwischen war es Sommer geworden und das Haus strahlte nun in einem solchen Glanz, dass man hätte meinen können, es sei neu errichtet.

Im Gegensatz zum ersten Mal war die Luft in der Eingangshalle nun frisch und klar. Die gesamte Einrichtung entsprach dem modernen Geschmack meines Freundes und er überschlug sich förmlich bei der Beschreibung der einzelnen Details, der tiefgreifenden Veränderungen und der Belanglosigkeiten, die dieses Haus seiner Meinung nach von einer Ruine in einen Palast verwandelt hatten.

Das größte Geheimnis machte er jedoch um den Raum im zweiten Stock, der an eine kleine Bibliothek erinnert und die verriegelte Truhe beherbergt hatte. Trotz meiner eindringlichen Bitten und hartnäckigen Überzeugungsversuche gelang es mir nicht, ihn zu überreden, mir jenen Raum an diesem Tag zu zeigen. Er wollte eine besondere Gelegenheit abwarten, was meine Neugierde nur noch mehr steigerte. Was oder wann eine solche Gelegenheit sein sollte, verriet er mir ebenfalls nicht und so verlor ich bei einer heißen Tasse Tee und einigen anregenden Unterhaltungen in seinem Kaminzimmer bald alle Gedanken, die jenen geheimen Raum betrafen.

Meine beruflichen Verpflichtungen ermöglichten es mir, Echstein für Wochen zu verlassen. Ich genoss diese Zeit, die mir wohltuenden Abstand zu meinem Alltag und dessen Schatten erlaubte. Das Leben zeigte sich mir, wie lange nicht, in seinen schillerndsten Facetten. Und so wurde es für mich zur Strafe, als ich im Herbst wieder in die Dunstmanngasse zurückkehren musste, die mir zu jenem Zeitpunkt jedoch eher als Gefängnis des trüben Alltags, denn als Ursprung schleierhafter Ängste erschien.

Nur der Gedanke an das Wiedersehen meines Freundes Richard erleichterte mir die Rückkehr in die Heimat, die ich ihm einige Tage zuvor in einem ausschweifenden Brief ankündigte. Umso erstaunter und besorgter war ich daher, als ich, wieder zu Hause angekommen, von ihm weder eine Nachricht noch sonst ein Lebenszeichen erhielt. Ich vertröstete mich mit der Vorstellung, dass seine neue Arbeit meinen Freund so sehr in Anspruch nahm, dass er nicht dazu kam oder es versäumt hatte, mich wieder willkommen zu heißen. In den Abendstunden brannte Licht in seinem Haus und diese Tatsache stärkte meine Vermutung und minderte meine Sorge. Erst als ich ihn nach vier Tagen immer noch nicht gesehen, geschweige denn mit ihm gesprochen hatte, ignorierte ich meine Hemmungen, ihn bei der Arbeit zu stören und beschloss, ihn zu besuchen.

Als Richard mir die Tür öffnete, verrieten eine Blässe und ein matter Ausdruck in seinem Gesicht, dass seine Forschungen sehr an ihm zerrten. Dennoch bat er mich, einzutreten und in seinem Arbeitszimmer Platz zu nehmen, wobei es ihm jedoch nicht recht gelingen wollte, seinen Unmut über meine Störung zu unterdrücken. Ich sah darüber hinweg, denn ich kannte und bewunderte seinen Arbeitseifer.

Wir unterhielten uns ausführlich über meine Reise, wobei der Begriff des »Unterhaltens« sich darauf beschränkte, dass ich begeistert von meinen Erlebnissen sprach und er ab und zu nickte, dabei mit seinen Gedanken jedoch abwesend wirkte und immer wieder hektisch, so als wolle er sich ihrer Anwesenheit versichern, zu den Schriftstücken hinübersah, die überall auf dem Arbeitstisch und teilweise sogar auf dem Boden verstreut lagen. So als hätte sie jemand in rasender Wut dort hingeschleudert.

Ich erhob mich, um mir die Schriften näher anzusehen und so das Gespräch auf seine Arbeit und vielleicht auch auf seine Sorgen lenken zu können. Die meisten der Bücher und Manuskripte, die ich erblickte, waren vergilbt und in altertümlichen Lettern verfasst. Gerade als ich eines der Bücher, das mir durch seltsame Zeichnungen auf seinen Seiten aufgefallen war, ergriffen hatte, sprang mein Freund auf, entriss mir das Buch und forderte mich in einem verschreckend hasserfüllten Ton auf, sein Haus zu verlassen. Ich war durch das ungewöhnliche Verhalten dieses sonst so sanftmütigen Mannes verstört und kam ohne ein weiteres Wort seinem Verlangen nach.

Empörung ergriff mich, als ich wieder in meiner Tür stand, doch ebenso stieg die Sorge um den Freund, mehr noch als je zuvor.

Ich fasste den Entschluss, mich in den nächsten Tagen unter der Bevölkerung Echsteins umzuhören, ob es jemanden gab, der mir Auskünfte hinsichtlich des eigenartigen Benehmens Richard Falks geben konnte. Doch meine Bemühungen blieben weitestgehend erfolglos. Die meisten unterstützten meine Vermutung, der junge Mann sei lediglich überarbeitet. Nur eine alte Frau wollte eines Abends, als sie auf dem Weg nach Hause durch die Dunstmanngasse ging, Schreie aus dem Haus meines Freundes gehört haben. Sie war jedoch rückblickend nicht mehr in der Lage zu sagen, ob diese Laute von Angst oder Wut erfüllt gewesen waren. Ich hielt es also für das Beste, Richard in der kommenden Zeit in Ruhe zu lassen und abzuwarten, bis er seine Arbeiten abgeschlossen haben und wieder zu seinem alten Gemütszustand zurückgekehrt sein würde.

Dennoch quälten mich in den Nächten sorgenvolle Gedanken, und kranke, groteske Träume, deren Bilder ich hier nicht wiederzugeben wage, rissen mich wieder und wieder aus dem Schlaf und ließen meinen Körper erbeben.

In einer der sturmzerrütteten Herbstnächte, in der ich wieder einmal gequält von jenen Träumen wachlag, vernahm ich ein dringliches Pochen an meiner Haustür. Ich zögerte zunächst, da mich ein Besucher zu solch später Zeit nichts Gutes vermuten ließ. Als jedoch das Klopfen immer lauter und hektischer wurde, zog ich mir meinen Morgenmantel über, entzündete eine Kerze und schlich die Treppe zur Eingangshalle hinunter. An der Tür angekommen meinte ich neben dem Klopfen noch ein leises Stöhnen zu hören, so als leide dort draußen jemand entsetzliche Schmerzen. Dennoch öffnete ich nicht sofort, sondern fragte laut, bemüht meine Angst zu unterdrücken nach dem Namen desjenigen, der zu dieser Stunde noch Einlass verlangte.

Doch meine Frage wurde nicht beantwortet, stattdessen nahm das jämmerliche Ächzen und verzweifelte Klopfen an Intensität zu. Meiner Befürchtung folgend, draußen einen verletzten Menschen seinem Schicksal zu überlassen, verwarf ich schließlich alle Bedenken und riss die Tür auf.

Eine Gestalt, durchnässt vom Regen und zitternd am ganzen Leib, stürzte herein und ließ sich in meine Arme fallen. Unter größten Mühen schaffte ich es, sie in mein Kaminzimmer zu tragen und sie in einem Sessel niederzusetzen. Erst jetzt erkannte ich, dass es sich bei diesem nächtlichen Besucher, der zusammengesunken dasaß und unverständliche Wortfetzen stammelte, um meinen Freund Richard Falk handelte.

Hastig warf ich einige Decken über ihn, entzündete ein Feuer und setzte Wasser für einen Tee auf. Nach kurzer Zeit schien er sich etwas beruhigt zu haben, doch noch immer war sein Gesicht wie von namenlosem Entsetzen verzerrt.

Ich redete auf ihn ein, bat ihn eindringlich mir zu sagen, was es war, das ihn um diese Zeit und in dieser kläglichen Verfassung zu mir trieb. Doch er antwortete nicht. Saß nur da, starrte mich aus unterlaufenen Augen an und öffnete ab und zu den Mund, als wollte er sein Schweigen brechen, blieb dann aber doch stumm. So verging etwa eine Stunde, in der sich nichts an seinem Zustand veränderte, und erst nachdem er einen starken Tee getrunken hatte, schien das Leben in seine Augen zurückzukehren und er begann zu flüstern. Er versprach unter tausendfachen Bitten um meine Verzeihung, dass er mir alles erklären würde, dass sein Verhalten nicht gegen mich persönlich gerichtet gewesen war und dass es ihn in dieser Nacht zu mir getrieben hatte, damit er die letzten Kräfte sammeln konnte, die er für das benötigte, was in den nächsten Stunden zu tun war.

Er bat mich nicht weiter danach zu fragen, ihm nicht zu folgen, alles zu ignorieren, was ich in dieser Nacht aus seinem Haus vielleicht noch hören sollte und einfach auf die Morgendämmerung zu warten, um dann zu ihm zu kommen. Und dann endlich würde er sein Werk vollendet haben, würde er mir die Antworten auf alle meine Fragen geben können. Es sei zu meinem eigenen Besten, auf ihn zu hören.

Erst nachdem ich ihm die höchsten Schwüre darauf geleistet hatte, dies alles zu befolgen, stand er auf, sicherer und willensstärker als je zuvor und verließ mein Haus.

Unendlich schien mir die Zeit des Wartens, bis schließlich das erste Sonnenlicht den Horizont erhellte und ich meinem Freund folgen konnte. Ich hatte weder ein Geräusch gehört, noch war mir sonst etwas Ungewöhnliches an jenem Haus gegenüber aufgefallen, obwohl ich es, seit Richard wieder fortgegangen war, nicht mehr aus den Augen gelassen hatte. Einzig das alte Gefühl jener unbeschreiblichen Präsenz und die damit verbundene nicht greifbare Furcht waren in mein Herz zurückgekehrt und hatten mir die Erfüllung meines Schwurs, den Freund nicht vor Anbruch des Morgens aufzusuchen, erleichtert.

Jetzt stand ich mitten auf der Dunstmanngasse und starrte auf das alte Stuck-Haus, während der Morgennebel mich mit feuchten Fingern betastete. Irgendwo in der Ferne bellte aufgeregt ein Hund und scheuchte einige Krähen aus den nahen Büschen auf. Ihr Schrei klang wütend und entsetzt zugleich.

Langsam schritt ich über den kiesbedeckten Weg, der sich durch den Garten hin zu der torähnlichen Haustür wand. Rings um mich standen alte Weiden und Eichen. Herbstkahl streckten sie ihre knorrigen Äste wie Arme in die dichten Nebelschwaden. Sie schienen alt, älter als dieses Haus, älter noch als diese Stadt. Zeugen einer Zeit, deren Dunkelheit Dinge beherbergt, die sich kein menschlicher Verstand auszumalen vermag. Die in vielen glücklichen Fällen verborgen bleiben, doch die manchmal ihren Weg finden, sich tastend durch die Nebel der Zeiten, wie die Äste der Bäume um mich herum.

Dies alles dachte ich, während ich mich dem schrecklichen Haus näherte, das in dieser Nacht alles an Abscheulichem wiedergewonnen hatte, was in den vergangenen Wochen und Monaten von meiner Seele gewichen war. All meine Bedenken kehrten zurück, schlugen auf mich ein und schrien wie eine Gewissheit in meinem Kopf.

Warum nur? Warum merkte mein Freund zu spät, was vor sich ging, dass sich etwas umtrieb in den labyrinthartigen Gängen und Räumen? Etwas Altes, etwas Unfassbares. Und als ich die Haustür offen stehend sah, da gestand ich mir endlich ein, dass jenes Grauen den alten Stuck und sein Mädchen verschlugen haben musste und dass es vielleicht, wenn ich zu spät kam, in dieser Nacht sein Werk fortgeführt hatte.

Ich fühlte mich wie in der Zeit zurückgeschleudert, als ich die Vorhalle betrat. Wie ähnelte doch alles dem, was ich empfunden hatte, als ich zum ersten Mal durch diese Räume geschritten war.

Dunkelheit, vom Morgengrauen nur matt erhellt. Faulige, kranke Luft und feuchte Kälte. Nur ein Schrecken kam noch hinzu: die Einsamkeit.

Hinter mir schloss sich die schwere Haustür und ob ich selbst sie zuzog, wage ich heute nicht mehr zu sagen. Eine atemlose Leere hatte mich erfasst, wie ein Fieber raubte sie mir jeglichen klaren Gedanken. Die abscheulichen Götzen um mich herum, die ich aus diesem Haus verbannt geglaubt hatte, doch die mein Freund aus unerfindlichen Gründen wieder aufgestellt haben musste, schienen mich mit widerlichen Fratzen anzugrinsen, mich auszulachen.

Ich rief den Namen meines Freundes, wimmerte ihn, weinte ihn, dann wieder schrie ich ihn in rasendem Zorn, doch bewegte ich mich dabei keinen Zentimeter von der Stelle.

Niemand antwortete. Nur oben im zweiten Stock meinte ich endlich ein Geräusch zu vernehmen. Ich riss mich aus meiner Starre und stürmte, alles verachtend, was mich erwarten konnte, durch die Gänge und die Treppe hinauf. Ich durchsuchte ergebnislos alle Räume, bis ich zuletzt vor dem stand, den mein Freund vor mir verborgen hatte. Langsam öffnete ich die Tür und leuchtete mit meiner Kerze in das trübe Grau.

Voll Verwunderung stellte ich fest, dass sich hier nichts verändert hatte. Die langen Bücherregale an den Wänden standen ebenso noch da, wie der wuchtige Schreibtisch unter dem Fenster. Nur meinen Freund fand ich dort nicht.

Bevor ich den Raum wieder verließ, streifte mein Blick noch kurz die Truhe unter der Dachschräge. Auch sie stand noch immer da.

Ich fand Richard endlich in seinem Arbeitszimmer im Erdgeschoss. Er saß an seinem Schreibtisch vor unzähligen Manuskripten, den Rücken mir zugewandt. Kerzen tauchten den Raum in ein warmes Licht. Erleichtert lachend ging ich zu ihm, verwünschte ihn, ob des Schreckens, den er mir eingejagt hatte und bat um ausführliche Erklärungen.

Als ich ihm auf die Schulter klopfte, sah er mich an – und nacktes Entsetzen ergriff mich. Schreiend wich ich zurück und verbarg die Augen hinter meinen Händen, um diesen Anblick nicht länger ertragen zu müssen. Das Gesicht meines lieben Freundes war zu einer Maske abscheulichster Schrecken verzerrt. Bläschen bedeckten wie Brandwunden seine Haut, die zudem eingefallen, wie die eines Greises, wirkte. Ein entsetzliches Röcheln entwich seiner Kehle, als stinkende Gase seinen Körper verließen.

In dem Moment, in dem ich ihn berührt hatte, war sein Kopf zur Seite gerutscht und hatte mich aus kalten, verdrehten Augen angestarrt, und mir war sofort klar geworden: Mein Freund Richard Falk war tot.

Ich taumelte, stolperte vorwärts im Strudel unendlicher Hilflosigkeit. Der Schreibtisch bot mir Halt. Wer oder besser was hatte dies alles angerichtet?

Ich versuchte, meine Gedanken neu zu ordnen. Was galt es, als nächstes zu tun? War es noch hier? Sollte ich die Polizei rufen? Wahrscheinlich würden sie mich verdächtigen! Was sollte ich nur tun?

Mein Blick fiel auf eines der Bücher auf dem Schreibtisch. Ich hob es auf und stellte fest, dass es sich um das Tagebuch meines Freundes handelte. Vielleicht würde ich hier endlich die Antworten auf all meine Fragen finden.

Mit zitternden Händen überflog ich die ersten Seiten, die jedoch nur einige belanglose Beschreibungen der Renovierungsarbeiten enthielten. Als ich schließlich zu den Seiten kam, die mir aufschlussreicher erschienen, setzte ich mich in einen Stuhl und vergaß für einen Augenblick in welch absurder Situation ich mich befand.

Folgendes stand dort geschrieben und es erklärte mir alles, was mir zuvor noch so rätselhaft gewesen war:

Dienstag, 16. Juli 1854
Die Arbeiten am und im Haus sind nun fast vollständig abgeschlossen. Hier und da bleiben noch Kleinigkeiten zu erledigen. Ich denke dabei im Besonderen an die Restauration des Kamins im großen Esszimmer und die Erneuerung der Wandverkleidung meines Schlafzimmers. Abgesehen davon kann ich mit Stolz behaupten, dass ich diesem wunderbaren Haus zu verdientem neuen Glanz verholfen habe. Alles Alte ist hinfort und ein frischer, reiner Geist strömt von nun an wieder durch die Räume, ausgenommen jenem einen besonderen.

Gestern war Joseph das erste Mal zu Gast. Ich vermute, dass ich ihn mit meinen Ausführungen hinsichtlich der Renovierungsarbeiten gelangweilt habe. Er zeigte sich kaum beeindruckt von all den Neuerungen und wirkte etwas blass, als sei er krank. Doch ich glaube nicht, dass dieser Eindruck an seiner Gesundheit lag. Vielmehr schien es mir, das Haus sei es, das ihm Unbehagen bereitete.

An dieser Stelle muss ich gestehen, dass mich sein Zustand zu närrischen Spielereien bewog und ich ein übertriebenes Geheimnis um die Bibliothek im zweiten Stock machte, obwohl dort wahrlich nichts Geheimnisumwobenes verborgen ist. Kostbarkeiten? Ja! Raritäten? Zweifelsohne! Aber nicht mehr und nicht weniger. Dennoch war er beeindruckt und fiel auf meinen kleinen Streich herein.

Niemand soll nun denken, ich wollte ihm etwas Böses, nichts lag mir ferner, ist Joseph doch einer der umgänglichsten und intelligentesten Menschen, die ich kenne.

Nein, es war seine alberne Furcht, die mich reizte. Ich hatte sie schon damals bemerkt, als wir das Haus zum ersten Mal betreten hatten. Irgendetwas an diesem Gebäude scheint ihn zu bedrücken. Ich kann mit Blick auf seine Ehre und seine Vernunft nur hoffen, dass es nicht diese unsäglichen Schauermären der Stadtbewohner sind, die ihn so berühren.

Ich jedenfalls fühle mich äußerst wohl hier und nach nunmehr dreißig Nächten unter diesem Dach kann ich nicht behaupten, je ein Anzeichen für einen Spuk oder sonst einen Unsinn bemerkt zu haben.

Ich möchte noch einmal kurz auf die alte Bibliothek zu sprechen kommen. Es lässt sich schwer sagen, welche Schätze der Literatur dort noch verborgen liegen. Aber nachdem ich mich nun nicht mehr vorrangig mit den Arbeiten am Haus beschäftigen muss, kann ich mich endlich voll und ganz den unzähligen alten Schriften widmen. Ich werde gleich morgen damit beginnen und vielleicht bekomme ich ja so auch nebenbei noch heraus, wie sich diese merkwürdige Truhe öffnen lässt.

Nihil est perpetuum datum -Falk


Donnerstag, 25. Juli 1854

Ich bin tief enttäuscht. Der erträumte Literaturschatz stellt sich nach und nach als ein Haufen Katzengold dar. Das *Primavera* von Seguy und Feradays *Physica*, die ich beide gleich am ersten Tag in der Bibliothek gefunden hatte, scheinen die wertvollsten Stücke zu sein. Gestern entdeckte ich noch eine seltene Ausgabe von Huckmanns großem *Corpus Inscriptionum*, doch ansonsten beschränkt sich die Sammlung größtenteils auf weithin bekannte naturwissenschaftliche Schriften oder diverse Reiseberichte. Auch viele persönliche Aufzeichnungen jenes Walther Stuck konnte ich finden.

Ich habe kurz mit dem Gedanken gespielt, sie Joseph zukommen zu lassen, doch ich befürchte, dass ihm die Lektüre solcher Schriften am Ende wirklich noch auf den Verstand schlagen könnte, und ich habe schon genug böse Scherze mit ihm getrieben.

Nichtsdestotrotz werde ich sie lesen. Nicht weil ich glaube, die düsteren Legenden seien doch wahr, sondern weil ich bereits kurz hineingeschaut habe und zugeben muss, dass der Stil des alten Stuck sehr ansprechend ist und er jede Menge interessanter Dinge aus aller Welt zu berichten wusste. Ich hoffe nur, meine Erwartungen werden diesbezüglich nicht ebenso enttäuscht wie bei dem Rest der Manuskripte in der Bibliothek.

Kurz bevor ich begonnen habe, diese Zeilen zu schreiben, fand ich noch ein weiteres Buch. Es lag ziemlich weit hinten im Regal direkt an der Wand, weshalb ich es bisher wohl übersehen habe. Ich habe es mir noch nicht näher angesehen und sein Titel ist mir völlig unbekannt. Es nennt sich »Die schwarzen Psalmen von L'yn-Kath« und wurde 1716 von einem dänischen Kapitän namens Frederik van Bolven verfasst. Der Name sagt mir nichts und ich gehe davon aus, dass es sich um wertlosen Schund handelt.

Nihil est perpetuum datum -Falk

Sonntag, 4. August 1854

Eine zehrende Krankheit hat mich erfasst und fesselt mich nun schon seit einigen Tagen an mein Bett.

Es ist eine seltsame Schwäche, die meinen gesamten Körper in Ketten gelegt hat, so dass er sich nur schwer und unter größten Willensanstrengungen bewegen lässt.

Es hat mich große Mühe gekostet, aufzustehen, damit ich diese Zeilen hier schreiben kann. Doch es musste sein. Das stumpfsinnige Liegen und an die Decke Starren raubt mir noch den Verstand. Die Schwester eines Kollegen von der Universität kommt einmal am Tag vorbei, um nach mir zu sehen und mir etwas Essen zu bringen. Die gute Emilie.

Ich habe kaum Appetit, doch ich genieße ihre Anwesenheit. Ihr ungezwungenes, anmutiges Lächeln wirkt besser als jede der Arzneien, die mir der Arzt verschrieben hat.

Er konnte keine körperlichen Ursachen für mein Leiden feststellen und schrieb die Symptome den aufreibenden vergangenen Wochen zu, in denen ich mir aufgrund meines Umzuges kaum Ruhe gegönnt habe. Ich vermute, er hat Recht und schlucke daher brav die bitteren Beruhigungspillen, wasche mich drei Mal täglich kalt und halte so viel Bettruhe wie nur möglich und erträglich. Ach, doch eben jene Bettruhe will mir mehr als zusätzliche Qual, denn als Erleichterung erscheinen.

Ich habe versucht, weiter in den Aufzeichnungen Stucks zu lesen. Leider muss ich jedes Mal bereits nach etwa einer halben Stunde aufgrund starker Kopfschmerzen das Lesen für eine längere Zeit unterbrechen. Doch ich werde weitermachen, denn es scheint mir nun mehr und mehr notwendig dies zu tun. Warum genau will und kann ich zu diesem Zeitpunkt noch nicht sagen. Nur so viel: Der alte Stuck muss doch mehr gewesen sein als nur ein weltinteressierter Reisender.

Aber bevor ich nichts Genaues weiß, werde ich meine wertvolle und rare Kraft nicht dafür verschwenden, Vermutungen niederzuschreiben. Ich würde diesbezüglich gerne ein paar Worte mit Joseph wechseln, leider ist er für die nächsten Wochen nach Berlin verreist.

Zum Schluss muss ich der Vollständigkeit halber erwähnen, dass ich, bevor ich erkrankte, noch einen Blick in das Buch dieses van Bolven werfen konnte oder besser musste, denn es ist nicht nur wertloser Schund, nein, es ist abstoßendes, gotteslästerliches Geschreibe, was man dort zu lesen genötigt wird.

Der Mann muss ein Verrückter oder Schlimmeres gewesen sein. Mir ist noch nicht ganz klar, warum ein Buch, das sich mit blasphemischen Riten und Dämonenanbetungen beschäftigt, gemeinsam in einer Literatursammlung mit durchweg seriösen wissenschaftlichen Texten geführt wird.

Mich überfällt noch jetzt ein Schauer des Ekels, denke ich an die grotesk abscheulichen Kupferstiche, die die Seiten zieren. Mit ihren seltsamen Wesen, die auf den ersten Blick wie Menschen und auf den zweiten wie Tiere wirken, die jedoch weder das eine, noch das andere sind. Genauer wage ich sie hier nicht zu beschreiben, ebenso wenig wie die teuflischen Dinge, die sie taten.

Ich vermute sogar, wäre mein Gemüt ähnlich empfindlich wie das des guten Joseph, würde ich mir einreden, dieses Buch und meine Krankheit stünden in irgendeiner geheimnisvollen Beziehung zueinander. Doch Schluss damit, ich fantasiere. Ich spüre, dass ich Fieber bekomme.

Nihil est perpetuum datum -Falk

Sonntag, 11. August 1854

Das Fieber, es muss das Fieber sein, das mich in diesem entsetzlichen Albtraum gefangen hält. Doktor Kruse ist ratlos. Er scheint ernsthaft besorgt um mich. Ebenso wie Emilie. Ach, die gute, die herzensgute Emilie. So oft sie kann, wacht sie nun an meinem Bett. Pflegt mich und vertreibt die Nebel, die drohen meinen Verstand einzuhüllen. Jede Nacht, wenn sie mich verlässt, gleite ich in eine Welt des Wahnsinns ab. Alles, woran ich bisher glaubte, scheint hier jegliche Bedeutung zu verlieren. Die Rationalität meines Geistes wird von kranken Fieberträumen verschlungen. In diesem Zustand ergreift mich plötzlich ein unbändiger Arbeitsdrang. Obwohl mein Körper matt und ausgelaugt ist, wird er zu elender Rastlosigkeit verdammt. Ich verlasse mein Bett, gehe zunächst im Zimmer und schließlich im gesamten Haus auf und ab. Bald beginne ich, Möbel zu verrücken oder Bilder umzuhängen. Einmal zog es mich mitten in der Nacht in meinen Garten, wo ich ohne Sinn und Zweck ein Loch von mindestens anderthalb Metern Tiefe und einem Meter Breite grub. Graut dann der Morgen, verlassen mich diese fürchterlichen Triebe wieder und der Ohnmacht nahe trage ich mich zurück in mein Bett.

Ich weiß nicht, wie lange ich diesem Martyrium noch standhalten kann. Allerdings habe ich entdeckt, dass geistige Arbeit den Drang bis zu einem gewissen Grad abschwächt. Ich widme mich daher seit gestern wieder den Aufzeichnungen Walther Stucks. Nur so glaube ich mich derzeit in der Lage, diese schrecklichen Nächte zu überstehen. Ich bete darum, dass ich bald wieder meine Ruhe finde.

Nihil est perpetuum datum -Falk

Donnerstag, 25. September 1854

Erst jetzt nach einem Monat bin ich wieder so weit bei Verstand, dass ich von den vergangenen Wochen berichten kann. Noch immer treibt es mich Nacht für Nacht aus dem Bett, doch inzwischen glaube ich nicht mehr an ein körperliches Leiden, sondern an eine Krankheit meines Geistes. Ich flehe zu allen Mächten des Himmels darum, dass es so ist, dass ich dem Wahnsinn erlegen bin und dass das alles um mich herum nicht wirklich ist. Die Schritte über mir, der Gesang in der Dunkelheit. Wann nur, wann kommt Joseph endlich zurück?

Nihil est perpetuum datum -Falk

Montag, 29. September 1854

Gott erbarme sich unser! Ich bin nicht wahnsinnig, auch wenn dies alles Wahnsinn ist. Ich weiß es nun, denn ich habe sie letzte Nacht gesehen, habe in ihre schwarzen Augen geblickt und das Böse, das aus ihnen sprach, war so unsagbar nah, dass es keiner Fantasie entspringen kann, egal wie krank der Geist auch ist, der sie erschafft. Ich muss nun alles berichten. Das was ich weiß und das, was ich glaube zu wissen.

Beim Studium der Aufzeichnungen des alten Stucks fand ich vor wenigen Wochen die Bestätigung der Legenden, die sich um ihn rankten.

Er war mit einer Expedition in Ostasien unterwegs gewesen und hatte dort im Dschungel von Birma uralte Ruinen entdeckt. Er berichtete, wie die einheimischen Träger beim Anblick der verfallenen Bauten in nackter Panik davonliefen und auch nach Tagen, als die Expedition schon lange mit der Erforschung der Ruinen begonnen hatte, nicht wieder auftauchten.

Es wurde von alten Legenden geflüstert. Von einem untergegangenen Volk, von unheiligen Ritualen und einem namenlosen Schrecken, das diesen Ort in finsterster Vorzeit bewohnt hatte. Natürlich ließen sich die europäisch aufgeklärten Forscher davon nicht abschrecken und fuhren mit ihrer Arbeit unbeeindruckt fort. An ihrer Spitze der alte Walther Stuck.

Bald jedoch geschahen seltsame Dinge. Hier wollte jemand etwas Erschreckendes gesehen, dort jemand anderes etwas Unheimliches gehört haben.

Als dann Menschen spurlos verschwanden, begannen auch die ersten Forscher ihrem Verlangen Ausdruck zu verleihen, diesen Ort so schnell wie möglich zu verlassen. Doch Stuck trieb sie weiter voran, immer noch unbeeindruckt, bis sie irgendwann auf einen verborgenen Raum unter einem der Tempel stießen.

Was dieser Raum, in dem einzig und allein eine geheimnisvolle Truhe gefunden wurde, genau war oder wozu er einst gedient hatte, fand Stuck nie heraus.

In einer Wand des Raumes stand in fremden Zeichen etwas geschrieben. Einem der anwesenden Wissenschaftler, der ein Experte auf dem Gebiet der alten Sprachen des Ostens war, gelang es zwar nicht den Text zu übersetzen, er vermochte ihn aber dennoch zu lesen. Das Erstaunen war groß, als sich, nachdem der Mann die Worte ausgesprochen hatte, die Truhe in der Mitte des Raumes langsam öffnete. Zu aller Enttäuschung schien sie jedoch leer. Erst kurz vor seinem Tod erkannte Walther Stuck die Wahrheit. Denn das Öffnen dieser Truhe musste eine Art Pforte errichtet haben, durch die etwas abgrundtief Böses seinen Weg in unsere Welt fand.

In der Hoffnung, die Rätsel der Ruinen zu lösen, ließ Stuck weiter graben, doch die Seltsamkeiten nahmen von Tag zu Tag zu und immer mehr seiner Leute verschwanden. Entweder weil sie diesen Ort nicht mehr ertrugen oder aus anderen unbekannten aber zweifellos schrecklicheren Gründen.

Irgendwann tauchte ein kleines Mädchen im Lager auf. Es war nackt, schmutzig und allein. Es sprach kein einziges Wort, doch es sang ein Lied, das allen einen eisigen Schauer auferlegte. Manche glaubten, ein altes deutsches Kinderlied darin wiederzuerkennen, auch wenn die Sprache in der das Mädchen sang in keinster Weise dem Deutschen glich, sondern eher dem Heulen eines Wolfes, dem Schrei einer Eule und dem Krächzen eines Raben zugleich.

Alle verabscheuten dieses Kind, nur Walther Stuck, der vermutete, es gehöre zu einem der verborgenen Dschungelstämme und hatte sich verlaufen oder war ausgestoßen worden, kümmerte sich um das Mädchen und nahm sie schließlich zwei Monate später mit zu sich nach Hause, nachdem sich die Expedition aufgrund der unsäglichen Ereignisse und der diesbezüglichen Sturheit Walther Stucks fast vollständig aufgelöst hatte.

Nun begann seine Leidensgeschichte. Er verfiel von Tag zu Tag mehr, körperlich wie auch geistig. Der abstoßende Gesang des Mädchens, der jede Nacht aus ihrem Zimmer zu hören war, trieb ihn immer weiter in den Wahnsinn.

Er versuchte alles, um es dem Kind auszutreiben, doch scheiterte er kläglich. Tagsüber hielt sie sich stets in seiner Nähe auf, so dass es ihm zu einer unerträglichen Belästigung wurde, wenn sie ihn aus ihren schwarzen Augen anstarrte und dabei wie ein wildes Tier grinste. Und nachts sang sie ihr Lied, laut und durchdringend. Ansonsten blieb sie stumm und sprach nie ein Wort.

Die letzten Seiten seiner Aufzeichnungen sind nur noch lückenhaft und wirr beschriftet, was darauf hindeutet, wie sehr der alte Stuck vor seinem Ende der Verzweiflung verfallen war. Nur so viel kann ich sagen, wenn ich seine letzten Worte richtig deute.

Eines Nachts, als das Mädchen wieder einmal in seinem Zimmer saß und so laut sang, dass selbst der Wind, der draußen tobte, es nicht übertönen konnte, ergriff Walther Stuck ein Messer, schlich die Treppen hinauf und erstach das Kind.

Daraufhin legte er den leblosen Körper in eine Truhe und verschloss sie mit allen Mächten, über die er zu gebieten wagte. Denn die Truhe war eben jene, die sie in dem Raum unter dem alten Tempel gefunden hatten.

Die magische Formel zum Verschluss der Truhe hatte er in jenem mir bekannten Buch des Kapitän van Bolven gefunden, von dem es heißt, er habe sein verfluchtes Wissen auf dem Grund der Nordsee erlangt. Was auch immer das heißen mag.

Doch das Mädchen fand sein Ende und kurz danach auch Walther Stuck.

Und ich Narr hielt ihn für einen wahnsinnigen Mörder, und ich trieb meine Forschungen voran, denn ich wusste, dass ich noch immer im Besitz der unheiligen Truhe war, und meine christliche Moral forderte mich auf, den Überresten des Kindes ein angemessenes Begräbnis zu gewähren. Gott und diese Welt mögen mir verzeihen, denn als ich endlich in den schwarzen Psalmen den Schlüssel gefunden und das Grab in meiner Bibliothek geöffnet hatte, erkannte ich die Wahrheit.

Und die Arme, die sich wie Schlangen aus der Öffnung der Truhe wanden und das entsetzliche, unmenschliche Geschrei, das aus ihr erklang, machten mir klar, dass ich einen Dämon befreit hatte. Mir gelang es zwar durch die magischen Worte, die Truhe wieder zu schließen, bevor das Unwesen darin entkommen konnte, doch ich ahnte bereits damals, dass meine Macht nicht groß genug sein würde.

In den darauffolgenden Nächten glaubte ich ihn wieder und wieder zu hören, den Gesang aus der Hölle, und ich meinte, wenn ich in meinem Bett lag und zitternd in die Dunkelheit starrte, über mir in der Bibliothek Schritte zu vernehmen.

Erst waren es nur wenige, doch es wurden mehr mit jeder Nacht und so ist es auch noch heute. Denn gerade jetzt, da ich diese Worte schreibe, regt sich etwas über mir. Knarrend und pochend. Zentimeter für Zentimeter schleicht es vorwärts, die Treppe hinunter und über den Gang.

Fast schon steht es vor meiner Tür. Ich wage es nicht, dieses Zimmer zu verlassen. Nicht mehr lange, dann wird es bei mir sein und mich verschlingen. Und seit letzter Nacht sehe ich das Mädchen sogar in meinen Träumen. Etwas Böses lodert in ihren Augen, so nah und real, dass keine Zweifel mehr bestehen.

Doch noch ist nicht alles verloren. Einige wenige Nächte bleiben mir. Fliehen kann ich nicht, denn ich habe das Böse in die Welt geholt und ebenso muss ich es auch wieder von dort verbannen. Ich habe Emilie und dem Doktor verboten, mich weiterhin aufzusuchen. Auch wenn es mir schwer fällt, gerade bei Emilie, doch darf ich sie sich nicht länger dieser Gefahr aussetzen. Gott erbarme sich dieser Stadt, sollte ich versagen. Welch abgrundtiefer Wahnsinn.

Laudamus veteres, sed nostris utimur annis -Falk

Mittwoch, 8. Oktober 1854

Meine Frist ist abgelaufen und ich habe eine Lösung gefunden. Es wird beschwerlich! Doch was sollte mich davon abhalten? Hier und jetzt ist es nicht notwendig zu beschreiben, wie genau ich vorgehen werde. Dazu bleibt mir keine Zeit und es kann noch immer getan werden, sobald das Grauen Vergangenheit ist. Ich bin am Ende meiner Kräfte, kann kaum noch aufrecht stehen.

Joseph war bei mir. Er machte sich Sorgen, aber ich verriet nichts. Als seine Neugier zu groß wurde, musste ich ihn grob meines Hauses verweisen. Es tut mir in der Seele weh, doch ich möchte ihn nicht mit in etwas hineinziehen, an dem er gänzlich unschuldig ist. Bevor ich meine Tat vollbringen kann, werde ich ihn allerdings aufsuchen, um meine letzten Kräfte zu sammeln. Hier in diesen schrecklichen Räumen will mein Geist nicht zur Ruhe kommen.

Es wird gelingen.

Finis coronat opus -Falk

Donnerstag, 9. Oktober 1854

Es ist vollbracht. Meine Hände zittern noch immer vor Erregung angesichts dieser großen Tat, zu der ich mich noch vor wenigen Wochen niemals fähig gefühlt hätte. In etwa einer Stunde geht die Sonne auf und mit ihr mein zweites Leben. Ich ringe mit mir, ob ich Joseph und dem Rest der Welt die volle Wahrheit gestehen soll oder ob sie nicht verborgen bleiben muss, auf dass niemals ein anderer Narr den gleichen Fehler macht wie ich und das Böse wiedererweckt.

Noch immer quält mich eine ungewisse Angst, obwohl ich weiß, dass sie nun unnötig ist, und noch immer meine ich Schritte über mir zu hören, dort wo nun nichts mehr ist. Ich bin mir sicher, dass auch diese letzten Wunden in meinem Geist mit dem Licht der Sonne verschwinden werden.

Ich kann ein Lächeln nicht unterdrücken angesichts der Tatsache, dass die Nerven in meinem Hirn vortäuschen, wie jemand im zweiten Stock die Bibliothek verlässt und die Treppe hinuntergeht. Jetzt ist er schon im Flur und kommt näher. Ja tatsächlich, mein Geist redet mir sogar ein, dass sich hinter mir die Tür öffnet. Eine faszinierende Täuschung der Sinne ...

Hier endeten die Aufzeichnungen Richard Falks und ich schloss sein Tagebuch und steckte es in die Tasche meines Mantels. Ich entsinne mich noch heute, wie ich mich damals langsam aus dem Stuhl erhob und ihm in die aufgerissenen, toten Augen starrte. Voller Mitleid, da ich für einen kurzen Moment wirklich glaubte, mein Freund sei das Opfer einer schrecklichen Geisteskrankheit geworden. Bis meinen Verstand ein Bild durchzuckte und alles in mir aufschrie, als ich realisierte, dass der Deckel jener Truhe, die ich noch vor wenigen Augenblicken in der Bibliothek gesehen hatte, angehoben gewesen war.

Nicht viel, nur ein Stück, doch es musste gereicht haben, damit schwarzen Augen daraus hervor mich hatten anstarren können. Und ich floh, fort aus dem verfluchten Haus, fort aus der Stadt, und ich vergaß dabei, all dies den Flammen zu übergeben.

Heute lebe ich in Berlin, fern von Echstein, in das ich nie wieder zurückzukehren wage. Was in jener Nacht genau mit meinem Freund geschah, kann ich nicht sagen und ich möchte es auch niemals erfahren. Meine Erinnerungen plagen mich.

Denn ein Mensch kann glücklich sein oder die Wahrheit kennen. Es ist nicht die Erinnerung an den grotesken Anblick Richard Falks, die mich quält, auch nicht die an leise Schritte über mir, während ich ihn ein letztes Mal ansah. Das wirklich Unerträgliche, das mich Nacht für Nacht in meinen Träumen heimsucht und das mich wohl bis in den Tod verfolgen wird, ist das, was ich ganz nah hinter meinem Rücken hörte, noch während ich aus dem Haus meines Freundes stürmte:

Jener Gesang, jener entsetzliche Gesang.

# Der verschollene König

von

Thomas Backus

Wenn meine Mutter gewusst hätte, was sie damit anrichtete, hätte sie mir niemals die Märchen der Brüder Grimm vorgelesen. Diese Geschichten faszinierten mich. Ich wollte mehr wissen über die Wölfe, die Hexen und die Monster, die auf unbedarfte Wanderer und oft auch auf kleine Kinder lauerten, um sie zu fressen, oder zumindest in irgendwelche Tiere zu verwandeln.

Ich las alle Märchenbücher, die mir in die Hände fielen. Verschiedene Ausgaben der Grimm'schen Kinder- und Hausmärchen, Andersens Kunstmärchen, selbst solche Exoten wie die Märchen von Charles Perrault (dessen Version von Rotkäppchen die Version der Brüder Grimm um Längen schlägt).

Danach waren die Sagen dran. Griechische, römische und nordische Sagen. Auch sie waren voll von Ungeheuern und Zauberern, und von Helden, die am Ende der Gerechtigkeit zum Sieg verhalfen.

Irgendwann schenkte mir eine Tante ein Buch mit Gespenstergeschichten. Dort traf ich zum ersten Mal auf meine späteren Idole Edgar Allan Poe und H. P. Lovecraft.

Besonders letzterer hatte es mir angetan. Ich sammelte die Suhrkamp-Taschenbücher, die, wie ich heute weiß, Nachdrucke von Büchern aus dem Insel-Verlag waren. Ich kaufte mir auch die Neuübersetzungen aus dem Hause Festa. Die Werksgruppen der Edition Phantasia hatte ich mir nicht leisten können – bis ich eine kleine Erbschaft machte. Die Tante, die mein Interesse für den Meister geweckt hatte, verstarb. So war es doch nur recht und billig, dass ich mit dem von ihr hinterlassenem Geld meine Sammlung vervollständigte.

In einem kleinen Antiquariat in einer Seitengasse Wiens fand ich außerdem die kompletten Insel-Hardcover in tadellosem Zustand. Der Verkäufer legte sogar noch zwei kleine Bücher drauf. »Wenn Ihnen Lovecraft gefällt, werden Sie diese Bücher mögen«, sagte er. Und ich bin mir sicher, auch er ahnte nicht, was er damit auslöste.

Die beiden Bücher waren eigentlich keine richtigen Bücher. Jedenfalls nicht auf einer Druckerpresse gedruckt. Vielmehr schien man sie Seiten kopiert und gebunden zu haben. Das Ganze war sehr liebevoll und sorgfältig geschehen, sodass ich die beiden Bände trotz allem als bibliophile Kostbarkeit ansah. Der Hersteller hatte die Büchlein in Elefantenhaut gebunden (was wohl an Pergament erinnern sollte) und mit einer stimmungsvollen Schwarz-Weiß-Zeichnung versehen.

Beide Bücher stammten von einem Stephan König. Das Impressum nannte als Verlag die Kobold-Presse, die Auflage war auf 30 Exemplare limitiert, wenn auch nicht nummeriert.

Keins der Bücher enthielt eine Biografie des Autors. Im Vorwort wurde lediglich erwähnt, dass Stephan König vor Ort recherchierte. Der erste Band enthielt fantastische Räubergeschichten, die während einer Reise durch den Spessart in den Ruinen alter Wirtshäuser verfasst worden seien.

Band zwei enthielt Vampir-Geschichten (der Autor verwendete die altertümliche Schreibweise Vampyr), die auf einer Reise durch die entlegensten Gegenden Transsylvaniens entstanden sein sollten.

Es gab auch einen Hinweis auf einen dritten Band. Er sollte Hexengeschichten enthalten. Wie König aufgeregt mitteilte, habe er sich eine Einladung zu einem Hexensabbat erschlichen, und er brannte darauf, seine dortigen Erlebnisse zu Papier zu bringen.

Natürlich hielt ich diese Hinweise auf das intensive Recherchieren für Stimmungsmache. Viele Autoren beteuerten am Anfang ihrer Geschichten, dass das Geschriebene absolut wahr sei, auch wenn der Inhalt noch so unglaublich klänge.

Das überlas ich gerne, denn als Einleitung einer fantastischen Geschichte verlor dieser Kunstgriff schnell an Wirkung. Er gehörte zwar irgendwie dazu, lenkte jedoch von der eigentlichen Geschichte ab.

Trotzdem muss ich zugeben, dass die Geschichten Königs eine Detailtreue aufwiesen, die glaubhaft machte, dass der Autor all diese Schauplätze mit eigenen Augen gesehen hatte. Die Atmosphäre der Geschichten war derart dicht, dass einem ein Schauer über den Rücken rann, weil man das Geschehen durch die Augen eines Beteiligten zu sehen glaubte.

Kaum hatte ich die ersten Geschichten gelesen, dass ich im Internet nach dem Autor suchte.

*Wikipedia: Stephan König war ein unbedeutender deutscher Autor. Er lebte in einem kleinen Häuschen in der Nähe von Rabenborn im hessischen Hinterland, bis er eines Tages spurlos verschwand.*

*Das Haus des Autors ist natürlich ein waschechtes Hexenhaus. Im Mittelalter soll hier ein altes Kräuterweib gehaust haben, dem man nachsagte, dass sie eine Hexe sei. Kein Wunder, dass der Autor in dieser Atmosphäre sich dem Schreiben von Schauergeschichten gewidmet hat.*

*Der Sage nach soll er in der Walpurgisnacht an einem Hexensabbat am Brocken teilgenommen haben, um für sein drittes Buch zu recherchieren. Der Teufel selbst habe kurz nach Erscheinen dieses Buches alle Ausgaben an sich gerafft und höchstselbst im Höllenfeuer verbrannt. Den Autor habe er ebenfalls verschwinden lassen.*

*Dies ist natürlich nur ein Gerücht, das die Verkaufszahlen in die Höhe treiben sollte. Wahrscheinlicher ist, dass das Buch nie erschienen ist, weil der Autor kurz vor der Fertigstellung verstarb.*

*Bibliografie:*
*1986: Im Spessart gehen die Geister der Räuber um*
*1988: Das Schmatzen der Vampyre im dunklen Transsylvanien*
*1990: Im Hexenflug zum Brocken (nie erschienen?)*

Diese Bibliografie fand sich auch auf verschiedenen Internetseiten von Sammlern, aber keiner von ihnen konnte etwas über den Inhalt des dritten Bandes sagen, oder ein Bild des Buches präsentieren. Niemand schien dieses Buch jemals in den eigenen Händen gehalten zu haben. Allerdings sind sich alle sicher, dass es existiert haben muss. Sie berufen sich da auf einen Brief, den Stephan König einem Freund schickte, in dem er bekundete, das frisch gedruckte Buch übertreffe alle seine Erwartungen.

Leider war nirgends der Name dieses Freundes genannt, oder ob König diesem Freund mit dem Brief auch ein Exemplar seines Buches übersandte.

Ich durchforstete eBay nach dem Buch, Booklooker und Amazon, und all die anderen Quellen für gebrauchte Bücher. Ich schrieb auch an alle Antiquariate, die ich kannte, und auch solche, deren Adressen ich aus den Gelben Seiten erfuhr. Kurz darauf erstand ich eine Anzahl von höchst interessanten Büchern, die man mir stattdessen anbot, sodass meine kleine Erbschaft beinahe aufgebraucht war, aber der verschollene König blieb unauffindbar.

Ich beschloss nun, nach Rabenborn zu fahren.

Die Heimat des Autors erwies sich als kleine Stadt, in der die Zeit auf positive Weise stehen geblieben schien. Überall sah ich Fachwerkhäuser, klein und bescheiden, aber tadellos gepflegt. Hier war die Welt noch in Ordnung. Und eine Buchhandlung gab es auch.

Ich sagte mir, wenn man irgendwo von einem kleinen Verlagshaus wusste, dann hier.

Ein sanftes bronzenes Glöckchen ertönte, als ich die Tür öffnete. Das Innere des Ladens war überfüllt mit Büchern, so wie ich es gern habe. Ich fühlte mich sogleich zuhause, wollte mich setzen und in den angebotenen Ausgaben blättern. Vielleicht bei einem Tässchen Tee …

»Wie kann ich Ihnen helfen?«, fragte eine dralle Person, die nur aus einem freundlichen Lächeln zu bestehen schien. Die Verkäuferin trug ein altmodisches Kleid, wirkte jedoch keineswegs verstaubt oder unmodern.

Ich lächelte zurück. »Ich suche ein Buch von Stephan König«, sagte ich.

Die gute Frau erbleichte. »König? Stephan König? Nie gehört!« Dass sie log, war unübersehbar.

Ich sagte: »Ich suche *Im Hexenflug zum Brocken*. Ein seltenes Buch, ich weiß.« Mein Lächeln wurde weich und warm, und ich hoffte, dass ich damit ihr Vertrauen gewann. »Ich würde mir den Band auch einiges kosten lassen.«

»*Im Hexenflug zum Brocken*?«, keuchte sie. »Oh Gott!« Dann verschwand sie in den hinteren Teil des Ladens, und weil das noch nicht weit genug von mir weg war, verließ sie die Buchhandlung durch die Hintertür. Ich sah sie durch das Fenster, wie sie die Gasse hinunterlief, als wäre der Leibhaftige hinter ihr her.

»Das war zu erwarten.« Der Satz kam von einer rothaarigen Frau, die in der Ecke saß und las.

»Wie meinen Sie das?«, fragte ich.

»Nun, das ist leicht erzählt, aber schwer zu glauben.« Die junge Frau, die bedeutend moderner gekleidet war als die mollige Verkäuferin, stand von ihrem Stuhl auf und schritt mit mir vorbei ans Fenster. Ein schwerer Duft zog hinter ihr her. Sanddorn oder Sandelholz oder irgend so etwas.

»Schauen Sie mal dort hinüber.«

»Da ist ... nichts?«, sagte ich, als ich endlich aus dem Fenster schaute. Bis dahin hatte mein Blick an der Kehrseite der Frau festgehangen.

Mit wurden die Knie weich, während ich versuchte, einen Blick auf ihr Gesicht zu erhaschen, ohne dass es auffällig wirkte.

»Richtig. Nichts. Früher war dort ein Kopierladen. Dort hat Stephan König seine Bücher drucken lassen. Und binden. Luise hat dort gearbeitet.«

»Was ist passiert? Ist das Haus abgebrannt?«

Das Mädchen nickte. Dabei flossen Wellen durch ihre rote Mähne, und ich wollte so gerne ihr Haar streicheln, dass ich rot wurde und entsetzt einen Schritt nach hinten trat.

»Einen Tag, nachdem sie dieses Hexenbuch gedruckt hatten, erschien der Teufel. Er verlangte, dass man ihm alle Bücher aushändigte, weil sie ein Wissen enthielten, das nicht für die Menschen gedacht sei – aber leider waren die Bücher bereits an Herrn König ausgeliefert worden.

Der Teufel wurde wütend, er stampfte mit dem Fuß auf, dass die Funken flogen. Ehe man sich versah, stand das Haus in Flammen. Es lag halt viel Papier herum, das brannte wie Zunder.«

Sie erzählte das mit einer Inbrunst, dass es mir nicht einmal in den Sinn kam, zu lachen.

»Ist jemand in den Flammen umgekommen?«

»Kein Mensch. Ich glaube, es hat den Dackel des Besitzers erwischt, aber ich bin mir da nicht sicher. Der Mann hat die Versicherungssumme genommen und ist abgehauen. Vielleicht hat er seinen Hund mitgenommen, vielleicht auch nicht. Er ist in der Nacht verschwunden.

Luise hat eine kleine Abfindung bekommen und diese Buchhandlung eröffnet. Es war ihr gar nicht recht, dass das einzige zu vermietende Gebäude sich gegenüber vom Unglücksort befand, aber sie dachte, wenn sie sich an die Regeln hält, wird schon nichts passieren.«

»Welche Regeln?«

»Nie über das Unglück zu sprechen – und vor allen Dingen keine Bücher von Stephan König zu verkaufen.«

Die Rothaarige drehte sich zu mir um. Sie war noch viel hübscher, als ich es mit vorgestellt hatte. Und diese

Augen. Grün und groß und faszinierend. Ich ertrank fast darin.

Sie lachte. »Ratten haben an den Kabeln genagt. Das verursachte einen Kurzschluss.«

Ich nickte mechanisch, während ich mich weiterhin in ihren grünen Augen verlor. »Ratten?«

»Klar«, sagte sie. »Die Versicherung zahlt nicht bei Brandstiftung durch den Teufel.«

Weder in der Metzgerei, noch in der Bäckerei des Ortes wollte man mir verraten, wo das Häuschen stand, in dem Stephan König bis zu seinem Verschwinden gelebt hatte.

»Stephan König?«, fragten die Leute. »Nie gehört!« Aber sie sagten es mit einem Zittern in der Stimme. Freundliches Zureden half genauso wenig wie dezente Bestechungsversuche. Sie waren weder durch Geld noch durch gute Worte dazu zu bewegen, mir den Weg zu weisen.

Also bemühte ich wieder das Internet. Diesmal ohne Erfolg. Als ich jedoch »Rabenborn« und »Hexenhaus« in mein Navigationsgerät eingab, wurde mir eine Route angezeigt.

Ich folgte ihr bis zu einem kleinen Waldweg. Ein gutes Stück später gelangte ich an eine kleine Lichtung, in der sich ein winziges Häschen an einen Berg zu schmiegen schien. Vor dem Haus sprudelte eine Quelle, und ein alter, fetter Kater gönnte sich einen kühlen Trunk.

Das Vieh sah aus, als sei es von der Hölle verschluckt und als zu zäh wieder ausgespuckt worden.

Dass er dabei ein Auge verloren hatte, schien ihn nicht zu kümmern. Das verbliebene Auge schien an seinen Aufgaben gewachsen zu sein. Groß und prall ragte es aus dem schwarzen Fell hervor und sah alles, was um das Tier herum vorging. Dass es dabei ständig nässte, schien seine Sehkraft nicht zu beeinträchtigen.

Das Vieh beobachte mit seinem Argusauge genau, was ich tat.

Nun, im Moment tat ich nicht viel. Ich sah mich um. In den Ästen vor dem Häuschen hingen seltsame Gebilde. Aus Holz geschnitzt, oder aus Ton geformt, oder irgendwo am Straßenrand aufgesammelt. Sie schwangen leicht im Wind und erzeugten seltsame Geräusche. Wie ein Windspiel aus einer anderen Dimension. Ich musste zwangsläufig an die Musik des Erich Zann denken, aber dieser Gedanke schien mir dann doch zu weit hergeholt.

Eine Klingel gab es nicht, und so musste ich altmodisch an die Tür klopfen, was mir hier aber angemessen erschien.

»Hallo?«, fragte eine Stimme, die ich schon kannte.

»Hallo«, sagte ich. »Welche Überraschung!«

Die Frau, die mir öffnete, war die Rothaarige aus dem Buchladen.

Sie kicherte. »Sie haben also den Weg hierher gefunden? Alle Achtung, das schaffen nur wenige. Die Stadtbewohner sind ziemlich verschwiegen, was das angeht.«

»Das habe ich gemerkt.« Ich grinste »Aber es war mir bestimmt, hierher zu finden.«

Sie warf einen Blick auf mein Navi und nickte wissend. »Bestimmung? So, so ...« Belustigt trat sie einen Schritt zurück, damit ich eintreten konnte.

»Willkommen in der Schreibstube meines Vaters!«

Ich muss ziemlich überrascht aus der Wäsche geschaut haben, denn sie kicherte wieder.

»Ich habe die morbide Art meines Vaters geerbt«, sagte sie. »Ich liebe es, Gruselgeschichten zu erzählen. Allerdings habe ich nicht sein Talent, sie niederzuschreiben. Aber so im Alltag, da klappt das schon ganz gut.«

Ich dachte an die Geschichte mit dem Teufel, der durch das Aufstampfen eines Fußes die Druckerei in Brand gesetzt haben sollte. Oh ja, sie hatte Talent.

Wobei dieses Hexenhaus seinen Teil dazu beitrug. Überall standen Bücher herum, aber wirklich alte Schinken. Solche in Leder gebundenen Kodizes, die durchaus als Zauber- oder Hexenbücher durchgehen mochten. Dazwischen gab es jede Menge Knochen und ausgestopfte Tiere, an den Decken hingen Bündel von Kräutern. Es roch hier wie in einer Scheune mit frischem Heu, nur viel intensiver. Irgendwie fühlte ich mich sonderbar leicht, als würde ich schweben. Mochte sein, dass sich unter diesen Kräutern auch das Gras der Hippies befand.

»Möchten Sie einen Tee?«

Als ich nickte, machte sie sich sofort an die Zubereitung. Sie setzte Wasser in einem kupfernen Kessel auf und zupfte verschiedene Kräuter von den Bündeln an der Decke ab, und gab sie in zwei tönerne Becher hinein.

»Ich heiße Hekate«, erklärte sie. »Das ist natürlich mein Hexenname, getauft wurde ich auf den Namen Sonja König.«

Der Kessel pfiff schneller, als ich es erwartet hatte. Ging hier etwas nicht mit rechten Dingen zu?

Sie goss das heiße Wasser in die vorbereiteten Becher, fügte wilden Honig hinzu. Ein Duft füllte die Hütte, der sich nur schwer beschreiben lässt. Vor meinem geistigen Auge sah ich Bienenköniginnen beim Hochzeitsflug. Nur dass diese Hoheiten nicht dem Volk der Honigbienen angehörten, sondern etwas Wilderes, Bösartigeres waren. Hornissen vielleicht. Oder doch eher schreckliche Ur-Insekten, die schon lange ausgestorben waren. Ein absolutes Glück für die Menschheit, da sich diese Tiere von niemandem den Honig würden stehlen lassen.

Hekate summte in mein Ohr. Wie blass sie war. Ich beschloss, ihre Sommersprossen zu zählen, was nicht einfach war, da sie wild umhertanzten wie Irrlichte, die mich verzauberten.

Sie beugte sich zu mir herunter. Ich spürte ihre Lippen auf meinen. Doch alles, was ich sah, war ihr Haar. Es umwogte mich, wie das Haar einer Meerjungfrau. Oder die Schlangen einer Medusa. Schlangen mit hypnotischen Augen, die mich einlullten und gefügig machten, als wäre ich nicht schon gefügig genug.

Ich fühlte mich wie eine unbedeutende Drohne, die sich mit der Königin paaren durfte. Eine Drohne, die nach der Paarung sterben musste, dies jedoch freudig tat, weil das Privileg des Hochzeittanzes sowieso den Höhepunkt ihres nichtswürdigen Lebens darstellen würde.

Ihre feurigen Küsse versengten meine Lippen. Ihre Haare bissen in meine Wangen. Ihr Gift ätzte Löcher in mein Fleisch.

Aber das war mir egal. Die Königin gab sich mir hin. Sie war jeden Preis wert, den ich zahlen musste. Bis in den Tod. Und darüber hinaus ...

Offensichtlich war ich nicht gestorben, auch wenn ich mich so fühlte.

Vielleicht war ich aber doch tot. Verdammt, bis ans Ende aller Zeiten Höllenqualen zu erleiden.

Für ein Buch, das ich niemals in den Händen halten durfte.

Die Hölle, sie sah aus nach dem Häuschen, in dem Königs Tochter lebte. Sonja König. Oder Hekate, die Hexe. Definitiv Hekate.

Ich lag auf dem nackten Lehmboden wie ausgespuckt. Meine Arme und Beine schmerzten. Zuerst dachte ich, man hätte mir alle Knochen im Leib gebrochen, doch dann fühlte ich mich so gummiartig, als hätte ich keinen Knochen mehr im Leib.

Trotzdem gelang es mir, mich an einem der Bücherregale festzuhalten und nach oben zu ziehen.

Dabei fielen mir die drei Bücher von Stephan König auf. Die beiden, die ich auch mein Eigen nannte, und das dritte, das verschollene Buch.

Die Neugier verlieh mir zusätzliche Kräfte. Ich zog das Buch aus dem Regal. Ich schlug es auf. Ich las:

Ich hatte gedacht, dass ich mich auf dem Brocken unerkannt unter die Teufelsanbeter mischen könnte. Immerhin haben sie meiner Geschichte geglaubt, und mir eine Einladung zukommen lassen.

Von wegen. Gespielt haben sie mit mir. Sie wussten von Anfang an, was und wer ich bin. Ungeniert vollführten sie ihre dunklen Rituale vor meinen Augen. Sie hatten niemals vor, mich entkommen zu lassen.

Um Mitternacht fand ich mich in den Armen einer rothaarigen Hexe. Sie verführte mich auf eine Art, der ich mich nicht entziehen konnte. Ich wusste, es würde etwas Schlimmes passieren, wenn ich mich mit dieser Frau einließ, aber ich hatte keinen freien Willen mehr. Da war der Duft von wildem Honig und das Zischen von vielen Schlangen.

Am nächsten Morgen fand ich mich nackt auf dem Stein wieder, den sie als Altar missbrauchten. Meine Kleidung war noch da. Ich zog mich an und fuhr nach Hause, denn ich musste dieses Buch schreiben. Und ich musste schnell sein, denn in mir rumorte etwas, das mich auf grauenvolle Art veränderte.

Ich schaffte es. Als ich schon selbst nicht mehr daran geglaubt hatte, schaffte ich es. Ich hoffe nur, dass ich das Buch auch zur Druckerei bringen kann, denn ich bin nur noch entfernt menschlich. Es klingelt. Das ist der Postbote. Vielleicht nimmt er mir meinem Weg ab, ich werde ihm ein königliches Trinkgeld geben, sodass er nicht zu genau hinschaut.

»Das hat sogar geklappt«, säuselte Hekate. Sie kraulte den hässlichen Kater hinter dem Ohr.

Das Tier fauchte, traute sich jedoch nicht, sich ihren Liebkosungen zu entziehen.

»Aber der Herr und Meister hat alles wieder in Ordnung gebracht.«

Ich sah, dass die Haare auf meinen Armen dichter wurden, schwärzer. Meine Arme wurden auch dünner. Das Buch wurde mir zu schwer, es entfiel meinen Pfoten.

Als es auf dem Boden aufschlug, schloss es sich. Ich warf nun das erste Mal einen Blick auf den Umschlag. Wieder war das Bild in schwarz-weiß gehalten. Aber diesmal handelte es sich um ein Foto. Darauf reckte ein Ziegenbock einer jungen Frau seinen Hintern entgegen. Einer Frau, die ihm den Hintern küsste, so wie es das Ritual verlangte. Es war ein tiefer Kuss, ein schmutziger Kuss, ein Kuss mit Zunge, der dem Bock dargereicht wurde. Und die Frau, das war Hekate.

Meine Augen weiteten sich vor Entsetzen.

»Ja genau, ich bin nicht seine Tochter – ich bin sein Schicksal.«

Hekate beugte sich zu dem Kater hinunter. »Nicht wahr, Stephan?«

Der Kater fauchte. Er zeigte seine Krallen, wagte aber nicht, sie gegen die Hexe einzusetzen.

Sie lachte über diese Drohung. Fröhlich beugte sie sich zu mir herüber, streichelte über meinen kleinen Kopf und sagte: »So wie ich auch dein Schicksal bin, nicht wahr?«

Auch ich fletschte meine Zähne und zeigte meine Krallen. Aber auch ich wusste, dass ich gegen sie nichts ausrichten konnte, denn sie war die Buhle des Teufels, und ich war nun nichts weiter als ein ... *Miau!*

# Ein Wolf im Schafspelz

von

Bernhard Finger

»Seht euch vor, vor den falschen Propheten,
die in Schafskleidern zu euch kommen,
inwendig aber sind sie reißende Wölfe.«
Matthäus – Kapitel 7,15 (Luther, Anno 1522)

»Seht euch vor, vor Shub-Niggurath
Wenn der Schläfer erwacht, wandeln auch die tausend
Jungen der schwarzen Ziege.«
Necronomicon – Die Wiedergeburt der schwarzen
Ziege (Luther, Anno 1522)

Der munter flackernde Schein einer einzelnen Kerze
ließ die Schatten an den kargen Bretterwänden der engen Zelle tanzen. Ein kühler Wind pfiff um die Wartburg, drang durch die feinen Ritzen der engen
Zellenfenster und ließ auch Junker Jörg ab und an erschaudern. Dennoch tauchte er unermüdlich die Spitze
seiner Gänsekielfeder in das Tintenfass, dessen Inhalt
sich schon wieder dem Ende zuneigte. Mitternacht war
lange vorbei. Schwere Wolken verdeckten den Himmel
und hielten den vollen Mond gefangen hinter einem
Schleier aus nebelhafter Schwärze. Die Feuchtigkeit der
ersten morgendlichen Stunden senkte sich auf die
trutzhafte Burg, die wie ein Mahnmal aus Moral und
Ehre über der Stadt Eisenach und ihre schlafenden Be-
wohner wachte.

Ein langgezogenes Heulen, wie ein anklagendes Jaulen, weit entfernt und doch eindringlich, ließ den beharrlich arbeitenden Mann innehalten. Er lauschte
hinein in die Stille der bald endenden Nacht. Das
Heulen wiederholte sich nicht. Da, ein Schrei! Unvermittelt musste er an die schrecklichen Meldungen der

vergangenen Tage denken, die aus der Stadt den Burg-
berg hinauf auch ihn erreicht hatten. In letzter Zeit
waren immer wieder Menschen zu später Stunde verschwunden. Die wenigen Spuren die man fand, ließen
nichts Gutes ahnen. Zuerst ging man von einem wilden Tier aus, doch schnell machte die Mär eines Teufels in Menschengestalt die Runde. Die Eisenacher
hielten fortan ihre Türen verschlossen und wagten sich
des Nachts nicht mehr auf die Straßen. Die Furcht
vorm schwarzen Mann ging um. Alles nur Aberglaube?
Da! Wieder ein Schrei. Oder war es doch nur das erste
Krähen eines zu frühen Hahnes? Dann wieder Stille.
Seufzend erhob sich Junker Jörg. Er blies die zuckende
Kerze aus und legte sich auf das schmale Bett. Dabei
machte er sich nicht die Mühe, Wams oder Hausmantel abzulegen. Obwohl das Bett in der einzigen Ecke
des Raumes stand, in der es nicht permanent zog, war
er einfach zu müde, sich der Kleider zu entledigen. Die
heutige Übersetzung hatte ihn viel Kraft gekostet. Als
er die Augen schloss, drang erneut das ferne, unheimliche Heulen an seine Ohren. Bilder von grausigen Ge-
schöpfen, allesamt den Texten entsprungen, an denen
er so verbissen arbeitete, stiegen vor seinem geistigen
Auge auf. Sie vermischten sich mit den Gesichtern all
derer, von dessen Leid und Weh jene Schriften erzähl-
ten, die er versuchte in eine umgängliche Sprache zu
bringen. Er hörte ihre Stimmen, ihre Verzweiflung und
Trauer. Kreaturen, halb Mensch halb Tier umhüllt von
der undurchdringlichen Schwärze des Alls, vereinten
sich zu einem Reigen des unfassbaren Schreckens. Sie
riefen nach ihm, riefen immer wieder seinen Namen.
Der Versuch, die flüsternden Teufel mit einem schnel-

len Gebet zu vertreiben, misslang, und so fiel er in einen albgebeutelten Schlaf.

Alsbald wurde Junker Jörg unsanft von hartem Klopfen geweckt. Dankbar, dem Land der bösen Träume zu entkommen, schwang er sich aus dem Bett, richtete seine durchs Liegen zerknautschte Kleidung und tat die drei Schritte Richtung Tür, an die zum wiederholten Male energisch geklopft wurde.

»Schon gut, schon gut«, rief er und murmelte, bevor er die Tür öffnete: »Kein Ding geht eher, bis die Stunde kommt, die Gott bestimmt hat!«

»Wahr gesprochen Junker Jörg, doch manches Mal schlägt die Stunde des Herrn schneller als erwartet!« Der dürre, ganz in weiß gekleidete Mann musste sich bücken, um sich nicht beim Eintreten am oberen Türrahmen zu stoßen. Die weiße Albe, der Überwurf der Protestanten und der ebenfalls schneeweiße, nach oben stehende Kragen sollten wohl die Reinheit seines Herzen symbolisieren, aber Junker Jörg traute dem herrisch blickenden Mann nicht und ahnte, dass unter dem reinen Stoff eine finstere Seele verborgen war. Dennoch zwang er sich zu einem Lächeln. Johann Eggstein war kein Mann, mit dem man es sich verderben sollte. Vor allem nicht, wenn man sich in der misslichen Lage befand, ein klein wenig abhängig von ihm zu sein. Nach dem Wormser Edikt, dem Erlass Karls V. vom 8. Mai 1521 galt Junker Jörg als vogelfrei, und ausgerechnet der selbstverliebte Johann Eggstein war es gewesen, der Kurfürst Friedrichs Soldaten dazu anleitete, Junker Jörg zu entführen und auf die Wartburg in die trügerische Sicherheit der Anonymität bringen zu lassen. Zumindest behauptete Eggstein das immer wieder bei seinen

Besuchen in Jörgs Kammer. Letztendlich ging es Eggstein um etwas ganz anderes.

»Ich sehe, Ihr habt wieder in eurer Kleidung geschlafen Herr Luthe…, äh Junker Jörg. Ihr solltet nicht so viel arbeiten. Das bekommt eurer Seele nicht«, schnarrte der Mann heiser und spielte an der opulenten Perlenkette um seinen Hals, die ein stilisierter Wolfskopf als Anhänger zierte. »Was weißt du schon von meiner Seele«, dachte Junker Jörg und ertappte sich bei der Frage, wo er diese Kette schon einmal gesehen hatte.

»Nun hat es Euch die Sprache verschlagen? Zeigt einmal, woran Ihr letzte Nacht gesessen habt.« Ohne eine Antwort abzuwarten trat Johann Eggstein zu Jörgs Schreibtisch und nahm ein paar Seiten des Manuskripts in die Hand. Das trübe Morgenlicht, das durch die schmalen Fenster in die Kammer fiel, reichte kaum zum Lesen. Eggstein hielt sich die Seiten nah ans Gesicht, um Jörgs Handschrift besser entziffern zu können. Dabei ging er nicht gerade zimperlich mit dem vom neuerlichen abschaben schon viel zu dünnen Pergament um. In Junker Jörg brodelte es. Am liebsten hätte er die Seiten Eggsteins ignoranten Händen entrissen.

»Ich verstehe es nicht. Warum macht Ihr Euch diese Mühe? Wozu eine Übersetzung? Reicht denn die lateinische Schrift nicht aus?«

»Ich möchte, dass alle die Bibel lesen können!«

»Oh, Ihr seid ein Träumer, Jörg. Glaubt mir, in ein paar Jahren wird keiner mehr von einer Übersetzung für das gemeine Volk sprechen, und eure Arbeit wird in Vergessenheit geraten. Wofür also die ganze Zeit vergeuden?«

»Arbeiten soll und muss man. Aber des Hauses Fülle soll man nicht seiner Mühe, sondern allein der Güte Gottes zuschreiben. Verehrter Eggstein, sicher ist Euch der heilige Hieronymus bekannt, denn war er es nicht, der uns die lateinische Übersetzung der heiligen Schrift schenkte? Er sagte: ›Wer die Heilige Schrift nicht kennt, der kennt weder Gottes Kraft noch seine Weisheit: die Schrift nicht kennen heißt Christus nicht kennen.‹« Junker Jörg hielt einen Moment inne, dann sagte er im Brustton der Überzeugung: »Und so ist es mein Erstreben, mein frommer Wunsch, dem einfachen Volke die Schrift in ihrer Herrlichkeit nahezubringen!«

»Eure Weisheiten und Wunschgedanken in allen Ehren«, begann Eggstein und hob missbilligend die linke Augenbraue. »Doch bedenkt meine Worte: wenn die Zeit gekommen ist, werdet Ihr erkennen, wie sinnlos Eure Arbeit dereinst war. Warum nutzt Ihr Euer Geschick nicht für weitaus lohnendere Objekte?«

Junker Jörg schielte zu seinem Schreibtisch. Die schwere lateinische Bibel, die Vulgata, fiel ihm ins Auge. Am liebsten hätte er sie gepackt und … schnell verbannte er diesen Gedanken, schickte ein heimliches Bußgebet gen Himmel und wechselte das Thema: »Seid Ihr schon beim Kaiser gewesen? Was hat er gesagt? Muss ich mich noch immer hier verstecken?«

»Des Kaisers tägliches Geschäft ist angefüllt mit manch wichtigem. Und so denn ich glaube, dass Euer Begehr für Euch selbst als ein Belang von äußerster Wichtigkeit erscheint, muss ich leider anmerken, dass der Kaiser in Eurem Fall noch keine Entscheidung getroffen hat.« Mit diesen Worten wandte sich Eggstein wieder zur Tür. Seufzend registrierte Junker Jörg, dass die engbeschriebenen Seiten wieder ihren Platz auf dem Manuskriptstapel gefunden hatten.

»Seid Ihr denn schon ein Stück weiter bei der bescheidenen Aufgabe, um die ich Euch bat?«, rückte Eggstein endlich mit dem wahren Grund seines Besuches heraus. »Ich muss Euch doch nicht daran erinnern, dass mir diese Abschrift nur für begrenzte Zeit zur Verfügung gestellt wurde.«

Luther seufzte: »Nein, natürlich nicht. Aber die Übersetzung erweist sich als äußerst schwierig. Auch wenn es sich um die lateinische Fassung des Buches handelt, sind die Texte verwirrend und ich muss gestehen, dass sie mir Angst machen.«

»Wovor habt Ihr Angst? Vor diesem Märchenbuch?« Johann Eggstein bemühte sich zu deutlich, die wahre Bedeutung, die das Buch für ihn darstellte, herunterzuspielen. Als sei es eine Nebensächlichkeit fuhr er fort: »Luth… äh, Junker Jörg, bei aller Bescheidenheit möchte ich Euch noch einmal wegen des Termindrucks mahnen und Euch raten, Euch nicht Euren kindlichen Ängsten hinzugeben. Ich sage es noch einmal, Ihr vergeudet zu viel Zeit mit diesem Hirngespinst einer deutschen Bibel. Mich würde es nicht wundern, wenn Eure Ängste nicht genau daher rühren.«

»Nur ein Märchenbuch?«, dachte Luther und holte das in gräuliches Leder gebundene Buch unter einem Stapel Manuskriptseiten hervor. Er betrachtete es wie immer mit einer gewissen Scheu. Etwas an diesem Buch machte ihm Angst. Es waren nicht einmal die grauenhaften Texte, die allesamt abstoßend und gefährlich klangen, es war eher, als hätte das Buch eine Seele. Eine schwarze, dunkle Seele umgeben von einer Aura des Schreckens. Das Buch barg eine ungewisse

Gefahr und er fragte sich mehr als einmal, ob es richtig war, es zu übersetzen. Hatte ein gewisser Olaus Wormius ebenso empfunden, als er – so stand es im Einband – dieses Buch aus dem Griechischen ins Lateinische übersetzte?

»Ich werde mich bemühen. Aber lasst mir noch etwas Zeit. Schließlich wollt Ihr eine korrekte und keine fehlerhafte Übersetzung.«

»Dann sollte Ihr besser keine Kraft mehr in die Übersetzung der Vulgata stecken und Euch sogleich wieder dieser kleinen Gefälligkeit zuwenden!« Eggsteins Worte waren nicht mehr als ein Zischen. In seinen Augen funkelte etwas, das keinen Widerspruch zuließ, als er die Tür der Turmkammer aufriss.

Jörg nickte Johann Eggstein zum Abschied zu. Wütend und aufgebracht wie er war, brachte Jörg kein freundliches Abschiedswort hervor. Tief in seinem Inneren wusste er, dass Eggstein nie beim Kaiser gewesen war und auch nicht vorhatte, je dorthin zu reisen, um seine Begnadigung zu erbitten.

Als er sich an diesem Tag wieder an seinen Schreibtisch setzte, um seine Passion fortzuführen, fiel es ihm das erste Mal, seit er damit begonnen hatte, nicht leicht, den Einstieg zu finden.

Hatte Eggstein letztendlich Recht? War all das hier umsonst? Junker Jörg seufzte. Er hatte es seinem Freund Phillip Melanchthons versprochen. Und ein Versprechen sollte man nicht grundlos brechen. Er entzündete die heruntergebrannte Kerze und stellte gleich noch zwei frische dazu. Irgendwie war es heute merklich dunkler im Zimmer. Schweren Herzens machte er sich an die Arbeit und verlor sich bald in den griechischen Texten, die so viel Hoffnung für alle geben konnten. Aber nur, wenn jeder sie auch lesen konnte. Und vielleicht würde er danach auch noch an dem verfluchten Text für Eggstein arbeiten. Vielleicht …

Es war spät, sehr spät, als Junker Jörg aus dem Schlaf hochschreckte. Er war über seiner Arbeit eingeschlafen, ein schneller Blick auf die fertigen Seiten ließ ihn ein Dankgebet gen Himmel schicken. Schon einmal war er beim Schreiben eingenickt und hatte im unruhigen Schlaf das Tintenfass umgestoßen. Die mühevolle Arbeit von einem ganzen Tag hatte er damit ruiniert. Doch dieses Mal stand das Tintenfass unerschüttert an seiner Stelle.

Plötzlich erklang wieder dieses langgezogene Heulen. Es glich dem von letzter Nacht, war aber lauter, näher. Ein Schaudern ergriff ihn und ließ ihn fröstelnd seinen dünnen Mantel schließen. Es folgten Minuten der absoluten Stille. Junker Jörg saß steif auf dem hölzernen Schemel vor seinem Schreibtisch und lauschte in die Nacht. Schon meinte er sein eigenes Herz pochen zu hören, als ein markerschütterndes Quieken ihn erschreckt aufspringen ließ. Dabei stieß er dann doch das Tintenfass um, und die tiefschwarze Flüssigkeit breitete sich schnell aus. Geistesgegenwärtig griff Junker Jörg nach dem Buch Eggsteins, das der sich ausbreitenden schwarzen Lache am nächsten lag. Ein paar Spritzer waren auf dem griechischen Manuskript gelandet. Junker Jörg schauderte, als er die winzigen, aber deutlichen Brandflecken sah, die die Tinte hinterlassen hatte. Wie konnte so etwas passieren?

Er schüttelte den Kopf und steckte das Buch in die weiten Manteltaschen. Nicht auszudenken, was Eggstein mit ihm anstellen würde, wenn das wertvolle Manuskript noch weiter beschädigt würde. Dann schnappte er sich den Beutel mit feinem Sand und leerte ihn kurzerhand ganz über dem Malheur. Der Tintenfluss war gestoppt. Der Sand hatte die Tinte aufgesogen, glänzte schwarz und feucht, und erschien Jörg wie der Suhl eines Schweinepferchs.

Wieder quiekte es! »Schweinepferch …«, dachte Junker Jörg. Dann erinnerte er sich plötzlich daran, dass der Burgknecht just am vergangenen Morgen einen provisorischen Schweinepferch angelegt hatte, weil die maroden Zäune des alten Geheges im hinteren Teil der Burg den Herbst nicht mehr überstanden hätten und erneuert werden mussten. Resigniert hatte Jörg zur Kenntnis genommen, dass der neue Pferch direkt unter seinem Fenster lag und sich schon auf etwaige Geruchsbelästigung eingestellt. Jetzt dachte er nur daran, dass etwas bei den Schweinen war. Etwas, das die Tiere in Angst und Schrecken versetzte. Und Junker Jörg wollte wissen was das war. Schwungvoll entriegelte er die Tür seiner Kammer und trat in die vom vollen Mond beschienene Nacht hinaus. Seine Neugier triumphierte einmal mehr über das letzte Aufflackern einer gesunden Angst.

Als er dann aber das Wesen sah, das gerade große Fleischstücke aus dem blutigen Kadaver eines ehemals stolzen Ebers riss, kehrte die Angst schlagartig zurück.

Mit den messerscharfen Zähnen eines wahren Raubtiergebisses wühlte es sich tiefer und tiefer in den toten Leib. Es schlürfte, grunzte und schluckte, legte den Kopf in den Nacken und stieß ein unheilvolles Jaulen aus. Die dunklen, blutunterlaufenen Augen in

114

dem wolfsgleichen Gesicht glommen dabei in höchster Ekstase. Dann setzte die Ausgeburt der Hölle sein blutiges Mahl fort.

Junker Jörg schluckte hart. Er war die abgetretenen Treppenstufen in den Hof heruntergeeilt und hatte zielsicher den Weg zum Schweinepferch eingeschlagen. Jetzt ließ ihn der schauerliche Anblick erstarren. Das Wesen vor ihm durfte es eigentlich gar nicht geben. Groß wie ein Mensch, hockte es geduckt über seinem Opfer, jaulte und fraß. Der Kopf glich einem Wolf und doch schien es auch menschliche Züge zu haben. Das Grauen schüttelte Junker Jörg und löste seine Starre. Langsam wich er zurück. Zu spät!

In diesem Moment hatte der Unheimliche auch ihn entdeckt. Der Kopf des Höllenwesens ruckte hoch. Die Flügel der flachen Nase blähten sich schnüffelnd. »Luuuuuuutht-therrr!« Dickflüssig tropften Geifer und Blut aus dem geöffneten Mund, als der Dunkle einen weiteren Ruf ausstieß und zu einem Sprung ansetzte.

Jörg wollte nicht darüber nachdenken, woher das Wesen seinen wahren Namen kannte. Dafür hatte er keine Zeit. Als der sehnige Körper des Wolfsmenschen sich streckte, hochkatapultierte und heranflog, duckte er sich instinktiv, knickte in den Kniekehlen ein und stützte sich mit den Handflächen auf dem steinigen Burghof ab. Sein Hausmantel raschelte wie eine Fahne im Wind, als das unheimliche Wesen über ihn hinweg glitt. Hart prallte es unweit von ihm auf den Boden, überrumpelt von Jörgs Schnelligkeit. Doch die Überraschung währte nur kurz. Kaum war Junker Jörg selbst wieder auf die Beine gekommen, stand auch schon der Menschdämon bedrohlich vor ihm. Obwohl sein Körper gebeugt, sein Rücken und seine Haltung seltsam gekrümmt waren, überragte er Jörg um mehr als eine Kopflänge. »Luuuuuutht-therrr! Duuuuu solltest niiii-cht hier sein!«

»Bei Gott, wer bist du? Woher kennst du mich?« Junker Jörgs Stimme zitterte. Das fahle Licht des Mondes zog sich zurück und der Himmel wurde von einer undurchdringlichen Schwärze verdeckt.

»Luuuuuutht-therrr! Erkennst mich nicht? Willlsttt du Träumer nicht verst-stehhhhen, wer dich heimsuchh-hhht?« Der Dunkle sabberte beim Sprechen. Es fiel ihm merklich schwer. Das Raubtiergebiss schien sich nicht für menschliche Laute zu eignen. »Helf-fffen dirrr deine Weisheiten nich-ttt weit-terrr?«

Träumer, Weisheiten – Junker Jörg erkannte schlagartig, wen er da vor sich hatte und schalt sich einen Narren, dass es ihm nicht sofort aufgefallen war. Eigentlich war es offensichtlich, trotz der Wolfsschnauze. Er blickte in die gelben Augen des Ungeheuers und erkannte Johann Eggstein. Jetzt sah er auch die pompöse Perlenkette um den Hals des Wesens. Der ganze Stolz des selbstverliebten Eggstein.

Der zog jetzt die Schultern zurück und spannte seine Muskeln an. Rasselnd atmete er tief ein. »Ahhhh, duuu erkenns-sttt. Du begreifs-sttt. Dan-nnn stirbst du nichhh-tttt unwiss-ssenddd!«

Es folgte ein Wolfsgeheul, dass Junker Jörg sein Leben nicht vergessen würde. Und so wie es aussah, sollte das nur noch ein kurzer, sehr kurzer Moment sein.

Die Raubtieraugen des monströsen Wesens hefteten sich auf ihn und der Wolfsschnauze entfuhren kehlige Laute. Es klang fast so, als würde die Bestie versuchen zu lachen. Sie verspottete den Junker, gleich einem Hasen in der Falle. Und wie zum Hohn baumelte die

116

Perlenkette mit dem stilisierten Wolfskopf vor der Brust des Ungeheuers.

Die Kette …! Jetzt erinnerte sich Junker Jörg daran, eine Abbildung der Kette mit dem stilisierten Wolfskopf in dem verfluchten Buch gesehen zu haben. Sie war auf einer der ersten Seiten abgebildet, die er für Johann Eggstein übersetzt hatte. Jörg hatte den Text wiedergegeben, ohne ihn wirklich zu verstehen. Die Rede war von Shub-Niggurath gewesen, der schwarzen Ziege und ihren tausend Jungen. Von Wesen halb Mensch, halb Tier. Jörg erkannte die grausame Wahrheit und setzte alles auf eine Karte. Er wusste, dass er nur diese eine Chance hatte. In seiner Angst zitierte er betend aus Psalm 23: »Der Herr ist mein Hirte, mir wird nichts mangeln.« Er sprang dem Biest entgegen.

»Er weidet mich auf grüner Aue.« Mit Gottvertrauen und Glück entging Jörg den scharfen Krallen, die nach ihm schlugen.

»Und führet mich zum frischen Wasser und erquicket meine Seele.« Er schrie die Worte dem Wolfsdämon entgegen und krallte seine rechte Hand um den Wolfskopfanhänger.

»Wandle Dämon, wandle DU im finsteren Tal!« Als ihn der faulige Atem des Unseligen traf, riss er mit einem schnellen Ruck das Medaillon ab.

Die Kette zerriss und die feinen weißen Perlen stoben explosionsartig nach allen Seiten weg, fielen in den Schlamm des Geheges und wurden sofort von den überlebenden Schweinen gefressen, als wären es wohlschmeckende Erbsen oder Bohnen.

»Das ist ja wie Perlen vor die Säue werfen«, lachte Junker Jörg spöttisch, während er sich keuchend und mit letzter Kraft zurückzog. Der Wolfsmensch wollte nach ihm greifen, schnappte mit dem Maul nach ihm, doch es fehlte dem Wesen plötzlich an Stärke. Ein Blitz schoss aus der Schwärze des Himmels hernieder und setzte Kopf und Arme des Menschtiers in Brand. Hell und lodernd griffen die Flammen auf den Körper über. Das unheimliche Wesen glich jetzt einer gewaltigen Feuersäule. Rasend schnell breitete sich das Feuer aus, bildete augenblicklich Tentakel, Peitschen aus glutheißer Lava. Wie das Eis eines zugefrorenen Sees am Ende des Winters knisterte, sprang und zerbarst der Körper des Unheimlichen.

Die Flammen umtosten auch Junker Jörg, taten ihm aber nichts. Das Feuer konzentrierte sich einzig auf die dunkle Bestie. Dann schossen die Feuerlanzen in den Himmel und trafen das Zentrum der dunklen Wolken. Wie das Sichelblatt einer gigantischen Sense fraß sich das vernichtende Feuer durch die Schwärze. Die Sterne erschienen am Himmel und auch der fahle Mond schickte seine bleichen Strahlen wieder zur Erde.

Die Wolfsbestie verging in einem langgezogenen Jaulen. Zurück blieb der verkohlte Körper eines hageren Mannes. Johann Eggstein hatte sein grausiges Ende gefunden. Und noch in der gleichen Sekunde zerfiel der Leichnam zu Staub und wurde vom Wind verweht. Und nichts, rein gar nichts erinnerte mehr an das furchtbare Geschehen der letzten Stunde.

»Ein Wolf im Schafspelz! Wie wahr, wie wahr«, dachte Luther und stieg die alten ausgetretenen Stufen zu seiner Kammer hoch. Er holte das unheilige Manuskript aus seiner Manteltasche, und betrachtete es voller Abscheu. Sein Blick fiel auf die Brandflecken, die die Tinte, die er stets mit geweihten Wasser anrührte, dort hinterlassen hatte. Er legte die teuflische Schrift einem Instinkt folgend in die emaillierte Waschschüssel und griff zu einem bereitstehenden Tintenfass. Nur ein paar Tropfen reichten aus, dass verheerende Brandblasen auf dem verfluchten Einband entstanden. Damit nicht zufrieden, goss Martin Luther den gesamten Inhalt über dem Buch aus. Beißende Rauchschwaden bildeten sich, dann ging es zischend und brodelnd in Flammen auf.

Als das gottlose Buch zu Asche zerfiel war es, als hebe sich eine zentnerschwere Last von seinen Schultern. Er würde wieder die ganze Nacht an der Bibelübersetzung arbeiten, doch dieses Mal trieb ihn die Gewissheit an, dass Gott seine Hand über seine Herde hielt. Das beruhigte und stärkte ihn zugleich.

Der Wind hatte an Schärfe zugenommen. Bald würde der Winter mit Macht Einzug halten und das Thüringer Land unter einer hohen Schicht aus Schnee bedecken. Was unter dem reinen Weiß dann auf den Frühling lauert, kann wunderschön wie ein auftauendes Bächlein oder ein erster farbenfroher Krokus sein, es kann aber auch grausam und verlockend wirken, wie ein achtlos weggeworfener Wolfskopfanhänger …

Dem Herrn sei es gedankt, wenn verborgen bleibt, was kein christliches Auge je erblicken sollte.

Fast fünfzig Jahre später tauchte das verfluchte Buch wieder auf. Der Hofmagier Dr. John Deel begann im Jahre 1586 es ins Englische zu übersetzen. Doch das ist eine andere Geschichte …

# Fim Schabbah

von

Sabine Frambach

»Schleim! Ich brauche mehr Schleim!«

Unwillkürlich musste ich grinsen. Bernie stand da, die Arme ausgebreitet, deutete mal in diese, dann in jene Ecke. Seine Gesichtsfarbe erinnerte an rohen Lachs, während er versuchte, den Raum in einen geeigneten Drehort zu verwandeln.

Bernie kannte ich schon einige Jahre. Er arbeitete stets mit hundertprozentigem Einsatz, Präzision und Leidenschaft. Diese Fähigkeiten machten ihn in meinen Augen zu einem der besten Regisseure, die ich kannte.

Zum ersten Mal war ich Bernie auf einer Party begegnet. Zu später Stunde, als die Langweiler bereits gegangen und die Verzweifelten betrunken waren, hatte er den Raum betreten, die Arme ausgebreitet und gerufen: »Gentlemen, der Schmerz bin ich!«

»Hellraiser.« Das Zitat sollte jeder kennen. Ich hatte es mehr zu mir selber als in die Runde gesprochen, doch Bernie hatte mich gehört, gelacht und war auf mich zugekommen. Mit verschmitztem Blick hatte er eine Verbeugung angedeutet. »Endlich jemand, der gute Filme kennt! Wenn ich mich vorstellen darf: Bernhard Langer, *verhinderter Regisseur*, arbeitssuchender Tellerwäscher und Filmzitateliebhaber.«

Ich hatte knapp genickt. »Niklas Wart, brotloser Künstler, verarmter Student und ebenfalls Filmzitateliebhaber.«

Seit diesem Abend waren wir Freunde.

Bernie hatte mit dem Status verhinderter Regisseur nicht untertrieben. Er hielt sich mit Werbung und Billigproduktionen über Wasser. Zwischen Katzenfutter und Schmuddelfilm träumte er davon, einen Film aus dem Cthulhu-Mythos zu realisieren. Bernie liebte

Horror. Er verschlang die Geschichten um die Großen Alten, die tief unter der Erde schliefen und von anderen Sphären träumten. Sie warteten, bis die Sterne günstig standen, und so wartete auch Bernie, und hoffte, dass sein eigener Stern irgendwann erstrahlte.

Eines Abends hörte ich eine hastig gesprochene Nachricht auf meiner Mailbox ab, und Bernie stand kurz danach live und in Farbe vor meiner Türe. Er breitete die Arme aus, klimperte mit zwei Gläsern und wedelte mit einer bereits halb geleerten Weinflasche. »Ich trinke auf die Nacht des Teufels, meinen neuen Lieblingsfeiertag!«

»The Crow«, antwortete ich und ließ ihn herein.

Bernie hatte ein unglaubliches Angebot bekommen. Ein offenbar vermögender Herr offerierte ihm sein Haus als Drehort. Es lag abseits in einem Waldgebiet, stammte aus dem Jahr 1751 und war historisch nahezu unverändert. Bernies Augen leuchteten teils aus Euphorie, teils wohl vom bereits genossenen Wein. »Das ist die Gelegenheit, Nik! Ich habe ein wenig gespart, ich habe einen Drehort, Lizzie und Peter sind dabei, Jo und Greg und du, du machst das Bühnenbild. Das wird großartig, Nik!«

Ich zögerte. Nächste Woche begannen die Semesterferien, Zeit hatte ich. Dennoch zweifelte ich an dem Angebot. »Ich weiß nicht, Bernie. Ein wildfremder Mann bietet dir kostenlos an, in seinem Haus einen Film zu drehen. Wozu? Ich meine, was hat er davon?«

»Nik, Nik! Du weißt doch, worum es hier geht? Eine Welt jenseits des Pappmaschees: Au-then-ti-zität!« Er spuckte die Silben des Wortes einzeln aus. »Eine echte Welt, Nik, da ist es mir egal, warum er das macht. Er liebt Lovecraft so wie ich und ist auf meine Homepage gestoßen. Wer weiß, vielleicht will er aus dem Haus einen Touristenmagneten machen, wenn der Film draußen ist.«

Bernie war nicht davon abzubringen. So fand ich mich einige Wochen später gemeinsam mit meinem Freund, billigen Laiendarstellern und einer teuren Ausrüstung im besagten Haus wieder.

Tatsächlich hatte das Anwesen den Charme einer verlassenen Geistervilla. Im grauen Gestein klafften die Fenster wie riesige Tore zur Dunkelheit. Wilder Wein rankte an der Fassade entlang. Zahlreiche Erker, Einlassungen und Bögen verliehen dem Haus ein unruhiges Aussehen, so als hätte die Hand des Erbauers bei der Risszeichnung gezittert. Ein weiter, sich selbst überlassener Garten umrandete das Gebäude. Einzelne Fichten des nahen Waldes wirkten wie Späher, die sich nahe an das Anwesen herangeschlichen hatten. Nur die wuchernde Dornenhecke hielt sie zurück.

Drinnen schritten wir durch kühle, fast feuchte Hallen, passierten steinerne Treppen und in der Zeit gefangenes Mobiliar. Der Besitzer, ein Herr T. Hansen, hatte lediglich einige Zimmer im obersten Stock sanieren lassen, die er nun selber bewohnte. Die übrigen Räume überließ er Bernies Händen. So standen wir da, inmitten trutziger Mauern, in denen alte Zeiten nichts als Seufzer hinterlassen hatten. Und Bernie fuchtelte mit den Armen und brauchte mehr Schleim.

Ich rührte eine gallertartige Masse an, färbte sie so zart grün, dass die Farbe nur erahnt werden konnte, und ließ diese langsam über den Boden fließen. Um die Steine brauchte ich mich nicht zu sorgen: im Boden war eine Luke eingelassen, die als Abfluss diente und die Reste später in die Sickergrube tragen sollte.

Bernie, zufrieden mit dem Schleim, hatte wenig später ein anderes Problem. Die billige, aber durchaus talentierte Hauptdarstellerin war hellhäutig. Bernie bestand darauf, sie in eine Dunkelhäutige zu verwandeln. Lizzie bestand darauf, erstens auch mit brauner Paste im Gesicht nicht wie eine Dunkelhäutige auszusehen und dass es zweitens ihre Karriere nicht förderte, wenn niemand sie im Film erkennen konnte.

Mitten in der Diskussion trat Herr Hansen ein, so leise, dass nur ich ihn bemerkte. Er stand im Schein einer Wandleuchte, das hagere Gesicht verschmolz mit dem Umriss der Tür. In den Händen hielt er, eingeschlagen in Stoff, ein Buch. Langsam trat er näher, ein entrücktes Lächeln auf dem Gesicht. Blassgrau schimmerten seine Augen, und obwohl er nichts sagte, musste ich ihn ansehen. Direkt vor mir blieb er stehen, schlug den Stoff zurück und hielt mir das Buch hin. Seine von Gicht gekrümmten Finger erinnerten an die knorrigen Zweige der Dornenhecke. »Herr Langer sagte, dass sie für eine Szene ein altes Buch benötigen. Ich habe dieses hier in meiner Bibliothek gefunden, es ist sehr alt, denke ich.«

Ich streckte die Hände aus und bemerkte, dass sie zitterten. Meine Finger strichen über das körnige Leder und fassten an den abgegriffenen Stellen sachte zu. Es war, als ob auch das Buch in meinen Händen zu zittern begann. »Fim Schabbah«, las ich. Die Lettern vollführten tanzende Linien, flossen über den Einband und verdrehten ihre Glieder. »Fim Schabbah. Das Buch der sieben Formen.« Ein Verlangen entstand, den Band aufzuschlagen, seinen Inhalt zu sehen, zu greifen, zu verstehen. Zugleich schreckte ich zurück, legte das Buch schließlich auf ein Pult und nickte Herrn Hansen knapp zu. »Es wird sich gut machen in der Szene. Danke.«

Eine Weile schaute er mich an. Ich meinte, ihn flüstern zu hören, doch seine Lippen bewegten sich nicht. Nur das Grau seiner Augen umfasste mein Herz. Ich trudelte, und als ich zurückwich, glaubte ich, mein eigenes Gesicht zu erblicken. Ich riss die Augen auf, starrte in mein fremdes Aussehen und öffnete den Mund. Ein Schmerz pochte in meinem Kopf, und ich fasste an die Schläfen. Als ich aufsah, stand Herr Hansen wieder vor mir, reglos, mit Augen so grau wie der Himmel im November.

Ich stand früh auf am nächsten Morgen, um die Kulisse für den Dreh vorzubereiten. Im Geist sah ich den fertigen Raum bereits vor mir, ein düsterer Ort voller eigenartiger Gerätschaften. Ich rückte die Möbel. In ein Regal stellte ich Fläschchen mit gefärbtem Wasser und entzündete unter ihnen winzige Brenner, sodass die Flüssigkeiten brodelten, blubberten, zischten. Brüchige Manuskripte, gefärbt mit Tee und selber beschrieben, verteilte ich auf dem Schreibtisch. Ein Vergrößerungsglas lag obenauf. Einige kurios geformte schwarze Steine aus dem Garten schmückten den Boden. Schließlich rückte ich das Stehpult vor und legte das alte Buch an seinen Platz.

Die Buchstaben tanzten vor meinen Augen. *Fim Schabbah*, eine eigenartige Sprache. Der Einband nannte keinen Verfasser. Rasch blickte ich mich um, obwohl ich nichts Verbotenes tat. Und doch rauschte es in meinen Ohren. Ich schüttelte den Kopf und schlug das Buch auf.

Die Seiten knisterten, wisperten, und die Schrift seufzte auf, als ich sie berührte. Kunstvoll waren die Intiale gezeichnet, umrankt von dürren Blättern der Weide, umsäumt von absonderlichen Gestalten, Buckligen, Drachen, Spielern. Mit der Fingerspitze fuhr ich über das alte Papier, hielt inne, zog weiter. Ich benötigte einige Zeit, das in alter Schrift verfasste Inhaltsverzeichnis zu entziffern.

Das Buch der sieben Formen ... offenbar handelte es sich um die sieben Formen des menschlichen Daseins. Ich murmelte die Überschriften vor mich hin.

*Libiem – wacher Geist in seinem wachen Körper. Selentiem – schlafender Geist in seinem schlafenden Körper.* Mein Finger wanderte nach unten.

*Albiem – wacher Geist in seinem schlafenden Körper. Luniem – schlafender Geist in seinem schlafenden Körper. Astralem - wacher Geist, losgelöst von seinem Körper.*

Ich erschauderte. *Opherem – schlafender Geist in einem fremdem Körper. Harpiem – wacher Geist in einem fremden Körper.*

Hastig blätterte ich weiter. Ich erinnerte mich, wie ich da gestanden und in mein eigenes Gesicht geblickt hatte! Fast störrisch wirkten die Seiten, hafteten wie verwoben aneinander, und ich drängte meine Finger zwischen die Papierbögen, bis ich das Kapitel fand.

*Harpiem*
*Wissender, suche für diesen Vorgang eine Person, die den Atem der Nacht ebenso liebt wie du selbst, eine Person, die Geister singen und die Toten schmatzen hört. Jene, die an das Unaussprechliche glauben, vermögen durch den*

*Spruch eine fremde Seele einzulassen. Wissender, an ihren Augen wirst du sie erkennen, und ihre Körper werden deine Bleibe sein.*

Darunter fand sich kaum zu entziffern ein Spruch. Gebeugt näherte ich mich der Seite, wischte mit der Hand darüber und starrte auf die kryptischen Zeichen.

»Guten Morgen.«

Ich riss den Kopf hoch. Zugleich spürte ich, wie die Seiten flatterten. Der Einband bäumte sich auf und klappte mit einem Schmatzen zu. Mit letzter Kraft zog ich meine Hand hervor.

Vor mir stand Bernie. Im Licht des beginnenden Tages wirkte sein Gesicht fahl. Über der linken Schläfe lag ein Schatten, als ich auf ihn zu trat, erkannte ich eine offene Wunde.

»Bernie?«

Er sah mich an und sah doch an mir vorbei, tief in eine andere Welt hinein.

»Bernie, du blutest!«

»Ich habe mir den Kopf gestoßen. Es ist nicht schlimm.« Er strich meine Hand fort wie ein vorwitziges Insekt. »Ich habe nicht erwartet, jemanden hier vorzufinden. Bevor wir anfangen, gehe ich ein wenig spazieren.«

Ich starrte ihn an. »Spazieren? Bist du krank?«

Langsam drehte er den Kopf. Sein Gesicht verzog sich zu einer Fratze. Aus seinen Augen troff kalter Zorn. »Ich sagte bereits, es ist nicht schlimm!«

Er war schon an der Tür, da rief ich ihm nach: »Bernie, du weißt: Wenn es blutet, kann man es auch töten!«

Er zögerte, hielt die Klinke, wartete. Schon ging ein Ruck durch seinen Körper, er riss die Tür auf und verschwand.

»Predator«, flüsterte ich. Es war unbegreiflich. Bernie hätte es erkennen müssen, er liebte diesen Film. Ich stand inmitten brodelnder Substanzen, künstlichem Schleim, starrte auf das Buch und wusste, dass etwas nicht stimmte. Nach einem Moment lief ich hinter ihm her. Vor der Tür schaute ich mich hastig um.

Von Bernie fehlte jede Spur.

Ich sah in Richtung des wild wuchernden Grases, entlang der Dornenhecke und bis in den angrenzenden Fichtenwald. Bernie konnte in jede Richtung gegangen sein. Warum sollte er, der sich nur bewegte, um Essen aus dem Kühlschrank zu holen, spazieren gehen?

Langsam schritt ich zurück zum Haus. Oben, in einem der Fenster, glaubte ich das Gesicht des Hausbesitzers zu erkennen. Doch die Augen wirkten weit aufgerissen, die Hände lagen auf der Scheibe. Da wusste ich es, dass das Unvorstellbare geschehen war. Wer auch immer soeben an mir vorbeigegangen war, es war nicht Bernie gewesen. Harpiem hieß das Kapitel, und Bernie selber war das perfekte Opfer. Er glaubte, Botschaften seiner toten Oma auf seinem Toastbrot zu erkennen, seit seiner Kindheit lebte ein Monster in seinem Schrank, er wartete auf die Formierung kalter Sterne. Bernie glaubte an das Unaussprechliche. Bernies Körper war, wie auch immer, von einem fremden Geist besetzt. Mit Blick auf Hansens gequälten Ausdruck war ich sicher, dass der Alte damit zu tun hatte.

Rasch lief ich zurück in das Haus. Ich versuchte, Zugang zu den oberen Stockwerken zu erlangen, doch die Türen waren verschlossen. Auf dem Weg hinunter rutschte ich aus, fing mich an dem quietschenden Geländer und eilte weiter. Ich rief nach Greg, er sollte wissen, wo unser Werkzeug war. Ich brauchte einen Hammer, einen Schraubendreher, irgendetwas, um diese Tür aufzubrechen. Endlich fand ich den Kasten in der Abstellkammer neben der Küche, da rief Lizzie nach mir.

Bernie kam zurück. Er wankte, die Arme hingen schlaff herab, sein Kopf schlackerte hin und her. Ich erkannte ihn kaum wieder. In zerrissener Kleidung taumelte er auf das Haus zu. Schmutz und Fichtennadeln hingen in seinem zerzausten Haar. In seinem Blick lag etwas Gehetztes. Ich lief ihm entgegen. Als er mich sah, umklammerte er mich wie ein Ertrinkender.

»Nik, Nik! Es ist wahr, es ist wirklich wahr! Er kann es. Er kann die Seelen auf eine Wanderung schicken, kann sie durch die Lüfte tragen. Er kann sie tauschen, die Körper! Ich war da, Nik: Inmitten der schwarzen Steine lief ich, die Bäume zerkratzten mir das Gesicht, der Boden schwand unter meinen Füßen. Ich fiel, und während ich fiel, hörte ich den leisen Gesang der Mutter Geseylatep. Sie öffnete die tausend Arme, um mich zu halten. Und über mir, da glommen mit einem Mal die kalten Sterne!«

Er redete so fort wie von einem plötzlichen Fieber gepackt. Ich schrie nach Hilfe, und Peter half mir, Bernie zu stützen. Wir brachten ihn in sein Zimmer, zogen die Schuhe aus und warteten an seinem Bett, bis er zur Ruhe kam.

Ich selber fand keine mehr in diesem Haus.

Wir verschoben den Dreh und hofften, Bernie würde sich von seinem Ausflug bald erholen. Für die anderen redete Bernie wirres Zeug, und sie führten es auf seine Leidenschaft für unheimliche Geschichten zurück. Ich kam zu einem anderen Schluss. Es hatte mit dem Buch zu tun, mit Herrn Hansens unheimlichen Augen und Bernies fremdartigen Verhalten.

In der Nacht fand ich keinen Schlaf. Immer wieder klangen Bernies Worte in meinen Ohren. *Er kann es. Er kann die Seelen auf eine Wanderung schicken, kann sie durch die Lüfte tragen. Er kann sie tauschen, die Körper! Ich war da, Nik: inmitten der schwarzen Steine …*

Ich warf mich umher, schreckte hoch, entzündete schließlich ein Licht und starrte an die Decke. Es knackte, die Wände summten, der Boden krächzte wie ein altes Weib. Das Dach drückte ächzend gegen die Nacht. Irgendwo in der Ferne jaulte ein Tier, und sein Heulen zerfloss im Wind.

Das Poltern erklang so plötzlich, dass ich aufschreckte und mit dem Kopf an den Bettpfosten stieß. Es kam aus Bernies Zimmer! Ich sprang auf, blieb in der Decke hängen, strauchelte, rappelte mich wieder hoch und stürzte den Flur entlang in sein Zimmer.

Bernie stand da in seinem fleckigen Shirt mit der Aufschrift *keep your friends close, but your enemies closer*. Sein Haar stand wirr vom Kopf ab. In der erhobenen Hand hielt er einen Kerzenständer.

Langsam blickte ich an ihm herunter. Da lag, die Augen weit aufgerissen, die Hände zu gichtigen Krallen verformt, Herr Hansen. Aus seinem Kopf sickerte eine Masse aus Schleim und Blut. Während ich ihn ansah, begann der Körper zu schmelzen wie Fett in einer Pfanne. Es brodelte, und ein fremder, süßlicher Geruch füllte den Raum.

»Scheiße, Bernie, was hast du getan?«

Ich bückte mich, fasste die Hand des Toten und ließ sie wieder fallen. Weich schmatzend zerfiel sein Fleisch.

»Es tut mir leid, Nik. Er konnte es, verstehst du? Er konnte die Seelen vom Körper lösen. Er konnte die Körper tauschen wie in dieser Geschichte! Er hat es mir gezeigt. Du glaubst mir bestimmt nicht.«

Ich dachte an den gestrigen Morgen, an den fremden Blick aus den mir vertrauten Augen, ich dachte, dass der vermeintliche Bernie ein Zitat aus Predator nicht erkannt hatte.

»Es klingt seltsam, aber ich glaube dir. Du sagst also, er hat es mit dir gemacht? Den Körper getauscht? Unglaublich, verrückt, aber wahr. Und dann?«

Bernie wischte mit der freien Hand über seine Augen, immer wieder. »Ich stand da in seinem Zimmer und schaute hinaus, und ich sah mich selber in den Garten gehen, auf den Wald zu. Dann setzte der Schmerz ein. Ich fasste mir an die Schläfen, und als ich aufsah, war ich dort. Die tausend Arme, Nik, das Singen der schwarzen Steine …«

»Bernie! Worauf hast du dich eingelassen? Und warum?«

Hilflos sah er aus, obwohl er immer noch den blutigen Kerzenständer hielt. Wie ein Kind, das seinen Teddy umklammert. »Neugierde. Er sagte, dass es eine alte Kultstätte im Wald gäbe. Er sagte, er könne die Seelen auf eine Wanderung schicken. Er wollte dorthin gehen und an der richtigen Stelle mit mir den Körper tauschen. Ich wollte es nur einmal sehen, Nik. Nur ein einziges Mal!«

»Na schön. Und wieso liegt unser Gastgeber jetzt hier?«

Offenbar bemerkte Bernie erst jetzt, dass er immer noch das Mordwerkzeug in der Hand hielt. Er hob den Kerzenständer an, starrte darauf und ließ ihn fallen. Es polterte. Spätestens jetzt mussten alle im Haus wach sein.

»Nik, er wollte es wieder tun, verstehst du? Er wollte, dass ich ihm nachfolge. Ich hatte plötzlich furchtbare Angst. Diese Augen, Nik, in denen ich umherirrte wie im Nebel. Ich hatte Angst, dass er mich nicht zurücklassen könnte.« Er blickte den Leichnam an und stieß mit den Zehen an den Haufen. »Wir müssen ihn wegschaffen, Nik!«

Ich starrte ihn an. »Bernie! Sieh ihn dir bitte an! Du brauchst keine Trage! Du brauchst einen Eimer und einen Wischlappen!«

Er starrte zurück. »Nightmare on Elm Street. Und das ist nicht die richtige Zeit für Filmzitate!«

Er lief zur Türe, spähte durch den Spalt und lauschte. »Wir schaffen ihn bis zur Klappe«, flüsterte er. Ich nickte. Wir machten kein Licht. Aus meinem Fundus holte ich Plastikfolie, suchte Handschuhe und streifte sie über. Nur mit Überwindung konnte ich die weiche Masse anfassen und auf die Folie schieben. Wir schwiegen, während wir die Überreste in Richtung der Klappe zogen.

Eine Sirene eilte durch die Nacht, so unerwartet, dass ich die Folie fallen ließ und einige Schritte zurücktaumelte. Ein blaues Licht durchschnitt die Schwärze. Die Tür flog auf, und die Polizisten standen da, leuchteten in den Raum und schauten uns an. Ich sah im Schein der Taschenlampen die schwammigen Reste einer Leiche und wusste, dass wir all das nicht gut erklären konnten.

Bernie versuchte es auch nicht. Er ließ die Hände sinken. Die anderen tauchten auf, standen an der Treppe und schauten uns an. Lizzie hatte offenbar den Lärm gehört und die Polizei gerufen. Sie hatte einen Einbrecher vermutet. Nun, angesichts der Leiche, weinte sie stumme Tränen. Bernie leistete keinen Widerstand, als sie ihn festnahmen. Er wirkte müde, aber gefasst. Auch ich musste mit auf das Revier fahren. Dort erfuhr ich wenig später, dass Bernie ein umfassendes Geständnis abgelegt hatte. Offenbar hatte er auch dafür gesorgt, dass mir nichts vorgeworfen werden konnte. Er stellte die Geschichte so dar, dass ich ihn in der Nacht mit der Leiche aufgefunden und auf ihn eingeredet hatte, die Sache nicht zu vertuschen. Bernie bewies in seiner schlimmsten Stunde, dass er ein wahrer Freund blieb.

Unter polizeilicher Aufsicht räumten wir das Haus. Die anderen nutzten die Gelegenheit, in Richtung Heimat zu fahren. Ich kam in einer nahegelegenen Pension unter. Ich wollte bleiben, wollte irgendetwas für ihn tun. In den ersten Tagen wurde ich nicht zu Bernie vorgelassen. Doch ich telefonierte mit Bekannten und hoffte, zumindest einen guten Anwalt für ihn aufzutreiben.

Fünf Tage vergingen, da informierte man mich, dass Bernie ins nahegelegene Krankenhaus eingeliefert worden sei. Nähere Angaben wollten sie nicht machen, meine Fragen blieben unbeantwortet. Hastig brach ich auf, suchte den Weg zum Krankenhaus und traf dort am frühen Nachmittag ein. Dort erfuhr ich zunächst nur, dass Bernie auf der Intensivstation lag und außer engen Familienangehörigen niemand zu ihm gelassen wurde. Ich zögerte. Schließlich sagte ich, Bernie sei

mein Bruder und das Gefängnis habe mir Bescheid gegeben.

Wenig später konnte ich ihn sehen: blass war seine
Haut, und Kabel umschlangen seinen Körper. Seine
Augen blieben geschlossen. Das kalte Licht des Raumes
leuchtete ihn vollkommen aus. Die Maschine neben
ihm zeigte, dass er noch Leben in sich trug: es piepte,
surrte, pumpte, tropfte. Nur Bernie lag vollkommen
still.

»Sie sind der Bruder?«

Ich drehte mich um und nickte. Mit einer Handbewegung bat mich der Arzt zur Seite. »Sein Zustand ist
kritisch. Körperlich ist kein Grund für das Koma festzustellen, seine Werte sind stabil. Vielleicht sprechen
Sie mit ihm, wir wissen nicht, was er mitbekommt.«

»Wie ist das passiert?«

Er zuckte mit den Schultern, eine ungewöhnliche
Geste für einen Arzt, wie ich fand.

»Ein Wärter fand ihn in diesem Zustand in seiner
Zelle und rief den Notarzt. Zunächst nahmen wir an,
dass er etwas eingenommen hat, doch die Tests waren
negativ. Wir können nur warten, ob er wieder erwacht.«

Ich blickte zurück auf Bernies Körper. Es klingt eigenartig, doch ich lächelte. Vielleicht war Bernie bereits weit fort, er lag nicht inmitten dieser Kabel. *Er
kann es. Er kann die Seelen auf eine Wanderung schicken,
kann sie durch die Lüfte tragen.* Vielleicht war er wirklich frei.


In der Nacht erwachte ich aus einem Traum. Mein
Kopf schmerzte, fordernd pochte es an den Schläfen.
Ich wollte mir an die Stirn fassen, doch meine Hände

blieben regungslos. Neben mir surrte es, ein stoisches Piepen begleitete mein Herz. Leise fielen einzelne Tropfen neben mir herab. Warme Luft floss durch eine Pumpe. Ich riss die Augen auf. Das Licht brannte in meinen Augen, es war so hell wie das Strahlen tausender kalter Sterne.

# Köderwurm

### von
### Detlef Klewer

Samuel Pliesch kochte vor Wut. Das Farbfoto, das seinen Augen da beim Blättern in der Zeitschrift *Fische & Philosophie* entgegensprang, weckte Mordfantasien. Diese Gefühlsaufwallung hätte niemanden verwundert, der ihn als Angler mit Leib und Seele kannte.

Angler wie Samuel Pliesch sind keine liebenswerten Menschen. Sie sind neidisch, missgünstig und stets bereit, ihre schärfsten Konkurrenten mit einem Stück unzerreißbarer Angelschnur zu erwürgen. Pliesch glaubte an den Vater, den Sohn und den heiligen Riesenfisch. Wobei der Riesenfisch den größten Stellenwert einnahm.

Die romantische Vorstellung eines Anglers, der in der Abendsonne meditierend über die Wasserfläche zu seinen Füßen blickt und darauf wartet, dass ein Fisch anbeißt, war absolut lächerlich. In Plieschs Vorstellung war Angeln keine Beschäftigung, die Seelenfrieden versprach. Ein Angler ist ein hochmotivierter Leistungssportler, der im ständigen Kampf mit seinen Konkurrenten steht. Ein Kampf um Kilogramm und Meter, den nur der bessere gewinnen kann. Und der Sieg ist die oberste Maxime. Wenn ein anderer besser ist und sein Fisch größer, schwerer oder seltener ist als diejenigen, die man selber gefangen hat, dann ist die Demütigung vollkommen. Das Selbstwertgefühl schrumpft auf die Winzigkeit eines acht Millimeter kleinen *Paedocypris progenetica*. Man ist am Boden zerstört.

Im Augenblick fühlte sich Pliesch genauso wie ein nur unter dem Vergrößerungsglas zu erkennender Miniaturfisch.

Das Bild, das ihn so in Rage versetzt hatte, zeigte eine Barbe. Genauer gesagt eine *Riesenbarbe*. Ein Siamesischer Riesenkarpfen – *catlocarpio siamensis* –

mindestens zwei Meter lang. Daneben … Thomas Gillmann. In seinem grünen Ölzeug wirkte er neben seiner Trophäe selber wie ein menschlicher Fisch. *Bald wird man ihn nicht mehr von seinem Fang unterscheiden können*, dachte Pliesch gehässig. Wie gerne hätte er diesem fettleibigen Wichtigtuer das feiste Grinsen angesichts seines Fangerfolgs aus dem Gesicht geprügelt.

Angeln war nicht Plieschs Leidenschaft. Es war sein Leben. Er tat das in seiner Freizeit, was er auch in seinem Berufsleben tat. Als Bauunternehmer folgte er den gleichen Regeln. Die Angel auswerfen, geduldig warten und sie wieder einholen, wenn der Fisch nicht anbiss. Einen neuen Köder ausprobieren, wieder geduldig warten und wenn der Fisch diesmal anbiss, ihn rasch einholen, sonst rutschte er doch noch vom Haken. Vor allem wenn es ein großer Fisch war. Und je größer, desto besser. Sein Leben hing an einer Angelrute und er hatte beides im Griff.

Dann tauchten Männer wie Gillmann auf. Immobilienhaie, die etwas verscherbelten, was er oder seine Berufskollegen aufgebaut hatten. Und damit Millionen verdienten. Sie erschufen nichts, sie kauften und verkauften. Abends gingen sie mit einem fetten Profit nach Hause, den sie mit niemandem teilen mussten. Sie übernahmen nicht die Verantwortung für drei Dutzend Angestellte. Gillmann hatte selbst von der geplatzten Immobilienblase profitiert, während Pliesch mit seiner Firma fast in Konkurs gegangen war, weil die Aufträge ausblieben. Und jetzt führte ihn dieser neureiche Schnösel auch noch auf diesem Gebiet vor. Das war absolut inakzeptabel.

Ein doppelseitiger Bericht. Mit Farbfoto und Interview. Er konnte es nicht fassen. Über eine Spaltenmel-

dung mit Schwarz-Weiß-Foto war er niemals hinausge-
kommen. Wie also in Petrus' Namen konnte diesem
Gillmann ein derart rekordverdächtiger Fang gelingen?

Er unterdrückte den übermächtigen Impuls die
Zeitschrift in winzige Schnipsel zu zerreißen und suchte im Text nach Antworten auf diese Frage. Tatsächlich … im Interview fand er einen Hinweis: Gillmann
erwähnte einen besonderen Köder, von dem er durch
ein altes, sehr seltenes Buch erfahren habe. Natürlich
nannte Gillmann weder den Titel noch den Autor.

Gerade wollte Pliesch dem Wunsch, die Zeitschrift
zu zerfetzen, doch noch nachgeben, als sein Blick ein
letztes Mal auf das Bild fiel. Am rechten Bildrand
konnte er eine Tasche erkennen – eine inzwischen zu
Liebhaberpreisen gehandelte *Billingham-Hadley*-Ang-
lertasche. Offenbar hatte es sich Gillmann nicht nehmen lassen können, dieses Kleinod mit ablichten zu
lassen. Pliesch sah genauer hin. Die Tasche war geöffnet und ganz oben lag etwas, das wie ein kleines Buch
aussah.

Wie elektrisiert sprang er auf, stieß in seiner Hektik
fast seine goldfischverzierte Porzellanteekanne vom
Tisch und rannte mit dem Magazin zu seinem
Schreibtisch. Er riss die untere Schublade auf, griff
nach einem Vergrößerungsglas, hielt die Lupe über das
Zeitschriftenbild und ihm stockte der Atem.

Es handelte sich tatsächlich um ein altes Buch.
Dann stieß er zischend vor Enttäuschung die Luft aus
und fluchte. »Scheiße, so eine Scheiße …«

Die Bebilderung des Hochglanzmagazins war zwar
von hoher Qualität, doch die Auflösung entpuppte
sich als bei Weitem nicht hoch genug, um Titel und
Autor zu erkennen. Er warf das Vergrößerungsglas quer

durch das Zimmer und schlug dann außer sich vor Wut auf die Schreibtischfläche. Der Schmerz brachte ihn zurück in die Wirklichkeit.

*Keine Panik*, dachte er und rief sich zur Ordnung. Es gab noch eine Chance. Vielleicht fand sich ein gnädiger Redakteur, der ihm eine hochauflösende Kopie dieses Fotos zumailte. Mit zitternden Händen setzte er sich vor sein Notebook und formulierte eine Mail. Dann blieb ihm nur noch übrig, auf Antwort zu warten.

Die nächsten Stunden boten ihm einen Vorgeschmack auf die Hölle. Er schwitzte, sprang unter die Dusche, zog sich ein neues Shirt an und die ganze Zeit lauschte er auf die magischen Worte: *Sie haben Post!*

Dann endlich erreichte ihn die ersehnte Mail und tatsächlich hatte er Glück: Sie enthielt den erhofften Anhang.

Mithilfe seines Bildprogramms gelang es ihm, den Ausschnitt soweit zu vergrößern, dass er Titel und Autor lesen konnte.

Er lautete *Die Geheimnisse des Wurms* und der Autor war … Izaak Walton. Walton? Pliesch schüttelte ungläubig den Kopf. Das konnte nicht sein, denn seines Wissens hatte Walton nur ein einziges Buch zum Thema Angeln verfasst – *The Complete Angler or The Contemplative Man's Recreation* – und das zählte heute zur Weltliteratur und war in jeder guten Buchhandlung problemlos zu erstehen.

Also setzte er sich ans Telefon und eine halbe Stunde später hatte er in Erfahrung gebracht, dass es dieses Buch tatsächlich gab – in einer deutschen Übersetzung von Ludwig Prein. Aber es handelte sich um ein sehr seltenes Buch. Ein Privatdruck, in winziger Auflage.

Nach ein paar weiteren Anrufen sank seine Laune noch tiefer, als er es je für möglich gehalten hatte. Denn keins der von ihm angerufenen Antiquariate der Stadt hatte dieses Werk vorrätig oder konnte es innerhalb kürzester Zeit besorgen. Auf seiner Liste stand zuletzt nur noch ein Name – *Charisma Esoterik*. Ein Spezialist für okkulte Literatur, aber er wollte nichts unversucht lassen.

Natürlich konnte ihm auch dieser Laden kein Exemplar zum Kauf anbieten, aber als Pliesch gerade entnervt auflegen wollte, hatte der Buchhändler noch einen letzten Tipp für ihn parat: »Warum versuchen Sie es nicht mal in der Stadtbücherei?«

An Schlaf war zunächst nicht zu denken, doch nachdem er sich ein paar Stunden unruhig hin und her gewälzt hatte, übermannte die Müdigkeit doch seinen Zorn. Als ihn der Wecker am nächsten Morgen zeitig aus dem Schlaf riss, erinnerte er sich vage an einen Traum, in dem Gillmann ihn in der Uniform eines Generals an der Spitze eines Riesenfischtrupps verfolgte. Doch die Erinnerung daran verblasste unter der heißen Dusche schnell.

Er kippte zwei Tassen Kaffee hinunter, um seinen Kreislauf in Schwung zu bringen. Dann klemmte er sich hinter das Steuer seines Volvos und verließ die Garage in der bangen Hoffnung eines Süchtigen, der darum betete, sein Dealer möge am vereinbarten Platz auf ihn warten und die richtigen Drogen im Gepäck haben.

Während er sein Fahrzeug Richtung Stadtmitte lenkte, schwand die Hoffnung mehr und mehr das Buch zu finden. Beinahe hätte er einen Porsche von

142

der Straße gedrängt, weil dieses Auto Gillmanns silbernem Sportwagen ähnelte. Erst in letzter Sekunde erkannte er, dass der Wagen weiß war und eine Blondine mit aufgespritzten Lippen ihn angstvoll ansah, die Hände mit den aufwendig manikürten Fingernägeln um das Lenkrad gekrallt.

Endlich erreichte er sein Ziel und fuhr seinen Wagen direkt vor dem Eingang an den Straßenrand – die Schilder, die ein absolutes Parkverbot verkündeten, ignorierte er geflissentlich.

Das Gebäude, das neben der Stadtbücherei auch noch eine Kinder- und Jugendbücherei und die Räume der Landesbibliothek beherbergte, stammte noch aus den siebziger Jahren. Eine Zeit, in der man Beton noch für den Marmor der Neuzeit hielt und Bauten – mit dem Charme eines Gefängnisses für Schwerverbrecher – in kürzester Zeit hochzog. Die Bücherei war grau, hässlich und doch enthielt sie möglicherweise einen Schatz, den es zu bergen galt.

Eine riesige Glastür, die bei seinem Näherkommen zur Seite glitt, wirkte wie ein Zugeständnis an den Zeitgeist in den Klotz hineingestanzt. Pliesch betrat die Vorhalle, deren Mittelpunkt der Informationsschalter war. Rechts und links von diesem gute fünf Meter langen Holzungetüm, begannen die mit Tausenden von Büchern gefüllten Regalreihen.

In seiner Kindheit hatte ihn die Fülle gedruckter Worte mutlos gemacht und dazu gebracht, stets leise an ihnen vorbeizuschleichen, um mit gesenktem Kopf die Treppe zur ersten Etage zu erklimmen. Hier befand sich die Kinder- und Jugendbücherei. Mit ihren ganzen hochwertigen Literaten, die heutzutage kein Kind mehr lesen wollte. Twain, Stevenson, May, Swift. Seit jener Zeit hatte er die Bücherei nicht mehr betreten, aber jetzt lenkten ihn seine Schritte fast automatisch in Richtung Treppe, ehe er realisierte, dass er dort oben gar nichts mehr zu suchen hatte. Er war aus einem viel wichtigeren Grund hierhergekommen. Nicht um nostalgischen Gefühlen zu folgen. *Die Geheimnisse des Wurms* waren sein Ziel. Oder besser: Wie fange ich einen Fisch, der den meines Widersachers an Größe und Gewicht übertrifft.

Die Bücherei war menschenleer. Er sah auf die Uhr. Konnte es die frühe Stunde sein oder ein Indiz dafür, dass das Interesse am Buch schwand?

Auch die Information war verwaist und er konnte nur mühsam den Impuls unterdrücken, sich lautstark bemerkbar zu machen. Stattdessen räusperte er sich vernehmlich.

»Entschuldigen Sie bitte …«, sagte eine angenehme weibliche Stimme hinter ihm. Er zuckte erschrocken zusammen, denn er hatte niemanden näherkommen gehört.

»Es war kein Besucher hier, da habe ich ein paar Bücher einsortiert. Was kann ich für Sie tun?«

Pliesch drehte sich um und erlebte einen sprachlosen Moment. Und davon gab es in seinem Leben nicht viele. Als Geschäftsmann konnte er sich so etwas nicht leisten.

Der Augenblick, als seine Frau ihm ihre Scheidungspläne mitteilte, war ein solcher Moment gewesen. Denn es war nicht einmal ein anderer Mann, der sie zu diesem Schritt bewog. Sie war es einfach leid – wie sie sehr plastisch ausdrückte – zwischen *zuckenden Fischködern* am *Arsch der Welt* zu sitzen und einem *narzisstischen, nach Fisch stinkenden Idioten* beim Angeln

144

zuzusehen. Erst als die Tür hinter ihr und ihren Koffern zugeschlagen war, hatte sein Sprachzentrum wieder funktioniert.

Einen weiteren sprachlosen Moment hatte es gegeben, als der Scheidungsrichter die Höhe der Summe festlegte, die er seiner – nun – Ex-Frau zahlen musste und die so hoch war wie das *Burj Khalifa* in Dubai.

Und nun fand er wieder keine Worte. Denn vor ihm stand nicht die verkniffene hornbrillenbewehrte, duttgekrönte Bibliothekarin seiner Kindheitserinnerungen, sondern eine atemberaubende Schönheit mit brünettem Haar. Die modische Brille gab ihr ein ebenso intelligentes wie sinnliches Aussehen. Ihr Namensschild wies sie als *Lavinia Weiß* aus.

»Ich ... wollte ... ein ... Buch ...«, stammelte Pliesch und lehnte sich gegen den Informationsschalter, weil er befürchtete, seine Beine würden nachgeben. Er atmete tief durch und spürte dankbar, wie sich die verlorenen Worte langsam wieder in seinen Sprachschatz einreihten. Bald würde er wieder fähig sein, verständliche Sätze zu artikulieren. Bis dahin lächelte er tapfer seine Verlegenheit weg.

»Ein Buch?«, fragte sie und blickte amüsiert zuerst nach links, dann nach rechts. »Ich denke ... da kann ich behilflich sein.« Sie streckte ihm ihre Hand mit den schlanken Fingern zur Begrüßung entgegen. Er ergriff sie und bemerkte zu seinem Entzücken keinen Ring an ihrem Finger. Ihre Haut war weich, aber kalt.

Pliesch grinste verkrampft. »Nun, es ist ein bestimmtes Buch«, sagte er und registrierte erfreut, dass es ihm gelang, wieder in ganzen Sätzen zu sprechen.

»Okay, dann schauen wir mal, was ich für Sie tun kann.« Sie zwinkerte ihm zu und umrundete die lange

Theke mit wiegenden Schritten. Auf der anderen Seite schaltete sie einen Monitor ein. Dann beugte sie sich zu ihm herüber. »Nennen Sie mir bitte Titel und Autor.«

»*Die Geheimnisse des Wurms* von Ludwig Prein.« Sie tippte die Angaben bereits in die Tastatur, als er seinen Irrtum bemerkte.

»Nein, Moment … es wurde von Walton geschrieben, Izaak Walton. Prein hat es nur übersetzt.«

Sie blickte konzentriert auf den Bildschirm. »Da haben wir es schon. *Die Geheimnisse des Wurms* von Prinn.« Sie zuckte die Achseln. »Aber das haben wir nicht in unserem Bestand.«

Das traf ihn unvorbereitet. »Das kann nicht sein!«

Seine letzte Hoffnung zerplatzte wie eine große Seifenblase. Die Enttäuschung stand ihm mit riesigen Lettern ins Gesicht geschrieben. Eine mögliche Revanche rückte damit in weite Ferne. Vielleicht konnte er seine Niederlage dadurch mildern, dass er diese Bücherschönheit zum Essen einlud. Vielleicht vermochte er sie sogar zu überreden, einen Berufswechsel zu erwägen. Schließlich war in seiner Firma gerade der Job *Ehefrau* vakant geworden.

Er startete einen Versuchsballon: »Mögen Sie Angelsport?« Sie sah ihn sehr intensiv an und schüttelte dann den Kopf. Angewidert, wie ihm schien. Sie durchschaute seine Absichten offenbar so gründlich, als könnte sie seine Gedanken lesen. Er kam sich vor wie ein Idiot, aber vermutlich verhielt sich der größte Prozentsatz der Männer bei ihrem Anblick wie ein kompletter Idiot.

Doch dann sagte sie den magischen Satz, der ihn alles andere vergessen ließ.

»Sie haben mich nicht ausreden lassen. Die Stadtbücherei hat dieses Buch nicht in ihrem Bestand, aber die Landesbibliothek, die sich nur eine Etage unter uns befindet, könnte es sehr wohl führen.«

Pliesch sah sie fast gierig an und sie erwiderte seinen Blick misstrauisch. Als sie erkannte, dass die Gier in seinen Augen nicht mehr ihr galt, entspannte sie sich.

»Kommen Sie! Dort drüben befindet sich der Aufzug.« Er konnte sein Glück kaum fassen und stolperte ihr wortlos nach. Sie drückte einen Knopf und die Türen eines unglaublich alten, nicht gerade vertrauenerweckenden Fahrstuhls öffneten sich protestierend.

Lavinia Weiß lächelte nun wieder und zeigte einladend auf das Gefährt. Sie schien seine Skepsis im Hinblick auf die antiquierte Technik nicht zu teilen.

»Keine Sorge«, sagte sie. »Ich benutze diesen Fahrstuhl jeden Tag und er ist noch nie stecken geblieben. Die Technik ist veraltet, aber zuverlässiger als computergesteuerte Aufzüge.«

Als er sich zögernd an ihr vorbeizwängte und die Fahrstuhlkabine betrat, nahm er einen leichten Fischgeruch wahr, der die blumige Note ihres Parfüms überlagerte. *Vermutlich isst sie so etwas wie Heringssalat zum Frühstück*, dachte Pliesch. Dann schloss sich die Tür über ihrem Lächeln und der Fahrstuhl setzte sich ruckelnd in Bewegung. Pliesch hielt den Atem an.

Als er die Kabine nach einer gefühlten Ewigkeit Fahrzeit wieder verließ, empfing ihn ein schummriges Halbdunkel. Lediglich die Hälfte der Deckenbeleuchtung hier unten war eingeschaltet. Das Dämmerlicht ließ den Raum kleiner erscheinen.

Pliesch tat ein paar vorsichtige Schritte und die Sohlen seiner Lloyds klackten dabei so überlaut auf den Bodenfliesen, dass er versucht war, die Schuhe auszuziehen und auf Socken zu laufen. Oder zumindest seinen Weg auf Zehenspitzen weiter zu gehen. Aber er war kein zehnjähriger Junge mehr, der in Ehrfurcht erstarren musste. Trotzdem ertappte er sich dabei sorgsam aufzutreten, während er sich der Ausgabetheke näherte.

Hinter dem hölzernen Tresen stand ein alter Mann mit grauem Bart, der ihm höflich interessiert aus hervorquellenden Augen entgegenblickte. *Hallo, Herr Frosch*, dachte Pliesch uncharmant und bemühte sich um ein verbindliches Lächeln. Schließlich sollte dieser weißhaarige Bibliothekar sein Schlüssel zu einer Schatzkiste sein.

Pliesch trat heran, um seinen Buchwunsch zu äußern. Aus der Nähe betrachtet wirkte der Bibliothekar eher krank als alt. Seine Haut war grau und schuppig und der Bart verdeckte einen überbreiten Mund mit wulstigen, spröden Lippen.

»Ich suche das Buch ...«, setzte Pliesch an, als ein Wandgemälde hinter dem Silberbart seine Aufmerksamkeit auf sich zog und schon wieder war er sprachlos. Der alte Mann deutete seinen Gesichtsausdruck richtig.

»Ein echter Pickman«, sagte er, als ob diese Namensnennung alles erklärte. Pliesch hatte noch nie von einem Künstler dieses Namens gehört. Er starrte das Bild an. Es zeigte ein grausiges Wesen, das sich menschenfressend durch eine Dorfidylle bewegte. Jedes schreckliche Detail. Die naturalistische Wiedergabe legte den Verdacht nahe, dass sich ein mit derart morbiden Fantasien ausgestatteter Künstler entweder in einem Luxusanwesen in Beverly Hills aufhielt oder Insasse einer Gummizelle war.

Pliesch hielt sich nicht unbedingt für zart besaitet. Aber aus irgendeinem Grund, den er nicht einmal genauer benennen konnte, beunruhigte ihn dieses Gemälde zutiefst. Und wenn ihn etwas beunruhigte, dann stieg zur Abwehr Ärger in ihm auf.

»Und für den Ankauf von derartigem Mist werden Steuergelder verschwendet?«, brauste er auf. »Der Künstler benötigt einen Therapeuten, keine staatliche Förderung!«

Der Bibliothekar lächelte nachsichtig. »Oh nein, dieses Bild stammt aus Privatbesitz. Aus meinem Privatbesitz, genauer gesagt ...«

Pliesch starrte ihn an und schüttelte mit einer Mischung aus Erstaunen und Verlegenheit den Kopf. Doch dieses Bild sprach etwas in ihm an, das ihm gar nicht gefiel. Und daher sagte er eine Spur zu gereizt: »Ja, schon gut. Und jetzt tippen Sie bitte meine Suchanfrage in die Tastatur. Ich habe schon genug Zeit mit diesem Bild vertrödelt.«

Pliesch erntete jenes geduldige Lächeln, das ältere Menschen für ihre jüngeren Zeitgenossen reserviert hatten und das alles von »Eile mit Weile« bis »Kommt Zeit, kommt Rat« bedeuten konnte.

»Ja, wir leben in einer hektischen Welt, in der Zeit Geld bedeutet. Aber hier unten geht es nun einmal nach meiner Zeiteinteilung.« Der tadelnde Unterton war unüberhörbar. Damit wandte er sich einem großen Karteikasten zu und begann damit, die Kärtchen darin durchzusehen. Pliesch stöhnte auf. Im Zeitalter der elektronischen Datenverarbeitung, in der die Geschwindigkeit der Übertragung eine Information im Bruchteil einer Sekunde zur Sonne und reisen lassen konnte, suchte der alte Mann in einem Karteikasten. Vermutlich waren die Eintragungen darauf noch mit einer mechanischen Schreibmaschine geschrieben.

»Meine Tochter hat mir Ihren Wunsch schon mitgeteilt«, sagte er. »Und hier ...« Mit diesen Worten fischte er eine der Karten heraus. »... haben wir es schon. Wenn Sie mir bitte folgen wollen ...«

»Folgen? Wohin?«, fragte Pliesch irritiert. »Ich wollte mir dieses Buch ausleihen.« Der ältere Mann sah ihn so mitleidig an, wie ein Kind, das überhaupt nichts verstand.

»Sie können sich dieses Buch nicht ausleihen«, erklärte er geduldig. »Es ist ein sehr seltenes Exemplar. Sie können es sich in einem speziellen Raum ansehen, aber Sie können es nicht ausleihen.« Dann wandte er sich um und ging davon, ehe Pliesch protestieren konnte. Sein Gang besaß etwas Unbeholfenes, so als hätte er seine viel zu großen Füße in viel zu kleine Schuhe gezwängt und nun Schmerzen beim Laufen. Pliesch registrierte es ohne Mitleid. Es blieb ihm keine andere Wahl, als dem Bibliothekar in einen langen Gang zu folgen, an dessen Ende sich eine große, stählerne Tür ohne Griff befand.

Pliesch konnte seine Überraschung kaum verbergen, als er den Kasten neben der Tür entdeckte, in den ganz offensichtlich ein Nummerncode eingegeben werden musste, um sie zu öffnen. Gerade so, als würden hinter dieser Hochsicherheitsschleuse die Kronjuwelen Queen Elizabeths verwahrt. Dieser ganze Aufwand wegen eines kleinen Buchs, in dem er sich Hinweise über wirkungsvolle Angelköder erhoffte?

150

Der Bibliothekar tippte mit zügigen Bewegungen eine lange Nummernfolge ein und die Tür glitt nahezu lautlos zur Seite. Dann betraten sie gemeinsam den erstaunlich niedrigen Raum, in dessen Mitte ein quadratischer Tisch mit vier Stühlen stand. An den Wänden reihten sich Schubladenstahlschränke in Mannshöhe.

Pliesch fröstelte plötzlich, obwohl in dem Raum eine kühle, aber durchaus angenehme Temperatur herrschte. Etwas stimmte hier nicht.

»Nehmen Sie Platz.« Der Bibliothekar humpelte zielgerichtet zu einem der Schränke, zog eine Schublade auf und entnahm ihr eine große Stahlkassette, die er auf den Tischrand legte. Dann zog er ein großes Schlüsselbund aus der Tasche und öffnete die Kassette. Umständlich verstaute er die Schlüssel wieder und förderte nun ein Paar weiße Handschuhe zutage, die er überstreifte, ehe er ein großformatiges, schwarzes Buch hervorholte und vorsichtig vor Pliesch platzierte.

»Bitte sehr«, sagte er fast feierlich. »*Die Geheimnisse des Wurms.*«

Pliesch starrte entgeistert auf den riesigen Folianten vor ihm, der so überhaupt keine Ähnlichkeit mit dem kleinen Band besaß, den er auf dem Foto mit Gillmann erkannt hatte. Auf dem eisenbeschlagenen Einband las er den Titel: *De Vermis Mysteriis.* Pliesch wandte sich empört zu dem Bibliothekar um, wütend über die Zeitverschwendung.

»Das ist das falsche Buch!« Doch der Raum war leer, der Mann verschwunden und die Tür hatte sich lautlos hinter ihm geschlossen. Pliesch sah auch innen keine Klinke, mit der man die Tür öffnen konnte. Stattdessen blinkte ihn das Gegenstück zu dem außen angebrachten Codekasten hämisch an.

Langsam realisierte er, dass er hier gefangen war und nur darauf hoffen durfte, dass der Bibliothekar bald wieder auftauchen würde. Obwohl er die Sinnlosigkeit seines Tuns einsah, erhob er sich und hämmerte an die solide Stahltür. Doch natürlich erfolgte keinerlei Reaktion auf seine wütenden Klopfgeräusche. Die Tür blieb verschlossen.

»Das darf nicht wahr sein!«, brüllte er und der Zorn ließ seine Halsschlagader gefährlich anschwellen. Was dachte sich dieser Spinner dabei, ihn hier zurückzulassen?

Er hämmerte noch ein paar Mal sinnlos gegen die Tür, bis er sicher sein konnte, dass es sich nicht um ein Versehen handelte. Dann bemühte er sich heroisch, die ohnmächtige Wut zu bekämpfen, die schmerzhaft wie ein zu heiß hinuntergestürztes Getränk in ihm brodelte. Die Vorstellung, dem Bibliothekar so fest in den Hintern zu treten, dass seine Glupschaugen noch weiter aus den Höhlen herausquellen würden, half ihm ein wenig dabei. Aber mehr konnte er nicht tun. Lediglich sich beruhigen und auf seine Rückkehr warten.

Die Zeit des Wartens konnte er genauso gut damit überbrücken, nachzusehen, ob ihm dieses Buch dort vielleicht doch irgendwie von Nutzen sein konnte. Also setzte er sich an den Tisch und schlug den Folianten auf. Was er las, ließ seinen Blutdruck gleich wieder in infarktgefährdende Höhen schnellen.

Latein! Dieses verdammte Buch war komplett in Latein abgefasst. Er verstand ein wenig von der Sprache, da er die lateinischen Benennungen vieler Fischarten kannte. Aber was bedeutete *Mortuos voco – Vivos plango*? Oder: *In inferna cum omni genere humano*. Soviel war klar: Dieses Werk hatte nichts mit Angeln oder Ködern zu tun.

»Dieses Buch ist sehr interessant«, ertönte plötzlich eine Stimme neben ihm.

Pliesch fuhr erschrocken zusammen und sprang so rasch auf, dass der Stuhl nach hinten kippte und laut auf dem steinernen Boden aufschlug. Seine Augen zuckten Richtung Tür, doch die war immer noch verschlossen. Dann sah er die Person, der diese Stimme gehörte und die aus dem Nichts aufgetaucht zu sein schien.

Gillmann! Er trug einen exquisiten Anzug, der maßgeschneidert wirkte – aber nicht unbedingt für seinen Träger angefertigt wurde.

Pliesch erkannte den verhassten Konkurrenten sofort, obwohl er ihm erst einmal persönlich begegnet war. Dennoch schien er verändert.

*Ist der Kerl geschrumpft?*, fragte sich Pliesch, nachdem er den ersten Schreck über das plötzliche Auftauchen überwunden hatte. Sein Widersacher schien noch kleiner geworden zu sein, falls Pliesch die Erinnerung nicht trog, und seine Augen quollen deutlich hervor. Wie bei dem verschwundenen Bibliothekar. Vielleicht waren die beiden verwandt? Oder litten an einer ähnlichen Krankheit.

»Bleiben Sie doch sitzen«, sagte Gillmann. Es klang amüsiert. Offenbar erfreute es ihn, dass sein dramatischer Auftritt den gewünschten Erfolg erzielte.

Gillmann streckte Pliesch die Hand entgegen. Der war schon im Begriff, die Höflichkeit zu erwidern, als sein Blick auf etwas gräulich-grünes zwischen Gillmanns Fingern fiel. Eine Art Ausschlag, pelzig wie Moos. Seine Hand zuckte zurück und er beschloss angewidert die Gesetze der Höflichkeit diesmal zu ignorieren.

Gillmann lächelte und wandte sich dem Buch zu. Er blätterte durch die Seiten. »Dieses Buch ist sehr interessant«, wiederholte er und seine Stimme nahm einen verträumten Klang an. »Mit seiner Hilfe kann man einen Shoggothen herbeirufen.« Pliesch starrte ihn an.

»Torzu, gohe l. zacar, ca, c noqod. zamran micalzo, od ozazm urelp. lap zir Ioiad«, intonierte Gillmann in einer Stimmlage, die eher nach einem quakenden Frosch als nach einem menschlichen Wesen klang. Dann schlug er das Buch zu.

»Warten wir ab, ob mein Ruf Erfolg hat. Solange können wir uns doch ein wenig unterhalten.«

»Ich verlange, dass Sie mich sofort hier herauslassen«, erwiderte Pliesch schroff.

»Lässt man einen Fisch vom Haken?«, fragte Gillmann und grinste unverschämt. »Sie als Angler müssen das doch verstehen …«

»Was hat Angeln damit zu tun?«, wollte Pliesch ungeduldig wissen. »Ich bezeichne das als Freiheitsberaubung. Sie werden von meinem Anwalt hören.«

»Sprechen wir nicht von Anwälten. Reden wir lieber über Angler. Ich würde sagen, Angler wie Sie stehen den Motivationen von Melvilles Kapitän Ahab viel näher als Thoreaus Ausspruch von der Zeit, die nur ein Fluss ist, in dem er angeln geht. Nur so erklärt sich, dass ein Mann wie Donald Klein auf der Jagd nach einem Barrakuda in iranische Hoheitsgewässer abdriftete und dafür fünfzehn Monate seines Lebens unter menschenunwürdigen Bedingungen in einem iranischen Gefängnis verbrachte. Würde er es wieder tun? Aber ja. Vielleicht wäre er etwas vorsichtiger, aber er würde es

154

wieder tun. Und Sie sind genauso! Ein Getriebener, jemand, der für den *großen Fisch* über Leichen geht.«

Pliesch gab keine Antwort. Er beobachtete die Reaktionen seines Gegenübers sehr aufmerksam. Es hätte aber auch keiner Antwort bedurft, denn Gillmann wartete sie gar nicht ab.

»Sie haben im Atlantischen Ozean an der Ipswich Bay in der Nähe von Innsmouth gefischt«, fuhr er direkt fort. Diesmal sah sich Pliesch zu einer Entgegnung genötigt.

»Ich habe noch niemals von Innsmouth gehört.«

»Das wundert mich nicht. Meine Geburtsstadt hat sich von der großen Säuberungsaktion, die 1927 durchgeführt wurde, nie wieder ganz erholt. Präsident Coolidge, der als ehemaliger Gouverneur von Massachusetts mit den lokalen Gerüchten sehr wohl vertraut war, hat den Befehl nur zu gerne erteilt.« Er seufzte. »Bombentests und Umsiedlung, hieß es später. Aber das nur nebenbei. Viel wichtiger ist der Fang, den Sie damals gemacht haben. Erinnern Sie sich daran?«

Pliesch zuckte die Achseln. Was wollte Gillmann von ihm? Er fühlte sich unbehaglich, als er antwortete: »Die Reise an die Westküste war nicht besonders erfolgreich. Ich kann mich nicht an *einen Fisch* erinnern, der der Mühe wert gewesen wäre.«

»Mehr fällt Ihnen dazu nicht ein?«

»Atlantischer Ozean … meine Güte, das ist drei Jahre her!«

»Das Teufelsriff vor Innsmouth. Klingelt da gar nichts?«, wollte Gillmann wissen. Pliesch schüttelte den Kopf. Die Namen sagten ihm nichts, und in diesem Augenblick war es ihm auch gleichgültig, ob er Gillmanns Fragen beantworten konnte.

Er wollte nur weg aus diesem Raum. Weg von diesem Verrückten, der wie ein besonders begabter Copperfield-Schüler aus dem Nichts aufgetaucht war.

Natürlich war das Blödsinn. Niemand tauchte aus dem Nichts auf. Nicht einmal die Steuerprüfung oder ein so spektakulärer Illusionist wie Copperfield. Es gab immer einen Trick.

Oder einen zweiten Ausgang.

Den galt es jetzt zu finden. So lange wollte er Gillmann bei Laune halten und seine beharrlichen Fragen beantworten. Auch wenn er keine Ahnung hatte, worauf Gillmann hinaus wollte.

»Ich dachte mir schon, dass Sie sich nicht erinnern würden. Für Sie war diese Fahrt nur ein Misserfolg. Mich hat Ihre Ignoranz ein geliebtes Familienmitglied gekostet.«

Pliesch schüttelte vehement den Kopf. »Moment, Moment. Ich erinnere mich zwar nicht mehr an alle Einzelheiten des Angelturns, aber ich weiß genau, dass niemand dabei zu Schaden gekommen ist.«

»Hehre Worte für einen Mörder!« Gillmann schnaubte höhnisch. »Vielleicht kann ich Ihrem Gedächtnis ein wenig auf die Sprünge helfen: graugrüne Körperfarbe, weißer Bauch. Der Rücken voller schuppiger Wülste. Eine Gestalt, die entfernt an einen kleinwüchsigen Menschen erinnert – mit pochenden Kiemen an beiden Seiten eines rudimentären Halses. Sie haben es getötet!«

Bei dieser Beschreibung stieg ein Erinnerungsfetzen in Pliesch auf und er sah dieses zuckende Etwas an seinem Haken.

»Das Ding sah aus, als habe es ein japanischer Fischer in der Nähe von Fukushima aus dem Wasser gezogen. Eine Mutation. Kaum überlebensfähig in diesem Zustand. Wir haben es von seinen Leiden erlöst.«

Jetzt funkelte blanke Mordlust in Gillmanns Augen.

»Sie haben meinen Bruder umgebracht!«, brüllte er. »Nun werden Sie den Preis für Ihre Untat bezahlen! Unsere Art existiert schon lange. Länger als die Menschheit, die unseren Lebensraum vergiftet.«

*Gillmann ist verrückt*, dachte Pliesch. *Komplett durchgedreht.* Was faselte er da von einem Bruder, den er umgebracht haben sollte? In seinem ganzen Leben hatte er noch keinen einzigen Menschen ein Haar gekrümmt. Wenn man ihm Böses wollte, hätte man den Selbstmord eines von ihm gekündigten Mitarbeiters seinem Schuldenkonto gutschreiben können. Er selber fühlte sich dafür nicht verantwortlich. Und was sollte *unsere Art* bedeuten?

»Was geht hier vor, Gillmann?«, fragte Pliesch mit einer Stimme, die gleichzeitig vor Zorn und vor Angst bebte.

Angst, weil er sich hier in einem verschlossenen Raum mit einem Verrückten befand. Diese Angst rumorte in seinen Eingeweiden wie eine gefangene Ratte, die sich jeden Augenblick ihren Weg in die Freiheit fressen würde. Die ganze Situation war verrückt. Absurdes Theater. Ein Witz. Aber niemand lachte, kein Publikum applaudierte und kein fallender Vorhang beendete diese Farce.

Gillmann bedachte ihn mit einem fast verächtlichen Blick, ehe er sich wieder dem schwarzen Buch zuwandte.

»Die Shoggothen dienen uns tiefen Wesen. Wir dienen Cthulhu. Gemeinsam werden wir unserem schlafenden Gott helfen, aufzuwachen und seine Herrschaft anzutreten. Cthulhu'n fäg'n«, sagte er und Pliesch hatte nicht die geringste Ahnung, was er mit diesem Kauderwelsch sagen wollte.

Ein leises Knirschen ertönte plötzlich. Gillmann horchte zufrieden und nickte dann. »Sie haben auf ein Rendezvous mit meiner Verlobten gehofft. Nun erwartet Sie eines mit dem Tod.«

*Tochter, Verlobte …* langsam begriff Pliesch die Zusammenhänge. Er war das Opfer einer Verschwörung. Von Menschen, die hier ihre abstrusen Rachefantasien auslebten.

Pliesch wollte etwas erwidern, doch ein leichtes Beben ließ ihn verstummen. Der Raum schien zu schwanken, dann krachte es, so als würde eine Abrissbirne gegen die Wand prallen. Es knirschte, dann stürzte diese Wand ein und die Hölle brach los.

Ziegelstücke spritzten durch den Raum, eine gähnende Öffnung entstand und aus diesem schwarzen Loch kroch die schrecklichste Kreatur, die Pliesch je gesehen hatte.

Aber eigentlich war er sich nicht sicher, was er da eigentlich sah – das … Ding … veränderte ständig seine Form. Eine Masse protoplasmatischer Blasen, die schwach pulsierten. Und allein diese Tatsache ließ ihn halb wahnsinnig vor Angst werden.

Er fühlte eine Art Anziehungskraft. Die dunkle Masse rief ihn, zog ihn unwiderstehlich zu ihrem Ursprung. Nach Kräften versuchte Pliesch, sich diesem Sog zu widersetzen, doch er war zu stark. Er verlor beinahe das Bewusstsein. In seinem Kopf entstanden Bilder von einer riesigen Stadt in den Tiefen des Meeres. Er sah tiaragekrönte Fischwesen, die sich in einem Gleichklang bewegten. Sie dienten offenbar einem höheren Zweck. Nein, einem höheren Wesen. Dem großen *Cthulhu*, dem *Großen Alten*, der träumend in *R'lyeh* lag.

»Cthulhu!« Pliesch schrie, spie dieses unbekannte Wort aus, das von irgendwo kommend in seiner gepeinigten Seele entstand und an die Oberfläche seines Bewusstseins zu gelangen suchte. Die Bilderflut wollte nicht enden. Dann formte sich zaghaft ein neuer Gedanke, der wie ein weißer Ritter in schimmernder Rüstung zu seiner Rettung heranpreschte.

Hypnose!

Er wiederholte dieses Wort wie ein heilendes Mantra. Endlich. Er riss sich los von dem Gedankenstrom. Die Furcht um sein nacktes Leben brachte ihn in die Wirklichkeit zurück, als die schwarze Masse sich drohend auf ihn zu bewegte.

Angesichts dieses unbeschreiblichen Wesens wollte er schreien, vielleicht sogar kreischen, doch alles, was seine überforderten Stimmbänder hervorbrachten, war ein leises Krächzen. Offenbar hatte der Schock sein Sprachzentrum schon wieder lahmgelegt. Diesmal aber nachhaltig.

Gillmann weidete sich an Plieschs Panik und lachte laut. Das wurde ihm selbst zum Verhängnis. Das schwarze Ungeheuer wechselte geschmeidig die Richtung und umschlang ihn. Sekundenschnell versank Gillmann in dem nachgiebigen Körper. Er hatte nicht einmal mehr Zeit zu schreien.

Die entstehenden Geräusche verursachten Pliesch Übelkeit. Sein Magen rotierte wie eine außer Kontrolle geratene Kirmesattraktion. Er konnte nicht sehen, was sich im Inneren der wabernden Masse abspielte, aber das Brechen von Knochen und das Reißen von Fleisch oder Muskelgewebe projizierte Bilder in seinen Kopf, die ihn beinahe erbrechen ließen.

Sein Verstand weigerte sich beharrlich, diese Kreatur als Realität einzustufen und Fluchtimpulse zu senden. Doch scheinbar entwickelte ein Körper unter Todesangst eine Art Eigenleben, das völlig unabhängig von den befehlenden Gehirnimpulsen einfach das Richtige tat. Er rannte hinein in die Öffnung, aus der dieses schreckliche Wesen erschienen war.

Nach wenigen Metern umfing ihn absolute Dunkelheit. Er ließ sich auf alle viere fallen und kroch weiter. Was kroch da hinter ihm? Er stellte fest, dass ihn die Antwort auf diese Frage nicht im Mindesten interessierte. Gillmann hatte von … Shoggothen gesprochen. Was immer das sein mochte, es verfolgte ihn, um ihn zu töten.

Daran durfte er nicht denken. Das Ding hätte nicht existieren dürfen, aber es war grausame Realität und Gillmann hatte diese Existenz am eigenen Leib zu spüren bekommen. Und Pliesch hatte jedes Detail seines Todes mit anhören müssen. In den sattesten Farben war dieser Schrecken unauslöschlich in sein Gedächtnis gebrannt.

Jetzt musste Pliesch seine ganze Willenskraft aufbieten, dem gleichen Schicksal zu entkommen. Wenn er das Grauen zuließ, würde sein letztes bisschen Verstand so leicht brechen wie ein trockener Zweig. Sein noch immer funktionierender Körper würde vor Angst erstarren und seinen Dienst versagen. Dann würde dieses Wesen ihn töten.

Aber nicht nur töten. Zerquetschen, zersetzen. Vielleicht assimilieren.

Möglicherweise würde etwas von ihm im Inneren dieser schrecklichen Kreatur überleben. Weiter existieren. Er schauderte bei dem Gedanken, etwas seiner Persönlichkeit könne an diese Daseinsform gebunden sein.

Der Gang vor ihm blieb eng und pechschwarz. Er hasste diese Dunkelheit, aber der Verfolger befand sich dicht hinter ihm. Das Ding stieß eine Art Schnaufen aus und Pliesch fragte sich, woher diese Laute stammen mochten. Er hatte keinen Mund oder eine ähnliche Öffnung sehen können, während er beobachtete, wie Gillmann verschlungen wurde.

Ein ekelerregender Gestank füllte seine Nase. Eine Mischung aus grünem Schimmel, Moder, verwesendem Fleisch. Aber dann stellte er fest, dass seine Geruchsnerven etwas klassifizieren wollten, was sich eigentlich gar nicht benennen ließ.

Mühsam widerstand er dem Drang aufzustehen und gebückt zu laufen. Doch angesichts der undurchdringlichen Finsternis war sein Kriechen auf allen vieren die sicherere Fortbewegungsweise.

Von dem ... Ding ... hinter ihm ging keine unmittelbare Gefahr aus, denn er konnte deutlich vernehmen, dass es ihm zwar stetig, aber nicht besonders schnell folgte.

Was wäre, wenn weitere dieser Kreaturen in der Schwärze vor ihm lauerten? Wenn sie ihm die Möglichkeit zur Flucht nur eröffnet hatten, um ihn zu jagen, zu quälen und zu demütigen? Ihn in Sicherheit zu wiegen und dann umso grausamer zuzuschlagen?

Daran durfte er nicht denken. Weiterkriechen! Eine Hand vor die andere, eine Kniescheibe vor die andere. Er kroch und kroch.

Die Zeit begann ihre Bedeutung zu verlieren. Es konnten Minuten vergangen sein, seit er sich auf allen vieren vorwärts bewegte. Oder Stunden. Es hätte ihn nicht gewundert, wenn er auf der anderen Seite der Erdkugel herausgekommen wäre. Und es hätte ihn auch nicht interessiert, seine Hauptsorge galt dem Wunsch, überhaupt irgendwo herauszukommen.

Sein Atem ging stoßweise, keuchend, so als würde der wenige Sauerstoff hier drinnen nicht ausreichen, um die Lunge mit Luft zu versorgen. Er war unsagbar erschöpft.

Dann tappte er unvermittelt gegen eine Wand und einen Augenblick wollte ihn die Panik übermannen, weil er befürchtete, der Gang sei zu Ende. Aber wieder übernahm sein Körper die Initiative und seine tastende Hand signalisierte dem paralysierten Gehirn, das es sich lediglich um eine Richtungsänderung der Röhre handelte.

Vor ihm tauchte in einiger Entfernung ein Lichtschimmer auf und einen irrationalen Augenblick schrie alles in ihm: *Geh nicht in das Licht!* Dann erkannte er endlich, dass sich in diesem Licht der so sehnsüchtig erhoffte Ausgang befand.

Das Licht wurde heller und er vernahm ein gequältes Stöhnen, das er erst nach einigen Sekunden als Laut identifizierte, der aus seinem eigenen Mund kam.

Die ungewohnte Fortbewegungsweise forderte ihren Tribut. Seine Knie schmerzten fast unerträglich und in seinen Oberschenkeln kündigten sich Krämpfe an, die ein Fortkommen immer schwieriger werden ließen.

Er wusste, irgendwann würde sein geschundener Körper den Dienst quittieren und sich einfach hinlegen, um zu sterben. Der Ausgang war so nahe, er mobilisierte die letzten Kraftreserven und kroch weiter darauf zu.

Schließlich hatte er ihn erreicht. Das grelle Licht des Tages stach in seine Augen, während er erkannte, dass er sich in Hafennähe befand. Er versuchte aufzustehen, aber ihm fehlte die Kraft dazu. Sein Überlebenswille hatte ihn endgültig verlassen.

Sein Herz hämmerte wie wild und dann sah er sie ...

Es waren vielleicht ein Dutzend dieser Wesen, die dort bewegungslos am Wasser standen. Sie alle ähnelten jenem mutierten Fisch, den er im atlantischen Ozean von seinen Qualen erlöst und den Gillmann als seinen Bruder bezeichnet hatte.

Von einer Sekunde zur anderen verließ seinen geschundenen Körper alle verbliebene Kraft. Hinter sich spürte er die Bewegung. Der ... Shoggothe ... näherte sich. Pliesch litt Todesangst, denn seine Kraftlosigkeit lieferte ihn der Kreatur vollkommen hilflos aus.

Doch gleichzeitig begrüßte er das nahe Ende seiner Qual. Er fiel zu Boden, drehte sich mühsam auf den Rücken. Dann war das Wesen über ihm. Ein Auswuchs bildete sich in der Masse und griff nach ihm. Pliesch versuchte ein letztes Mal auszuweichen, doch er war zu langsam. Viel zu langsam. Die Berührung jagte eine Art Schockwelle durch seinen Körper.

Dicht über ihm verharrte der Shoggothe. Er teilte sich, riss auseinander.

Dann standen zwei Wesen vor Pliesch. Das eine wich zurück, veränderte sich und nahm eine menschenähnliche Form an. Mit Grauen erkannte Pliesch, wie sich ein Kopf auf dem unförmigen Körper bildete, dessen entstehende Gesichtszüge ... Gillmann ähnelten. Eine fette Version seines großen Kontrahenten.

Pliesch schloss die Augen und versuchte verzweifelt sich nicht auszumalen, wie sich der Todeskuss eines Shoggothen anfühlen würde. Kalt, brennend, verätzend? Vielleicht schrie er während seine Knochen brachen, vielleicht starb er lautlos. Er wusste es nicht, als die Kreatur ihn erbarmungslos umschloss.

Aber er wusste, sie würden sich vermehren, fremde Gestalt annehmen und die Rückkehr ihres Gottes vorbereiten.

# Marketing

von

Bettina Ferbus

Die Gespräche der Menschen, die sich in der Halle drängten und von einem Messestand zum nächsten wuselten, vermischten sich zu einem gleichmäßigen Summen. Mein Beutel war schwer von Büchern und doch wurde mein Blick ein ums andere Mal von den Bänden angezogen, die sich rings um uns in den Regalen aneinanderreihten.

Doch dann sah ich, wie ein giftgrüner Tentakel hartnäckig aus Pauls Rucksack hervordrängte. Paul packte ihn, stopfte ihn energisch zurück und zog den Reißverschluss zu. Eiskaltes Grauen erfasste mich, lähmte meine Glieder und hinderte mich daran, mehr zu tun, als voller Bestürzung hervorzustoßen: »Um Himmels willen! Was machst du?«

Paul sah auf. Staunen spiegelte sich in seinem runden Gesicht. Er rückte seine dicke Brille mit dem Zeigefinger zurecht. »Ich weiß nicht, wovon du redest.«

Mühsam, als würden schwere Gewichte an meinen Gelenken hängen, hob ich den Arm, deutete auf den schwarzen Rucksack, der unförmig ausgebeult war.

»Wie kannst du nur!«

Ein breites Grinsen breitete sich auf Pauls Gesicht aus.

»Du tust gerade so, als würde ich ihm wehtun.« Ein hohes Kichern, das so gar nicht zu seiner fassförmigen Erscheinung passte, kam aus seiner Kehle. »Beruhige dich, Günter. Er ist aus Plüsch!«

»Eben!«

Ich glaubte so etwas wie Erkenntnis in seinen blassblauen Augen aufblitzen zu sehen.

»Komm schon! Lovecraft ist lange unter der Erde. Ich glaube nicht, dass es ihm etwas ausmacht, dass es

166

die Figuren aus seinen Büchern nun auch als Stofftiere und Häkelfiguren gibt.«

»Woher willst du das wissen?«, entfuhr es mir. »Wie kannst du so sicher sein, dass er sich nicht längst in seinem Grab herumgedreht oder gar voller Verzweiflung sein Leichentuch gegessen hat?«

»Du meinst, er ist zum Nachzehrer geworden?«

Paul schien diese grauenerregende Vorstellung zu amüsieren. Genauso wie es ihn amüsierte, einen Cthulhu aus giftgrünem Plüsch in seinen Rucksack zu stopfen. Und war er nicht zuvor, als wir von einem Händlerstand zum nächsten gepilgert waren, schon neben den zu pelzigen Hausschuhen geformten Shoggothen stehen geblieben? Seine aufgeblähten Wurstfinger hatten nach den Tentakeln gefasst, hatten sie mit leicht irrem Grinsen im Gesicht auf und ab wippen lassen. Auch in diesem Moment lag ein reichlich eigentümlicher Ausdruck über seinen Zügen. Fand er die Idee etwa lustig, dass Lovecraft keine Ruhe fand, weil die grauenerregenden Geschöpfe aus seinen Geschichten und Träumen in einen Streichelzoo verwandelt wurden?

»Das ist nicht witzig!«, fuhr ich ihn an.

»Meinst du nicht, du übertreibst? Ich weiß ja, du hast alle Bücher von Lovecraft mindestens einmal gelesen, manche sogar mehrfach. Aber es sind Bücher, Günter! Nichts als Bücher!«

»Auch die Bibel ist nichts als ein Buch.«

Eiseskälte breitete sich in mir aus. Paul schien es nicht zu bemerkten. Er zupfte den grob gestrickten Pullover zurecht, der sich über seinem fetten Wanst spannte.

»Ich glaube nicht, dass man das vergleichen kann. Lovecraft hat Romane geschrieben. Erfundene Geschichten, in denen er seine Einsamkeit und seine Frustration verarbeitet hat. So wie sich seine Texte lesen, wette ich, dass er zum Lachen in den Keller gegangen ist. Aber nein, das ging ja auch nicht, denn im Keller hatten sich ja die gottlosen Kreaturen versteckt, die ihm sein Leben zur Hölle gemacht haben.«

Paul raffte die Prospekte und Leseproben zusammen, die vor ihm auf dem Tisch lagen, und stopfte sie in die Plastiktüte zu all dem anderen Werbematerial.

»Tut mir echt leid, Günter. Ich werde meinen Cthulhu behalten, egal, was du darüber denkst.«

Damit schulterte er seinen Rucksack, winkte mir noch kurz zu und stapfte dann davon. Sein hin und her schwingendes breites Hinterteil erinnerte mich an ein empörtes Nilpferd.

Wenig später floh auch ich diesen Ort blasphemischer Verirrungen, musste zuvor jedoch noch vorbei an T-Shirts, auf denen Landkarten von Arkham abgedruckt waren, Schutzhüllen für iPads und iPhones mit stilisierten Cthulhus, Plastiknachbildungen der Großen Alten, Kaffeetassen und Bierkrüge mit Zitaten aus den Büchern und als Höhepunkt Geburtstagsgrußkarten auf denen ein Cthulhu bunte Luftballons in seinen Klauen hielt.

Gut, dass Lovecraft das nicht sehen konnte. War ihm Kitsch zu seinen Lebzeiten schon ein Gräuel gewesen, so würde er sich für diese Ansammlung quietschbunter Werbeartikel genauso wenig begeistern können wie für Marsprinzessinnen.

Zu Hause sortierte ich meine Neuerwerbungen in den Bücherschrank ein. Glattes, weißes Papier neben gelblich-vergilbten, festgebundenen Werken mit glänzenden Umschlägen neben abgegriffenen Taschenbüchern. Mit einem der Bücher, einer Sammlung von Geschichten, die von Lovecraft inspiriert waren, machte ich es mir auf der Couch bequem und verlor mich in der Fantasie fremder Menschen.

»Und sie erstarkten durch die Verehrung, erhoben sich aus dem Meer, krochen aus ihren Höhlen, verließen die Dunkelheit, um Finsternis über die Menschen zu bringen.«

Ein wenig pathetisch, aber irgendwie gefiel mir die Geschichte trotzdem. Ich sah nur kurz hoch, als das Licht flackerte, doch es war nichts Ungewöhnliches zu sehen. Also senkte ich meinen Blick wieder auf die Seiten.

»Sie machten sich alles Leben untertan. Ihre Flügel verdeckten den Himmel und ihre Tentakel waren rot vom Blut der warmblütigen Geschöpfe.«

Erneut wurde das Licht dunkler, nur um gleich darauf hell zu leuchten. War mit der Glühbirne etwas nicht in Ordnung? Oder gab es Schwankungen im Stromnetz?

Egal. Ich versuchte mich wieder auf die Geschichte zu konzentrieren.

»Die Waffen der Menschen konnten ihnen nichts anhaben, denn die Menschen gehörten ihnen.«

Ich blätterte weiter zur nächsten Geschichte. Auch in dieser ging es um Verehrung, darum welche Kraft die Anbetung einem göttlichen Geschöpf verlieh. Die Großen Alten suchten mit allen Mitteln Anhänger unter den Menschen, um die dadurch gewonnene Macht schließlich gegen ihre Verehrer zu wenden.

Plötzlich fühlte sich der Einband seltsam pelzig an. Ich legte den Zeigefinger zwischen die Seite und drehte das Buch um. Mir stockte der Atem. Das schmale Bändchen löste sich aus meinen bebenden Fingern und fiel zu Boden. Mit einem vernehmlichen Klatschen landete es auf dem kleinen Teppich vor der Couch, die aufgeschlagenen Seiten nach unten gewandt, während mir das Cover anklagend entgegenblickte. Das Cover, das nun nicht mehr aus glänzendem Papier bestand und auf dem auch nicht mehr in angemessenen Brauntönen leicht erhaben ›Transformation‹ stand.

Nein! Es war vollständig aus weichem Samt, rosarot wie die Zuckerwatte, die ich als schon als Kind nicht gemocht hatte. In der Mitte prangte ein großes, dunkelrosa Herz. Darüber stand groß I und darunter ebenfalls groß und in dunkelrosa Cthulhu.

Mit einem Schrei fuhr ich hoch, stieß gegen die Stehlampe, die zu schwanken begann. Ich versuchte sie aufzufangen, doch sie entzog sich meinen zupackenden Fingern. Im Gegenteil, mit meinen Bemühungen brachte ich sie endgültig aus dem Gleichgewicht. Sie kippte, fiel und krachte schließlich, untermalt vom Geräusch splitternden Glases, auf das Parkett.

Ich tappte zum Lichtschalter und machte dabei einen großen Bogen um jene Stelle am Boden, an der ich die Scherben der zerbrochenen Glühbirne vermutete.

Als das gelbe Licht der Deckenleuchte das Wohnzimmer erhellte, wagte ich kaum zur Couch hinzusehen. Nur mit Mühe konnte ich mich dazu überwinden, meinen Blick zu senken. Als ich mich

170

schließlich dazu zwang, voller Angst, wieder dieses grauenvolle Rosa vor Augen zu haben, lief kalter Schweiß meinen Rücken hinab.

Doch was war das? Unschuldig lag das Buch auf dem Teppich und glänzte mir mit seiner ursprünglichen, braunen Farbe entgegen. War ich über meiner Lektüre eingeschlafen und hatte den abscheulichen, rosaroten Samt geträumt? Nur mit Mühe konnte ich mich dazu überwinden, mich Schritt für Schritt dem Geschichtenbändchen zu nähern.

Voller Misstrauen beobachtete ich das Titelbild mit seinen ineinander verschlungenen Mustern. Bewegten sie sich? Machten sie Anstalten, ihre Farbe zu ändern? Aber ich musste mir alles eingebildet haben. Das Cover behielt seine ursprüngliche Farbe und der Titel lautete auch wie ursprünglich ›Transformation‹. Die Erlebnisse auf der Messe hatten wohl meine Fantasie angeregt, sodass sie mir die Abscheulichkeit rosaroten Samts in verstörender Deutlichkeit vorgegaukelt hatte.

Mein Schlaf in der folgenden Nacht war unruhig. Seltsame Wesen durchgeisterten meine Träume. Cthulhu, dessen grelles Pink in den Augen schmerzte und der verzweifelt versuchte, seine glänzende Haut in modrigem Grün oder kränklichem Gelb einzufärben. Yig, dem jemand ein Rüschenhäubchen aufgesetzt hatte. Nyarlathotep, der einem Händler gleich, seifenblasenbunte Kugeln mit seinem Abbild verkaufte.

Ich sah ein Necronomicon, aus dessen Innerem grauenvolle Schreie drangen, während es panisch auf und zu klappte. Jeder einzelne der Töne schien das Entsetzen des altehrwürdigen Buches darüber zu spiegeln, in hellblau, zartgelb und rosa gestreiftes Leinen gebunden zu sein.

Der nächste Morgen schien eine Fortsetzung jener schrecklichen Träume. Der Himmel war in zartes Orange getaucht. Eine Wolkenformation erinnerte mich an jene widerlich süße Götterspeise, von der meine Großmutter überzeugt gewesen war, sie müsse mir schmecken – egal wie oft ich als Kind auch verzweifelt protestiert hatte.

Am liebsten hätte ich mich wieder in mein Bett gelegt, die Decke über den Kopf gezogen und mich in wohltuende Finsternis geflüchtet. Doch auch meine Wohnung zahlte sich nicht von selbst und in einer guten Stunde würde ich mich den Herausforderungen der Arbeitswelt stellen müssen. Aber vielleicht gelang es mir, durch ein Frühstück in meiner bevorzugten Bäckerei meine Stimmung wieder zu heben.

Ich quälte mich in meine Kleider und Schuhe. Noch halb vom Schlaf umfangen, tappte ich die Treppen hinab und durch die Straßen. Die automatischen Türen der Bäckerei öffneten sich. Warme, wohlriechende Luft umfing mich. Schon fühlte ich mich besser und neues Leben durchflutete meine Glieder.

Doch was ich da hinter dem schützenden Glas der Vitrine sah, verschlug mir den Atem. Die Lust auf ein Frühstück war mir vergangen. Mit einem nur mühsam unterdrückten Aufschrei floh ich auf die Straße.

Hatten sich alle gegen mich verschworen? Wollten sie mich in den Wahnsinn treiben? Wie sonst war es zu erklären, dass mir in meiner Lieblingsbäckerei das Necronomicon in Kuchenteig, Zuckerguss und Marzipan präsentiert wurde? Das Buch war perfekt geformt, von einer giftgrünen Glasur überzogen und von einer Schließe aus Marzipan zusammengehalten, während der Schriftzug blutrot hervorstach.

Mein Herz krampfte sich bei dem Gedanken zusammen, dass jemand dieses Abbild des Necronomicons zerschneiden und es sich Stück für Stück einverleiben würde. Nein, ich brauchte wahrhaft kein Frühstück mehr. Ich war mir nicht einmal sicher, ob ich angesichts dieser Blasphemie überhaupt jemals wieder in der Lage sein würde, etwas zu essen.

Wenigstens hatte meine Leib- und Magenbuchhandlung bereits geöffnet, sodass ich die freie Zeit dazu nutzen konnte, mich in der wohltuenden Gesellschaft von Papier und Tinte zu erholen.

Doch was musste ich sehen, als ich mich in die ruhige Ecke zurückzog, in der sich Horror und Science Fiction in alten Eichenregalen um drei gemütliche Lesesessel sammelten? Muffins, auf die das Necronomicon mit Zuckerguss aufgemalt war. Bonbons in Buchform, mit dem Schriftzug Necronomicon. Doch damit der Blasphemie noch nicht genug! Man konnte das Buch im Kleinformat auch als Schlüsselanhänger erwerben, es war auf Schirmkappen und Lesezeichen abgebildet.

Auf einem Extratisch lag die vermaledeite Geschichtensammlung, die mir den Schlaf geraubt hatte. Und nicht etwa nur ein Exemplar! Drei Stapel harrten ungeduldig ihrer Käufer. Noch glänzten sie in unschuldigem Braun, doch fürchtete ich jeden Augenblick die unselige ›Transformation‹ zu sehen, die das Bändchen in ein rosarotes Ungetüm verwandeln würde.

Auf einem großen Plakat wurde eine Lesung der Autoren angekündigt, die anschließend selbstverständlich für Autogramme zur Verfügung stehen würden.

Schon wollte ich zum wiederholten Male flüchten, doch da entdeckte ich ein Necronomicon wie es sein sollte. Der Einband war aus glattem Leder – rotbraun wie getrocknetes Blut, während die Schrift in der matten Farbe uralten Pechs gehalten war, aus der gelbliche Verzierungen tropften, die an frischen Eiter gemahnten.

Ich atmete den unnachahmlichen Geruch, der dem Einband entstieg, tief ein. Wahrscheinlich hatte die Haut, in die das Buch gebunden war, zuvor einem Kalb gehört, doch glaubte ich flüsternde Stimmen zu hören, die behaupteten, sie wäre einem Menschen bei lebendigem Leib abgezogen worden.

Die Schrift, die in geschwungenen schwarzen Lettern die Seiten füllte, konnte ich nicht lesen. Nur manchmal, wenn ich lange genug hinsah, schienen sich Worte zu formen. Fremdartige Worte, deren Sinn ich mir nicht enträtseln konnte, die sich jedoch in meinen Gehirnwindungen festsetzten.

Etwas schien den Seiten zu entströmen, in meine Finger zu kriechen und sich mit einem Kribbeln unter der Haut festzusetzen. Gerade war mir, als könnte ich dem leisen Flüstern in meinem Kopf einen Sinn entnehmen, als Paul hereinkam. Als er mich sah, begann er zu grinsen.

»Dachte mir doch, dass ich dich hier finde.«

Einen Augenblick später hatten sich seine feisten Finger um einen Muffin geschlossen, bogen das Papier zur Seite, damit seine Zähne, denen man seinen Nikotinkonsum deutlich ansah, ein Stück herausbeißen konnten. Schon wollte ich ihn zurechtweisen, wie er sich nur an dieser Herabsetzung von Kulturgut beteiligen könne, als ich sah, wie sich die Haut um seinen Mund bewegte. Ich sah genauer hin, glaubte schon, mich getäuscht zu haben – doch nein, es war als würden winzige Würmer unter der Haut dahinkriechen und sich in ihm einnisten.

Das Necronomicon bebte in meinen Fingern und das Flüstern in meinem Kopf erzählte mir von den Großen Alten, von ihren Eroberungen, ihren Siegen und ihren Niederlagen. Es erzählte mir auch davon, dass neue Zeiten auch neue Methoden erforderten.

Mit dunklen Ritualen in düsteren Kellern war nur ein kleiner Teil der Menschheit zu erreichen, doch war das Häkeln eines Cthulhuabbildes, und das Tragen einer Miniaturausgabe des Necronomicons ebenso eine Art von Verehrung wie das Schreiben von Geschichten. Und mit jedem Verehrer würden die Großen Alten erstarken, genauso wie es in dem Büchlein mit dem Titel ›Transformation‹ stand. Vielleicht mochten sie nicht in der Lage sein, die Welt zu erobern und tatsächlich den Himmel zu verdunkeln, aber sie hatten eine Hintertür gefunden, durch die sie sich einschleichen konnten.

Zwischen zwei Bissen war Paul neben mich getreten und legte mir seine fleischige Hand auf die Schulter.

»Ich hoffe, du bist nicht mehr sauer auf mich.«

»Aber nein, mein Freund«, sagte ich und das Lächeln in meinem Gesicht war sogar echt.

»Mensch, Günter, bin ich froh! Wäre ja auch wirklich zu dumm gewesen, wenn wir uns wegen einem Plüschtier zerstritten hätten.«

»Keine Sorge, Paul. Ich sehe das jetzt ein wenig lockerer.«

Bei diesen Worten fühlte ich, wie das Necronomicon in meinen Händen zitterte und mir war, als könnte ich Cthulhu hinter Pauls aufgedunsenen Formen wahrnehmen.

# Samhain

### von
### Julia Annina Jorges

*»Viele der verbotenen Bücher habe ich bereits in Händen gehalten, das berüchtigte* Necronomicon, *von Juntz' Unaussprechliche Kulte, das* Buch Eibon, *die* Pnakotischen Manuskripte *und noch einige andere. Jahrhundertealte Schriftsammlungen, von denen manche sogar Jahrtausende zurückreichen in die chthonischen Zeitalter vor dem Aufstieg der frühen Hochkulturen. Seit Aufnahme meines vor Jahren abgeschlossenen Studiums der Anthropologie, Mythologie und Paläografie an der Miskatonic-Universität in Arkham habe ich mein Leben dem Auffinden abseitiger Pfade gewidmet, welche in den vergilbten Seiten unheiliger Schriften verborgen sind. Doch manch uraltes Wissen kann Dinge zum Leben erwecken, die Wahnsinn, Tod und Schlimmeres in unsere Welt tragen, und so ist es an uns, den Erforschern der dunklen Mysterien, dieses Wissen zu hüten, doch niemals anzuwenden.«*
*(Dr. Enid Bevan, Oktober 1978)*

Was für ein denkwürdiger Moment! Aus der Hand des Nachlassverwalters nehme ich das wurmstichige Buch mit dem zerschlissenen schwarzen Ledereinband an mich. Das der Fachwelt bislang unbekannte *Llyfr y Cythraul*, verfasst von einem Owain Parsons in altertümlichem Walisisch, stammt, nach meiner ersten vorsichtigen Schätzung, aus der zweiten Hälfte des achtzehnten Jahrhunderts und beschreibt die Unterwelt des alten keltischen Wales, die von finsteren Gottheiten und dämonischen Kreaturen bevölkert wird.

Kurz nach meiner heutigen Ankunft im Morgengrauen habe ich mich, einer Empfehlung folgend, in einer kleinen Pension der Zweitausend-Seelen-Gemeinde am Rande des Brecon-Beacon-Nationalparks eingemietet. Das ein Stück abseits der Hauptstraße gelegene, zweigeschossige Haus wird von einer alleinstehenden älteren Frau geführt, die trotz ihrer außerordentlichen Leibesfülle einen agilen Eindruck macht. Meine beiden Zimmer sind sauber und hübsch hergerichtet. Mehr jedoch als der frische Strauß purpurner Herbstastern auf dem Tisch spricht mich die zurückhaltende, freundliche Art der Besitzerin an, bei der ich mich für die Dauer meines Besuches gut aufgehoben fühle. Als mir ein würziger Geruch in die Nase steigt, knurrt mein Magen vernehmlich und erinnert mich daran, dass ich heute weder Mittagessen noch Abendbrot hatte. Kurz darauf klopft es an meiner Tür und die fürsorgliche Hausherrin bringt eine heiße Suppe, die ich dankend entgegennehme. Nach dem Essen werde ich noch einmal in das *Llyfr y Cythraul* schauen, bevor ich mich zur Ruhe begebe – noch ist meine Neugierde stärker als die schon heranschleichende Müdigkeit.

Schon bei einer ersten Sichtung des Materials fallen mir einige Seiten mit keltischer Runenschrift auf, deren Papier durch häufiges Aufschlagen so stark abgegriffen und nachgedunkelt ist, dass einige der Buchstaben kaum noch lesbar sind. Ein geradezu sensationeller Fund! Ich kann mich glücklich schätzen, dem kürzlich verstorbenen Sammler kurioser Altertümer und seltener Bücher aufgrund meines alten südwalisischen Familiennamens bekannt gewesen zu sein. Obwohl ich Wales mit nicht einmal zwanzig Jahren verlassen habe, um nach Neuengland überzusiedeln, hat mich der alte Herr, ein weitläufiger Verwandter mütterlicherseits, für würdig befunden, mir in seinem Testament einige absonderliche Kostbarkeiten zu vermachen. Als Voraussetzung für das Inkrafttreten der Nachlassverfügung wurde darin meine persönliche Anwesenheit für den Mindestzeitraum vom fünfundzwanzigsten Oktober bis zum ersten November gefordert. Eine ungewöhnliche Klausel, aber warum sollte ich die Zeit nicht für einen kleinen Urlaub nutzen? Um dennoch arbeiten zu können, habe ich vor meiner Abreise aus Arkham einige Bücher und Unterlagen zusammengestellt, die morgen in einem Koffer hier eintreffen werden.

Im Verlauf des folgenden Vormittags begutachte ich die weiteren Stücke der Sammlung. Da sind einige silberne und bronzene Münzen, Fragmente von Artefakten noch zu klärender Herkunft, Tongefäße, verschiedene Metall- und Gesteinssplitter. Außerdem enthält der Nachlass eine Menge Bücher und Manuskripte, historische, archäologische, astronomische und soziokulturelle Abhandlungen aus allen Teilen der Welt. Zwischen den Folianten finde ich eine rechteckige Schachtel und darin zwei in Samtstoff gehüllte Gegenstände von etwa acht Zentimetern Höhe und drei Zentimetern Durchmesser, augenscheinlich kleine Götzenbilder. Als ich eines der beiden herausnehme, wiegt es ungewöhnlich schwer in meiner Hand. Es stellt eine schlangen- oder wurmähnliche Kreatur dar, deren kurzer, dicker Leib an mehreren Stellen mit Ausstülpungen und Öffnungen versehen ist. Ihr augenloser Kopf zeichnet sich lediglich durch ein rundes Maul aus. Wie die andere Figur ruht sie auf einem flachen Sockel, was die Vermutung erlaubt, dass beide Stücke gemeinsam aufgestellt wurden. Das zwischen Dunkelgrün und Schwarz changierende Material fühlt sich glatt und überraschend nachgiebig an, als ob es irgendwie organisch wäre. Mich ekelt plötzlich vor dem Objekt und ich lege es rasch in die Schachtel zurück.

Das zweite Figürchen stellt ebenfalls ein grotesk verfremdetes Tier dar. Es besitzt Hörner und ich erkenne angedeutete Hufe, allerdings mehr als vier und an den unmöglichsten Stellen platziert. Der Leib ist aufgedunsen und lässt keine klaren Strukturen erahnen. Nach kurzem Zögern nehme ich das Ding heraus. Ich drehe es und zähle tatsächlich mindestens sieben Hufe. Auch hier gibt es wieder die sonderbaren Ausstülpungen, die am ehesten an Tentakel erinnern. Die eigenartige, sehr festem Gummi ähnelnde Beschaffenheit sowie eine gewisse Wärme, die von der winzigen Monstrosität ausgeht, irritieren mich. Ratlos untersuche ich die Verpackung, ob sich irgendein Hinweis auf die Identität der Kunstwerke finden lässt. Abgesehen von der knappen Information auf der Bestandsliste, in der die Figuren als »keltische Idole, gefunden Mai 1922 im Moor bei Croffpark« geführt werden, existiert jedoch keine Beschreibung.

Nachdem ich meine Arbeit kurz für ein wohlschmeckendes Mittagessen unterbrochen habe, nehme ich mir wieder das *Llyfr y Cythraul* vor.

Von den in Runenschrift gehaltenen Passagen kann ich ohne Zuhilfenahme meiner noch nicht eingetroffenen Fachliteratur lediglich einzelne Worte entziffern. Wie mir scheint, handelt es sich um mächtige Beschwörungsformeln und exakte Anweisungen zur Durchführung heiliger Rituale, in denen sogar die Rede von Menschenopfern ist. Wenn ich mich nicht irre, gibt es Parallelen zu dem *De Vermis Mysteriis* des alten

Ludvig Prinn, in dem ebenfalls Abschnitte mit keltischen Runen der gleichen Epoche auftauchen.

Aus dem Text in walisischer Sprache erfahre ich, dass der Mythos vom Höllenreich *Cythraul* ungeheuer weit in die vorgeschichtlichen Ursprünge der keltischen Kultur zurückreicht und sowohl im irischen als auch im walisischen vorchristlichen Glauben Spuren hinterlassen hat. *Cythraul* ist demnach ungleich älter als das Feenreich *Annwyn* und scheint in gewisser Hinsicht dessen Vorläufer zu sein, wenn auch in einer Variante, die sehr viel düsterer und barbarischer daherkommt. Die dunklen Pforten zum Totenreich werden von *Gwyn ap Nudd* bewacht, der »in der Finsternis schleicht und jagt«. *Cythraul* wird auch mit den *Fomoraig* oder *Seedämonen* in Verbindung gebracht, missgestalteten, mordlüsternen Riesen mit zu wenigen oder zu vielen Gliedmaßen an plumpen, leprösen Körpern und mit entstellten Gesichtszügen, deren Heimat ein lichtloses Reich unter dem Meeresboden ist. Der Fomore *Tigernmas* wurde in der letzten Nacht des Oktobers, dem keltischen *Samhain*, das den Beginn des neuen Jahres markiert, von den *Anderen Göttern* geopfert, um den Zyklus von Werden und Vergehen in Gang zu setzen. An *Samhain* öffnen sich die Tore zur Anderswelt, die in entlegenen Felsspalten, verborgenen Tälern und tiefen Wäldern liegen und nur dem Eingeweihten bekannt sind. Durch sie können die Lebenden in die Unterwelt, die Schatten in unsere Welt gelangen. Doch auch weit Schlimmeres als die Geister der Verstorbenen vermag in der Nacht vor dem ersten November, unserem heutigen Allerheiligen, die Pforten zu passieren, die *Gwyn ap Nudd* freigibt. Der blinde und taube Gott des Todes und des Verfalls, *Cromm Cruach*, die große Made aus den letzten Tiefen von *Cythraul*, steigt in Erwartung des ihm bestimmten Opfers aus den Höllenschlünden empor: »Denn so er Leben nimmt, bringt der Hüter der schwarzen Sonne der Unterwelt auch dessen Erneuerung.« Um ihn milde zu stimmen, opferten die frühen heidnischen Kelten dem Wurmgott in Jahren mit schlechter Ernte jedes dritte erstgeborene Kind. Im Gedenken an den Opfertod *Tigernmas'* wurden die Schädel der Unglücklichen an den heiligen, von blutigen Ritualen vieler Jahrhunderte dunkel gefärbten Felsen auf dem *Mag Slécht*, dem *Platz der Anbetung*, von den Hochdruiden zerschmettert.

Ein weiterer umfangreicher Textabschnitt ist den anderen drei großen Jahresfesten gewidmet, den Nächten vor dem zweiten Februar (*Imbolc*), vor dem ersten Mai (*Beltane*) und vor dem ersten August (*Lughnasadh*). Es ist die Rede von verborgenen Kultstätten, geheimen Formeln zur Anrufung von Dämonen oder Göttern und den dazu nötigen Symbolen und Materialien. Das Ritual zur Anrufung von *Cromm Cruach* fehlt jedoch in dem bisher von mir gelesenen Text. Ich hoffe darauf, es im Abschnitt mit der Runenschrift zu finden, dessen Bedeutung noch im Dunkel liegt.

Nach dem Abendessen habe ich einen langen Spaziergang durch die Gemeinde gemacht, ein wirklich malerisches Fleckchen Erde, das sich in den vergangenen hundert Jahren kaum verändert zu haben scheint. Ich fühle mich dem Ort verbunden, obwohl ich nicht hier, sondern etwa dreißig Meilen weiter westlich aufgewachsen bin, doch meine eigene Geburtsstadt ähnelt, wenigstens in meiner Erinnerung, sehr diesem Städtchen.

Vor dem Schlafengehen fällt mir auf, dass die Schachtel mit den beiden Idolen offen auf dem Tisch steht, nachdem ich sie heute Vormittag geschlossen ins Regal meines Arbeitszimmers gestellt habe. Ich werde morgen meine Vermieterin dazu befragen. Sollte ich mich in puncto Neugier so in ihr getäuscht haben?

Beim Frühstück habe ich meine Wirtin auf die geöffnete Schachtel angesprochen. Sie schwört Stein und Bein, bloß das Bett gemacht und gewischt zu haben – niemals hätte sie sich erlaubt, an meine Sachen zu gehen! Ich werde die Angelegenheit wohl auf sich beruhen lassen, schließlich ist nichts entwendet worden.

Nachdem ich bis mittags vergeblich auf meinen Koffer gewartet habe, der eigentlich schon gestern, am Fünfundzwanzigsten, ankommen sollte, mache ich nach dem guten und reichlichen Mittagessen mit dem Mietwagen einen Ausflug in den Nationalpark, um mir einen Ort am Fuß der Beacons anzuschauen, der im *Llyfr y Cythraul* als bedeutende Stätte kultischer Riten beschrieben wird.

Die Passanten, die ich nach dem Weg zu einem bestimmten Wäldchen frage, das nahe dem südwestlichen Eingang des ausgedehnten und für Wanderer gesperrten Höhlensystems der *Ogof Ffynnon Ddu*, der *Höhle der Schwarzen Quelle*, gelegen sein soll, können oder wollen mir zunächst nicht weiterhelfen. Erst als ich mich als quasi Einheimische zu erkennen gebe, weisen sie mir die Richtung zu einem schmalen, von wilden Brombeersträuchern halb zugewachsenen Pfad, der auf die Berge zuführt, nicht ohne mich darauf hinzuweisen, ich solle ja rechtzeitig vor der schon früh anbrechenden Dämmerung den Heimweg einschlagen.

Noch lange spüre ich ihre Blicke in meinem Rücken, als ich den Pfad betrete, sorgfältig darauf bedacht, nicht in die dornenbewehrten Ranken zu geraten, die stellenweise quer über den Weg wuchern. Ich bin froh, gefütterte Stiefel und eine dicke Jacke angezogen zu haben – mein Atem hängt sichtbar in der feuchten, kalten Luft, es riecht bereits nach Winter. Die Geräusche vereinzelt die Landstraße entlang fahrender Autos verstummen. Nach einer Weile höre ich kaum mehr als das Knacken dürrer Äste und das Rascheln abgestorbener Blätter unter meinen Füßen. Hin und wieder dringen gedämpfte Laute aus dem Dickicht der nahezu kahlen Bäume und dem dichten Unterholz. Nach mehreren Windungen öffnet sich der Pfad auf eine weite Lichtung, deren eine Seite an den Hang des Berges grenzt. Auf dem Geröll wächst schwarzes Gestrüpp. Die gelb-braune Grasfläche davor ist übersät von Findlingen unterschiedlicher Größe. Als ich mich den Felsen nähere, stelle ich fest, dass sich die Lichtung hinter niedrigen Sträuchern in einer Biegung nach rechts fortsetzt. Dahinter klafft eine Öffnung im Berg, einer der vergitterten Zugänge zu den Höhlen. Das Vorhängeschloss ist rostig, der Eingang von gefallenem Laub fast zugeweht. Es scheint ihn lange Zeit niemand betreten zu haben. Nachdem ich kurz in die nachtschwarze Tiefe und Stille des Berges gespäht habe, gehe ich wieder auf die große Lichtung zurück. Ein lauter Knall lässt mich herumfahren. Ich rutsche auf den glatten Blättern aus und stürze zu Boden … Ich muss mir den Kopf angeschlagen und eine Weile bewusstlos gelegen haben, denn als ich die Augen öffne, stelle ich fest, dass ich hämmernde Kopfschmerzen habe, und ertaste eine Beule am Hinterkopf. Anhand der schwindenden Helligkeit erkenne ich, es wird höchste Zeit für den Rückweg. Plötzlich höre ich das Geräusch: Ein weit entferntes Ächzen und Knirschen, unterbrochen von dumpfem Poltern, wie von herabfallenden Steinen, das aus der Tiefe des Berges kommt! Ich erstarre in der Bewegung und sehe unwillkürlich in Richtung der Höhle, die durch das Gesträuch meinen Blicken entzogen ist. Irgendetwas regt sich im Inneren der Erde, ein sonderbares Vibrieren lässt den Boden erbeben. Töne dringen zu mir herauf, die weder menschlich noch tierisch sind, es scheint, als würde der Berg selbst zum Leben erwachen. Kann es ein Erdbeben sein? Schwerfällig rappele ich mich hoch, Schwindel befällt mich, die Muskeln meiner Beine zittern und wollen nicht gehorchen. Im wachsenden Zwielicht sehe ich Nebel aus dem Boden steigen, genau genommen dringt er aus dem Winkel der Lichtung, wo in der Flanke des Berges der Höhleneingang lauert. In sich windenden Spiralen wallt der Dunst empor, wird dichter und nimmt für Sekundenbruchteile die Gestalt von sich drehenden, tanzenden Körpern an, bevor die Schwaden wieder in sich zusammenfallen. Ist es überhaupt Nebel? Die flüchtige Substanz schillert in wundersamen Farben, die ich mit nichts auf der Welt vergleichen kann. Verblüfft bestaune ich das ungewöhnliche Phänomen, als mir noch ein weiteres auffällt: Die Findlinge sind auf einmal von einem grünlichen, phosphoreszierenden Lichtschein umgeben! Erst jetzt werde ich gewahr, dass sie ein strahlenförmiges Muster bilden, mit einem flachen, niedrigen Felsen im Mittelpunkt. Die Nebelfetzen scheinen sich darüber zu zentrieren. Ich spüre, wie mir der Schweiß ausbricht, aus Angst, aber auch, weil mir ein unangenehm warmer Luftzug aus dem Berg entgegenströmt, der einen unerträglichen Gestank mit sich bringt. Immer noch weigern sich meine Gliedmaßen, mir Folge zu leisten. Da verdichtet sich der leichenhafte Dunst über dem Stein zu einer darauf hingestreckten Gestalt. Sie hebt einen Arm, streckt ihn nach mir aus … und endlich kann ich mich umdrehen und beginne zu laufen. Wie von Dämonen gehetzt renne ich den gerade noch erkennbaren Pfad zurück, ohne auf die Dornen zu achten, die mich festhalten wollen, erreiche mein Auto und springe hinein. Erst als ich wieder auf der Landstraße bin, beruhigt sich mein rasender Puls langsam.

Die Pension liegt unbeleuchtet und verlassen da. Ob meine Wirtin ausgegangen ist? Ich zucke zusammen, als sie wie ein Gespenst aus der Dunkelheit des Flurs auf mich zukommt. Sie bietet mir an, das Abendessen aufzuwärmen und auf mein Zimmer zu bringen, und erkundigt sich nach meinem Ausflug. Während ich eine belanglose Antwort murmele, bilde ich mir ein, etwas Lauerndes in ihrem Blick zu sehen, schiebe es aber auf meine überreizten Nerven.

Nachdem mir die Mahlzeit und der heiße, bitter schmeckende Kräutertee mein inneres Gleichgewicht hinlänglich wiedergegeben haben, nehme ich eine Tablette gegen das Pochen in meinem Schädel und beschließe, gleich schlafen zu gehen. Auf dem Weg in das nach hinten gelegene Schlafzimmer fällt mein Blick auf das Kästchen mit den Idolen, das ordentlich auf dem langen Bord steht – allerdings ein gutes Stück weiter rechts, als ich es in Erinnerung habe. Nun, vermutlich hat es die Wirtin beim Saubermachen verrückt. Ohne zu wissen warum, nehme ich die Figuren mit ans Bett und stelle sie auf den Nachttisch, in dessen Schublade unverändert das *Llyfr* liegt, wie ich mit einer gewissen Erleichterung feststelle. Als ich das Licht ausknipse, kann ich trotz der Müdigkeit, die meinen Körper in bleierne Schwere versetzt, nicht einschlummern. Allmählich gewöhnen sich meine Augen an die Dunkelheit, die aufgrund der Straßenlaterne, deren Licht durch die zugezogenen Vorhänge schimmert, nicht ganz vollständig ist. Hinter treibenden Wolkenfetzen verbirgt sich die schmale Mondsichel. Die Bewegung am Rande meines Gesichtsfeldes erahne ich mehr, als ich sie sehe. Mühsam wende ich den Kopf, der nicht länger schmerzt, sondern sich nur unglaublich schwer anfühlt, und starre auf die Idole. Mit jäher Gewissheit wird mir klar, dass das eine *Cromm Cruach* darstellt! Ist das Ding näher an mein Bett gerückt? Ich sehe verschwommen und stelle mit benommenem Erschrecken fest, dass ich mich nicht rühren kann. Der Tee fällt mir ein, sein eigenartiger Geschmack – war er mit einem Medikament versetzt, das meine Muskeln lähmt? Aber warum sollte meine Wirtin das getan haben? Aus der Mundöffnung der Figur quillt etwas hervor. Ich kneife die Augen zusammen und versuche zu erkennen, was es sein kann. Das quellende Etwas wird länger und hebt sich bleich von dem dunklen Material ab. Schaudernd stelle ich fest, dass es ein Wurm ist; jetzt fällt er auf den Nachttisch und bewegt sich zuckend in Richtung Bett. Die folgenden fünf Minuten – denn mehr sind es nicht, wie mir der beleuchtete Minutenzeiger des Weckers beweist – dehnen sich zu kleinen Ewigkeiten, während die Kreatur das Kopfkissen erreicht und weiter unbeirrt auf mein Gesicht zukriecht, als würde es von einer unsichtbaren Macht gelenkt. Ich habe das Gefühl, nicht mehr allein im Zimmer zu sein, unsichtbare Augen beobachten mich. Unmöglich, um Hilfe zu rufen, kein Laut kommt über meine Lippen. Doch danke ich dem Himmel, sie geschlossen gehalten zu haben, als mein Körper erstarrte, denn der Wurm ist nur noch eine Handbreit von meinem Mund entfernt. Mein Atem geht rasch und flach. Plötzlich kann ich das weiße Ding nicht mehr sehen, zu nahe ist es bereits meinem Gesicht. Gleich darauf bemerke ich ein Kribbeln an den Lippen, dort, wo sie fast das Kissen berühren, und ich weiß, es ist die winzige Abscheulichkeit, die versucht Einlass zu finden. Ich spüre, wie mir der Schweiß aus den Poren dringt, und hoffe inständig, der Wurm möge daran abrutschen. Vergeblich, schon kitzelt es unter meiner Nase. Stoßweise ausatmend versuche ich, das kriechende Etwas loszuwerden, ohne Erfolg. Voller Abscheu und Entsetzen fühle ich, wie es in mein rechtes Nasenloch krabbelt und sich mit windenden, drehenden Bewegungen in Richtung Rachen vorarbeitet. Den fast willkommenen Anflug von Brechreiz dämpft das Narkosemittel. Mit dem scheußlichen Wissen, dass sich der aus der Götzenfigur des *Cromm Cruach* gekrochene Wurm irgendwo in meinem wehr- und reglosen Körper befindet, schwinden meine Sinne und ich sinke in tiefe Bewusstlosigkeit.

Gedämpftes Sonnenlicht fällt auf meine geschlossenen Lider. Mein Kopf ist noch immer dem Nachttisch zugewandt, sodass ich zuerst das Ziffernblatt meines Weckers wahrnehme – es ist fast halb zwölf – und gleich darauf die danebenstehenden Figuren. Schaudernd erinnere ich mich an das Grauen der vergangenen Nacht und bewege vorsichtig meine steifen Gliedmaßen, um ihre Funktionsfähigkeit zu prüfen.

Die Lähmung ist aus ihnen gewichen; ein wenig benommen setze ich mich auf die Bettkante und überlege, was zu unternehmen sei. Die wurmartige Figur des *Cromm Cruach*, die ich widerstrebend in der Hand drehe, auf der Suche nach einem Hohlraum, in dem sich etwas hätte verbergen können, erweist sich als massiv, die Öffnungen sind nur angedeutet. Ich beginne die Wirklichkeit des Erlebnisses mit der Made anzuzweifeln. Bin ich tatsächlich mit einer Droge betäubt worden oder habe ich mir womöglich durch den Sturz auf der Lichtung eine Kopfverletzung zugezogen, die mich körperlich außer Gefecht gesetzt hat? Die sonderbaren Dinge auf dem alten Kultplatz habe ich immerhin auch erst nach meiner Ohnmacht wahrgenommen; sie könnten also, genau wie die nächtlichen Schrecknisse, Begleiterscheinungen einer Gehirnerschütterung sein. Bevor ich also meine Wirtin mit dem doch erheblichen Vorwurf konfrontiere, sie habe mir arglistig ein Betäubungsmittel in den Tee gemischt, sollte ich zunächst einen Arzt aufsuchen.

Als es an der Tür pocht und die Vermieterin mir das Mittagessen bringt, schaue ich sie prüfend an. Ihr Verhalten ist herzlich wie stets. Sie fordert mich auf, ordentlich zuzulangen – schließlich hätte ich das Frühstück ausfallen lassen. Dann macht sie mir die erfreuliche Mitteilung, heute Vormittag sei ein Gepäckstück für mich abgeliefert worden.

Nachdem ich gegessen habe, bringe ich den schweren Koffer in mein Arbeitszimmer und packe die vielen, mit Ungeduld erwarteten Bücher und Aktenordner aus. Über diese Beschäftigung vergesse ich, zum Arzt zu gehen. Das wird mir bewusst, während ich die Abhandlungen über keltische Runenschrift auf dem

Tisch sortiere, um möglichst bald mit der Übersetzung der entsprechenden Passagen aus dem *Llyfr y Cythraul* zu beginnen. Und noch etwas bemerke ich: Ich fühle mich wieder recht gut, sogar erstaunlich gut, wenn man bedenkt, was ich innerhalb der vergangenen vierundzwanzig Stunden durchgemacht habe! Ich beschließe, den Arzt nur zu konsultieren, falls irgendetwas an meinem Befinden Anlass zur Sorge gibt. Denn, so sage ich mir und lächle in mich hinein, selbst wenn ich wirklich einen Wurm verschluckt haben sollte, der zufällig aus Richtung der Götzenfigur gekrochen kam, wäre dies zwar nicht gerade appetitanregend, aber die Folgen wären für das Tier doch ungleich schwerwiegender als für mich.

Später nehme ich mir Zeit für ein ausgiebiges Abendessen, denn ich fühle mich regelrecht ausgehungert. Anschließend arbeite ich bis Mitternacht an der Übersetzung der Runenzeichen. Über die Bedeutung des grausamen Opferrituals an *Samhain* heißt es dort: »Es wird sich aus den Eingeweiden der Erde erheben die große weiße Made (…) ihre Opfer finden, nicht hörend, nicht sehend, die auserwählten Gaben des Stammes verschlingen, auf dass das Rad des Jahres sich drehe und aus tiefer Finsternis erneut Licht werde, die Saat keime, das Vieh gedeihe und Kinder geboren würden, und wird zurückkehren in die Tiefe (…) alsdann dreht es sich nicht und ewige Dunkelheit wird herrschen ohne die heiligen Rituale der Anrufung des *Cromm Cruach* (…) der Pesthauch *Cythrauls* wird sich ergießen über die Wohnstätten der Menschen und kann von keinem Druiden gebannt werden, so groß sein Wissen auch ist, bis *Imbolc*.« Die Furcht vor der aus *Cythraul* drohenden Vergeltung, wenn *Cromm*

*Cruach* nicht das bekam, was ihm seit Menschengedenken zustand, spricht aus diesen Zeilen und sie war so beherrschend, dass die Menschen bereit waren, ihr eigen Fleisch und Blut dem Wurmgott zu opfern. Ich lese begierig weiter und enthülle die über Generationen überlieferten Worte der Beschwörung, erfahre von den magischen Symbolen, die den Opfern mit Blut aufgemalt oder in die Haut geritzt wurden. Die zeremonielle Tötung war der Höhepunkt des blutigen Festes, bei dem die gesamte Stammesgemeinschaft anwesend war, ausgenommen Kranke, Schwangere und Kinder. Das *Llyfr* berichtet weiterhin von ekstatischen Tänzen und ausschweifenden Orgien unter dem Einfluss berauschender Tränke.

Als ich das Buch schließe und den Stift zur Seite lege, habe ich gut ein Drittel der Runen übersetzt. Zufrieden mit meiner Arbeit und glücklich über mein deutlich gebessertes Befinden schlafe ich ein.

In der Nacht suchen mich seltsame und ungewöhnlich realistische Träume heim. Ich bin wieder auf der Lichtung vor dem Berg, doch es herrscht finstere Nacht, allein der Kultplatz ist von Feuern hell erleuchtet. Am Rande sind Fackeln in den Boden gesteckt und verbreiten ihr flackerndes Licht. Ich rieche das Feuer und sehe kleine Funken nach oben in die Dunkelheit stieben, wo ewige Sternbilder über die Szenerie wachen, während der Mond unsichtbar bleibt. Gelächter erklingt, und nackte, bemalte Körper wiegen und drehen sich zu den Lauten eines flötenähnlichen Instruments. Dann ertönt dunkles Grollen und Stöhnen aus der Tiefe. Die Musik wird lauter und schriller, die Tänzer drängen sich auf einer Seite der Lichtung zusammen. Aus der Mitte der Nackten hervor tritt eine weißgekleidete Gestalt mit beschwörend erhobenen Armen, die, erst murmelnd, dann immer lauter, die entsetzliche Evokation des *Cromm Cruach* intoniert. Ich sehe die sternförmig angeordneten Findlinge, dazwischen Symbole aus Kieseln, die ich nicht kenne. Bleiches grünes Leuchten kriecht über die Felsen und breitet sich aus, erfasst auch den letzten der Zuschauer. Der flache, große Stein im Zentrum ist nicht länger leer – auf ihm liegt die Gestalt, die ich bereits gestern auf der Lichtung schemenhaft gesehen habe: eine junge Frau, deren Körper mit machtvollen Zeichen bedeckt ist. Sie liegt reglos, nur den linken Arm hat sie abwehrend erhoben. Um sie herum, auf dem Stein – dem Altar – ist Blut, viel Blut, doch nicht das ihre, sie scheint unverletzt. Neben dem Mädchen hält der Druide einen Strick in die Höhe, und die Menge verstummt. Der Priester tritt hinter den Kopf der Unglücklichen – da plötzlich wechselt die Perspektive, und ich bin es, die da liegt und auf den Tod wartet, spüre den harten Fels unter mir und blicke hinauf zu den gleichgültigen Sternen über mir.

Ich fahre hoch aus dem Schlaf, zitternd und von kaltem Schweiß bedeckt, versuche den Alptraum abzuschütteln, dessen schlimmster Augenblick nicht der war, da ich den Strick an meinem Hals spürte, sondern die Sekunde, in der ich den Kopf Richtung Berg drehte und dort, wo die große Lichtung in die kleinere vor dem Höhleneingang übergeht, die bewegungslosen, hingeworfenen Leiber sah ... nahezu ein Dutzend, die Glieder grotesk verdreht, die Schädel zerquetscht und eingeschlagen, aus der blutigen Masse von Haaren, Muskelgewebe und Gehirn ragten weiße Knochensplitter.

Morgens erwache ich wie gerädert, sage mir aber, eine traumhafte Verarbeitung der vergangenen Ereignisse, ob nun eingebildet oder real, sei nur natürlich. Wie meist, seit ich in diesem Haus zu Tisch sitze, fühle ich mich nach dem Frühstück deutlich besser. Auch die Wirtin ist gut gelaunt und erzählt mir, der ganze Ort bereite sich auf das bevorstehende *Samhain*-Fest in drei Tagen vor. Verwundert, dass sie diesen heidnischen Ausdruck benutzt, erkundige ich mich, was denn für Feierlichkeiten stattfinden würden? Schließlich sei Halloween heutzutage am ehesten ein Fest für die Kinder, die verkleidet durch die Straßen zögen und Süßigkeiten forderten. – Das würde ich dann schon sehen, lautet ihre einzige, lächelnd hervorgebrachte Antwort.

Ein weiteres Mal schlage ich die abgegriffenen Seiten auf. Um mich auf die Arbeit einzustimmen, stelle ich die beiden Idole auf den Tisch. Der unangenehmen Geschichte mit dem Wurm zum Trotz fühle ich eine Art innerer Verbundenheit zu den Figürchen und erwische mich dabei, wie ich während des Grübelns über den einen oder anderen Satz das Abbild von *Cromm Cruach* in die Hand nehme oder die Konturen des gehörnten Wesens beinahe zärtlich mit dem Zeigefinger nachfahre. Ich komme heute nicht besonders schnell voran, denn immer wieder schweifen meine Gedanken ab, hin zu der Lichtung im Wald, zur *Höhle der schwarzen Quelle*, den uralten Mysterien unter dem Berg. Mein Blick geht aus dem Fenster, das in Richtung der Beacons liegt, die ich heute wegen des trüben Wetters in der Ferne nicht ausmachen kann. Am Abend habe ich dennoch die Bannformeln entschlüsselt, mit denen *Cromm* am Ende des Rituals wieder zurück in die Madengänge *Cythrauls* befohlen wird. Wie ich bereits vermutet habe, gibt es bezüglich des Aufbaus der Riten sowie der verwendeten Zaubersprüche Gemeinsamkeiten mit dem *De Vermis Mysteriis*.

Da ich das Gefühl habe, etwas Bewegung täte mir gut, entschließe ich mich zu einem Spaziergang durch den Ort. Ich erwäge gerade, den Pub aufzusuchen, da bemerke ich, wie die Leute mich auf der Straße anstarren, manche verstohlen, andere ganz offen, einige mit einem halb ehrfürchtigen, halb ängstlichen Ausdruck im Gesicht. Daher überlege ich es mir anders und trete nach einer Weile ziellosen Umherlaufens den Rückweg zur Pension an. Auf meine Frage, ob sie wüsste, warum sich die Einwohner mir gegenüber so merkwürdig verhielten, versichert mir die Wirtin, die Leute seien hier ein wenig misstrauisch gegenüber Fremden, besonders, da ich eine allein reisende Frau sei … Vielleicht könnte ich mich ja entschließen, meinen Aufenthalt hier zu verlängern, dann würde sich das gewiss ändern. Ich erwidere, ich dächte nicht, dass meine beruflichen Pflichten das zuließen, woraufhin sie ihr übliches versonnenes Lächeln aufsetzt und mir eine Tasse dampfenden Kräutertees auf den Tisch stellt, der ganz vorzüglich und nicht im Mindesten bitter schmeckt.

Wieder haben mich Träume vom *Mag Slécht* heimgesucht. Die Bilder waren im Wesentlichen die gleichen wie in der Nacht zuvor. Lediglich die Sequenz, in der ich durch die Augen des Opfers schaue, zog sich länger hin und brachte einen neuen Aspekt in das Geschehen. Ich erinnere mich, ein seltsames Pfeifen gehört zu haben, das von irgendwo aus dem leeren Raum über mir zu stammen schien, und dass die Luft auf einmal von Wispern und Flüstern erfüllt war wie von zahllosen, unsichtbaren Wesen um mich herum. Von den Zuschauern vernahm ich aufgeregtes Raunen, viele blickten zum Himmel auf und deuteten empor zu den Sternen. Hoch oben erklang ein gewaltiges Rauschen und etwas, das an Getrappel von Füßen, nein, Hufen gemahnte. Es näherte sich aus unermesslich weit entfernten Räumen und durchbrach die Grenze zwischen unserer Dimension und einer gänzlich anderen, wirbelte dabei das sichtbare Firmament auf und zerriss es. Bevor ich erkennen konnte, was dort aus der fernen Vergangenheit nicht erinnerter Äonen auftauchte, schob sich der Leichenhaufen in mein Blickfeld, und der Traum endete.

Fieberhaft arbeite ich heute an der Fertigstellung der Übersetzung. Ich bin überzeugt, dass noch ein wesentliches Element fehlt, auf das mir mein Traum, so furchtbar er war, einen Hinweis gab. Es hat mit den Sternen zu tun, vermute ich, und mit etwas anderem als dem großen Wurm, der eine Kreatur aus dem Inneren der Erde ist. Nach wie vor gibt mir außerdem die Identität der zweiten Götzenfigur, die ich bisher keinem Wesen aus dem *Llyfr* zuordnen kann, Rätsel auf.

Ich finde Hochinteressantes heraus. Es existiert über das jährliche *Samhain*-Ritual hinaus ein anderes für dieselbe Nacht, welches eine Erweiterung und Erhöhung des ersten bedeutet und das nur durchgeführt werden kann, wenn die Nacht vor Allerheiligen eine *Nacht des Schwarzen Mondes* ist. Voraussetzung für dieses besondere Fest ist also, dass *Samhain* auf einen Neumond fällt, was nur alle paar Jahrzehnte vorkommt. Weiter lese ich, es würde dabei die Hochzeit zweier Gottheiten gefeiert, zu der die Braut aus den Sternen herabsteigt, um sich mit ihrem Gemahl zu vereinen. Auch die Beschwörungsformel für diese zweite Anrufung, die gleichzeitig mit der für *Cromm Cruach* durch einen weiteren Hochdruiden erfolgen muss, entnehme ich den Runen.

Heute unterbreche ich meine Studien nur widerwillig für die Mahlzeiten, kaue mechanisch, starre ins Leere. Meine Gedanken verweilen wenige Meilen östlich von hier, auf dem *Mag Slécht*, das, wie ich nun weiß, nicht allein ein Tor zur Unterwelt, sondern auch zu den Sternen ist. Auch die Vermieterin ist heute schweigsam und wirkt zerstreut. Kaum dass sie mir aufgetragen hat, verschwindet sie schon wieder in der Küche.

Bis spät in die Nacht brüte ich über dem *Llyfr y Cythraul* und endlich gelingt es mir, seine letzten, noch unbekannten Mysterien zu entschlüsseln. Das Wesen von den Sternen wird *Cerridwen* genannt. Es ist die walisisch-keltische Göttin des Viehs und des Getreides, in ihrem Neumondaspekt eine Göttin des Todes. Doch sie soll noch einen anderen, geheimen Namen besitzen, der nicht genannt werden darf. Die Gottheit nimmt hin und wieder die Gestalt einer gigantischen schwarzen Ziege mit drei Köpfen an und wird begleitet von einer »Schar der ihren, die viele sind«. Die Formulierung macht mich stutzig. Ich blättere in der Kopie des *De Vermis Mysteriis* und finde nach kurzem Suchen die Seite, auf der *Shub-Niggurath*, die *schwarze Ziege der Wälder mit den tausend Jungen*, ebenfalls dreiköpfig, beschrieben wird. Ist es möglich, dass diese, häufig mit weiblichen Attributen versehene, Wesenheit aus dem Kreis der Großen Alten im Glauben der frühen walisischen Kelten die Gemahlin des Wurmgottes *Cromm Cruach* war? Die Parallelen sind offensichtlich: *Cerrid-*

*wen* wie auch *Shub-Niggurath* sind sowohl Todes- als auch Fruchtbarkeitsgöttinnen, die reiche Ernte und Kindersegen gegen regelmäßige Blutopfer schenken. Die Zeremonien finden jeweils in Neumondnächten an abgelegenen Orten statt. Interessant ist auch der Hinweis aus dem Werk des Ludvig Prinn, die schwarze Ziege überlasse ihren Anhängern als Zeichen ihrer Gunst gelegentlich etwas von ihrer Milch, deren Genuss gewisse körperliche Veränderungen verursache. Im *Llyfr* heißt es, dass *Cerridwen* ihren Anbetern aus einem Kessel zu trinken gibt, wodurch sie übernatürliche Kräfte gewinnen. Ich nehme mir vor, eine Abhandlung über die neu entdeckten Gemeinsamkeiten zu schreiben, wenn ich wieder in Neuengland bin.

An diesem Morgen habe ich keinen großen Hunger, dafür jedoch das dringende Bedürfnis nach frischer Luft und ein wenig Ablenkung von der anstrengenden Lektüre. Meine Vermieterin scheint ein wenig beleidigt zu sein, weil ich ohne Frühstück aufbreche, aber das ist mir einerlei. Die Luft ist frisch und klar, die Sonne scheint, es verspricht, ein goldener Oktobertag zu werden. Ich schlendere durch die Straßen. Einige Passanten, denen ich schon früher begegnet bin, grüßen mich überraschend. In den Blicken der meisten erkenne ich dagegen erneut die befremdliche Mischung aus Verehrung und Furcht, die ich mir nicht erklären kann.

Mittags ist es tatsächlich warm genug, den Lunch – eine köstliche Lauchpastete – im Außenbereich einer kleinen Gaststätte zu genießen. Obwohl die Bedienung sich äußerst zuvorkommend verhält, fühle ich mich auch hier beobachtet: Kaum habe ich mich gesetzt, sehe ich, wie der Kellner mit einem hochbetagten, weißbärtigen Mann spricht – dem Inhaber des Restaurants? – und verstohlen in meine Richtung weist. Oder leide ich allmählich an Verfolgungswahn? Allerdings liegt eine sonderbare, fast greifbare Spannung in der Luft … Die Dorfbewohner machen den Eindruck, als warteten sie auf etwas, sind entweder geradezu hektisch betriebsam oder zwingen sich zur Ruhe, wie die wenigen anderen Gäste an den Nebentischen, die angespannt wirken und kaum miteinander sprechen. Liegt es an dem morgigen Fest, dem die Menschen hier anscheinend große Bedeutung beimessen? Wie habe ich eigentlich damals, bevor ich meine Heimat verließ, Halloween erlebt? Mir fehlt jede Erinnerung. Ich überlege, ob ich mit dem Mietwagen ein wenig ins Blaue fahren soll, doch der Motor springt nicht an, als ich den Schlüssel herumdrehe. Der Herr von der Autovermietung, den ich von der Pension aus anrufe, beteuert, es stünde leider kein anderer Wagen zur Verfügung, er würde sich aber um eine schnelle Reparatur bemühen. Meine Wirtin verspricht daraufhin, privat einen fahrbaren Untersatz für mich zu organisieren.

Den Rest des Tages verbringe ich teils lesend, teils aus dem Fenster schauend, während ich über meinen Aufenthalt an diesem Ort nachdenke. Die beiden Figürchen halte ich in den Händen, drehe und betaste sie geistesabwesend, fühle ihre sonderbar nachgiebige Beschaffenheit und die unerklärliche Wärme, die sie ausstrahlen. Etwas zieht mich zu der verfluchten Lichtung, ich spüre, ich muss dorthin zurückkehren. Als ich die Vorhänge zuziehe, bemerke ich die hauchdünne Mondsichel. Bevor ich zu Bett gehe, stelle ich die Idole auf den Nachttisch, wo schon das *Llyfr y Cythraul* liegt. Sie haben ihren Schrecken für mich verloren, im Gegenteil: Ich weiß, ich könnte nicht einschlafen, ohne sie in meiner Nähe zu wissen.

Ich träume. Eine endlos lange Prozession verhüllter Gestalten, jede vierte oder fünfte mit einer Fackel in der Hand, bewegt sich geräuschlos durch den nachtdunklen Wald, den schmalen, gewundenen Pfad entlang, hin zu der großen Lichtung mit ihren flechtenbedeckten Findlingen und dem versteckten Höhleneingang. Es ist kühl, aber nicht kalt und vollkommen windstill. Am Himmel glitzern Myriaden von Sternen, doch kein Mond ist zu sehen, sodass es ohne das Licht der sanft flackernden Fackeln stockfinster wäre. Die Szenerie wechselt. Die eben noch still Dahinschreitenden bevölkern die Lichtung. Ich erkenne viele der Gesichter wieder. Die gesamte Dorfgemeinschaft scheint anwesend zu sein. Manche tanzen, andere trinken, unterhalten sich, stehen in Gruppen zusammen. Ich verharre am Waldrand, halte einen Becher Wein in der Hand. Mir ist sehr warm, am liebsten würde ich das Gewand abwerfen, doch gleichzeitig entsetzt mich der Gedanke. Die Feiernden haben sich inzwischen der schwarzen Umhänge entledigt und ich sehe, dass ihre Körper von bläulichen Linien bedeckt sind, magischen, mir teilweise aus dem *Llyfr* bekannten Symbolen. Auch meine Vermieterin ist anwesend, doch sie ist nicht nackt, sondern in ein weißes Gewand gehüllt. Sie hat mein Eigentum bei sich, die beiden Götzenbilder, die sie jetzt auf ein Podest zwischen den Steinen stellt. Neben ihr, ebenfalls weiß gekleidet, steht ein bärtiger, alter Mann mit hageren, verwitterten Gesichtszügen, der das Grimoire in den Händen hält. Ich erkenne in ihm den Greis aus dem Restaurant. Zwei Druiden für die Anrufung zweier Gottheiten … Von irgendwoher ertönen die dünnen Töne einer Flöte, die sich mit einem fremdartigen Pfeifen mischen. Die Wirtin und der Alte rufen die Verse der doppelten Beschwörung in einer Art Wechselgesang. Ich stelle fest, dass bereits Blut vergossen wurde. Neben dem Altar liegen die Leichen eines Schafes, eines Huhns und einer Ziege. Im nächsten Moment finde ich mich auf dem Opferstein wieder, doch seltsam: Die Angst in mir ist gestorben. Ich beobachte das Geschehen, während die schrillen Töne der Flöte und das wie wahnsinnige Pfeifen zu einem infernalischen Crescendo anwachsen. Die Priester brüllen ihre Worte in die erzitternde Luft – und aus dem Winkel der Lichtung, aus der Tiefe der Erde, schiebt sich eine monströse, beinlose Kreatur, hoch wie die Wipfel der umstehenden, verkrüppelten Bäume. Der Körper des Wurmes hat die Farbe aussätzigen Fleisches und ist bedeckt von zahlreichen Geschwüren, eitrigen Malen, aus denen sich kleine, weiße Maden winden. Jetzt weiß ich, eine solche hat mich für die heutige Nacht gezeichnet, zum Opfer auserwählt … An den ausgestülpten Scheinextremitäten der unheiligen Gottheit öffnen sich kleine, zahnbewehrte Mäuler, winzig im Vergleich zu der ekelerregenden runden Öffnung, dort, wo sich *Cromms* Kopf befindet. Aus diesem Loch heraus strömt grässlicher Verwesungsgestank, wie von allen Opfern, die der Große Wurm jemals verschlungen hat und die in Ewigkeit in seinem Leib vermodern. Ich habe keine Kraft zu fliehen, obwohl ich nicht gefesselt bin, doch nicht mich verschlingt das Monstrum, sondern die hingeworfenen Tierkadaver, indem es sein riesenhaftes Maul über sie stülpt. Plötzlich hält es in seinem Fraß inne, erstarrt zur Bewegungslosigkeit, abgesehen von dem pulsierenden Zusammenziehen der zahllosen Öffnungen. *Cromm Cruach* wartet. Ich warte. Die Druiden und die Menge der Anbeter warten. Die Welt hält für einen Moment den Atem an. Dann zerbirst die Stille, und die Sterne wirbeln in farbig leuchtenden Nebeln auseinander, während dazwischen eine schwarze Wolke, finsterer als der Nachthimmel, sich ausbreitend nähert und die Lichtung, auf der die meisten Fackeln verloschen sind, in Schwärze hüllt.

Meine Augen versuchen, den Nebel zu durchdringen. *Shub-Niggurath* ist gekommen, die von den Kelten verehrte, finstere Göttin. Ich erhebe mich, einem Willen gehorchend, der weit mächtiger ist als der meine, nähere mich dem sich ständig verändernden Körper aus öligem Rauch, der nur sehr entfernt an eine Ziege erinnert und aus dem wabernd Hufe und Tentakel hervorstoßen, werde an ihn herangezogen, trinke aus den widerwärtigen Zitzen die Milch, das Manna, das mich verändert, mein Sein auslöscht und zu einem Teil *Shub-Nigguraths* macht. Aus dem protoplastischen, in unmöglichen Farben schillernden Nebel ragen über mir die drei Köpfe der schwarzen Ziege auf – vielleicht sind es auch die drei Gesichter der *Cerridwen*, das Mädchen, die Frau, die Greisin. Dann verlöscht mein Denken und Finsternis umhüllt mich.

Es ist der Tag vor Allerheiligen. Halloween. *Samhain*. Die kommende Nacht wird eine Neumondnacht sein. Niemand ist gekommen, den Wagen zu reparieren, und von der Wirtin habe ich erfahren, dass heute kein Bus fährt, nicht an *Samhain*. Wer das große Fest besuchen will, ist bereits in der Stadt. Wer nicht, hat sie rechtzeitig verlassen, von mir einmal abgesehen. Ich bin hier gefangen. Aber ein Teil von mir will an den Feierlichkeiten teilnehmen, mein Geist und mein Körper gehören längst nicht mehr mir allein. Vielleicht liegt es an dem Willen des *Cromm Cruach*, der von mir Besitz ergriffen hat, nachdem sein winziges Ebenbild sich mit mir vereint hat, vielleicht an Drogen, die meine Wirtin in Mahlzeiten und Getränke gemischt hat, vielleicht an der Beschäftigung mit dem *Llyfr y Cythraul* und den Götzenbildern. Vielleicht liegt es aber auch in meiner Herkunft begründet, dass ich zu dieser Zeit an diesem Ort sein muss.

Die Stunden des Tages gleiten an mir vorbei als befände ich mich in Trance. Ich esse die Speisen, die mir die Wirtin schweigend vorsetzt, da es keine Rolle mehr spielt, ob ihnen etwas beigefügt ist. Eine seltsame Ruhe erfüllt mich, doch auf meinem Zimmer lese ich wieder und wieder die Formeln der doppelten Beschwörungszeremonie.

Es ist Zeit. Längst ist die Dämmerung in die Nacht übergegangen. Gemeinsam mit der Wirtin verlasse ich das Haus. In meiner Tasche befinden sich das Buch und die beiden Figuren. Auch die alte Frau neben mir, von der ich inzwischen weiß, dass sie eine Priesterin des ursprünglichen walisischen Glaubens ist, trägt einen Beutel. Gemeinsam mit drei weiteren Personen steigen wir in ein Auto, wobei man mich auf die Rückbank hinter den Beifahrer dirigiert, neben meine Bewacherin. Viele Fahrzeuge verlassen gleichzeitig die Stadt, alle in dieselbe Richtung. Ein kurzes Stück fahren wir auf der Landstraße, dann nehmen wir die Ausfahrt zu den Beacons und halten am Waldrand in der Nähe des Fußweges. Die Dorfbewohner werfen die mitgebrachten schwarzen Umhänge über und auch mir wird ein solches Kleidungsstück umgelegt. Die Fackeln werden entzündet und die Kolonne setzt sich in Bewegung. Wie in meinem Traum ist das Wetter ungewöhnlich mild für diese Jahreszeit. Meine Empfindungen sind abgestumpft, ich fühle weder Furcht noch Aufregung, doch meine Sinne sind geschärft. Noch den kleinsten Laut nehme ich wahr, den Geruch feuchter Erde, abgestorbener Pflanzen und dazwischen die Ausdünstungen eines kleinen Tierkadavers. Die Dunkelheit zerfällt unter meinem Blick und offenbart die Umrisse der Bäume, die Gestalten meiner Begleiter. Der Alte aus dem Gasthaus schreitet mit erstaunlich kräftigen Schritten dicht hinter mir. Auf dem weiten, baumlosen Platz angekommen, werden die mitgebrachten Kelche aus großen Weinballons gefüllt. Auch ich bekomme einen in die Hand gedrückt. Der Wein ist dunkel, fast schwarz, und glänzt im Licht der Fackeln wie Blut. Er riecht nach einer Vielzahl von Gewürzen und schmeckt eigenartig, doch schon der erste Schluck ruft Verlangen nach mehr hervor. Nach dem Genuss eines Kelches fühle ich eine den Umständen gänzlich unangemessene Euphorie und fieberhafte Erregung. Der Platz unter dem mondlosen Himmel bebt mittlerweile von der fremdartigen und mir doch bekannten Musik, deren Ursprung ich auch jetzt nicht erkennen kann, und den Füßen wild tanzender Gestalten. Einige winden sich in ekstatischer Umarmung auf dem Boden. Die Wirtin kommt auf mich zu, und bereitwillig gebe ich ihr die beiden Figuren, die sie auf ihren vorgesehenen Platz stellt. Sie bedeutet mir, das schwarze Gewand auszuziehen. Zu meiner Überraschung hält sie mir stattdessen ein in der Dunkelheit weiß schimmerndes entgegen. Endlich verstehe ich. *Ich* bin einer der beiden Druiden, die die Zeremonie durchführen sollen – der hagere Greis steht schon bereit und schaut mich ungeduldig an. Ich gebe das Buch an ihn weiter, denn ich kenne die magischen Worte auswendig, die das Tor öffnen werden, durch das *Shub-Niggurath* unsere Welt betritt. Der Hochdruide beginnt mit der Anrufung, während einige Helfer die drei Opfertiere herbeischaffen, denen der Alte mit raschen Schnitten die Kehlen durchschneidet. Erst dann zerschmettern die Handlanger die Schädel der Tiere auf den Felsen. Das Grollen und Ächzen, mit dem sich *Cromm Cruach* ankündigt – jetzt höre ich es tatsächlich und es ist an mir, seine Gemahlin, die schwarze Ziege, aus der Leere zwischen den Sternen herabzurufen! Der fremde Wille krallt sich in meinen Verstand. Ich intoniere die ersten Sätze der Beschwörung, da sehe ich das junge Mädchen, das zum Altar geschleppt wird, die bloße Haut von blutigen Runen übersät. Sie ist das vorgesehene Opfer. Jemand reicht mir einen Strick, damit ich sie erdrossele, bevor man ihr den Schädel einschlägt. Hoch über mir kreisen Wirbel aus Nebel und Sternen, während ich weiter die uralten Worte zitiere. Ich weiß, wenn ich das grässliche Ritual zu Ende führe, wird mir *Shub-Niggurath* die Gnade zuteilwerden lassen, durch ihre Milch eine unglaubliche Transformation zu erleben, die mich weit über jeden Sterblichen erhebt. Der Preis ist gering. Ich muss nur dieses armselige Menschenleben beenden. Ich bin der jungen Frau nie zuvor begegnet, doch als unsere Blicke sich treffen, sehe ich die Todesangst in ihren Augen, die mir die eigene zurück ins verschattete Bewusstsein ruft. In diesem Moment begreift der Teil von mir, der noch in menschlichen Maßstäben denkt, dass diese Ungeheuerlichkeit nicht geschehen darf, weil alles, was hier stattfindet, absurd, grausam und falsch ist. Ich reiße dem Alten das Buch aus der Hand und renne los, lasse die völlig überrumpelten Reihen der Gläubigen hinter mir, die viel zu berauscht sind, um mich ernsthaft zu verfolgen. Ich schlage mich zu den Autos durch und entdecke eines, in dem der Schlüssel steckt. Schwer atmend lasse ich mich in den Sitz fallen und betätige die Zündung. Der Motor heult auf, mit quietschenden Reifen fahre ich los. Als ich mir während der Fahrt das weiße Gewand vom Leibe reiße, ertaste ich in der Innentasche der Jacke, die ich zum Glück anbehalten habe, mein Portemonnaie. Etwas Bargeld und vor allem meine Ausweise befinden sich darin. Alles, was ich zum Entkommen aus dieser verfluchten Gegend brauche! Die noch in der Pension verbliebenen Sachen sind für mich verloren, ich gehe nicht das Risiko ein, sie zu holen.

Auf der Landstraße fahre ich nach Süden in Richtung Cardiff, wo ich den nächsten Flug nach Neuengland buchen werde.

Unmittelbar vor mir wallt schillernder Nebel auf, versperrt die von knorrigen Bäumen gesäumte Straße. In diesem Moment wird mir klar: Niemals lassen *sie* den entkommen, dessen Seele, Geist und Körper *sie* einmal gebrandmarkt haben! Ich reiße das Steuer zur Seite, trete das Gaspedal ganz durch und entscheide mich für den einzig verbleibenden Weg, um wenigstens meine Seele vor dem Sturz in die Hölle, welche die alten Kelten *Cythraul* nannten, zu retten.

# Sammelband

von

Tobias Müller

Ich hätte die Einladung von vornherein nicht annehmen sollen.

Hinterher ist man natürlich immer schlauer, aber wenn ich ehrlich bin, gab es Vorzeichen, die mich hätten stutzig machen sollen. Dass die verdammte Burg mitten im Nichts der Hochmoore Schottlands stand, fand ich fast noch romantisch. Das altertümliche Englisch der Stellenausschreibung deutete ich als ein Zeichen von Verschrobenheit. Vielleicht war mein zukünftiger Arbeitgeber der letzte Spross eines uralten Adelsgeschlechtes, und das verpflichtete ja bekanntlich, zu was auch immer. Aber dass da gleich drei Stellen beim gleichen Arbeitgeber in den Jobportalen aufgetaucht waren, eine seltsamer als die andere, das war mir von vornherein merkwürdig vorgekommen.

Ich konnte mich zunächst nicht entscheiden, ob ich mich als okkulter Bibliothekar bewerben sollte, als okkulter Schriftsachverständiger, oder als okkulter Schriftsteller. Vertreter dieser drei eher speziellen Berufe wollte ein schottischer Lord mit mehr Geld als Verstand um sich scharen, einer durchaus seriös wirkenden Annonce zufolge.

Um es gleich zu sagen: Mit dem Okkulten hatte ich nichts, aber auch gar nichts am Hut. Mit Geld dagegen schon, daher spürte ich auch besonders schmerzlich, wie sehr es mir daran mangelte. Ich hätte mich auch als okkultes Maskottchen eines schottischen Baumstammwerfers beworben, wenn nur die Kasse gestimmt hätte. Hier stimmte sie, und zwar sehr.

Für den Bibliothekar und den Schriftsachverständigen hätte ich wohl was können müssen. Schriftsteller konnte sich jeder nennen, dachte ich mir jedenfalls. Das würde ich schon hinbekommen. Ich fälschte mir also einen netten kleinen Lebenslauf zusammen, dazu noch ein paar Websites, auf die ein paar Freunde freundlicherweise Links setzten, damit das Ganze authentischer aussah.

Nicht dass ich einem schottischen Lord mit Interesse an mittelalterlichem Hokuspokus große Kenntnisse in moderner Kommunikation zugetraut hätte. Daher dachte ich mir auch nichts dabei, mir ein paar Leseproben aus dem Netz zu ziehen und meiner Bewerbung beizufügen. Wenn der Lord also einen okkulten Schriftsteller suchte, dann brauchte ich nur sicherzustellen, dass ich dort einen Internetzugang hatte, notfalls über Satellitentelefon, damit ich ihm regelmäßig den neuesten Horror ziehen und als meinen eigenen Erguss präsentieren konnte. Das Netz war schließlich voll von dem Quatsch.

Wenn ich im Lebenslauf schon gelogen hatte, kann man mein Anschreiben nur noch als komplette Frechheit bezeichnen. Ich tat furchtbar geheimnisvoll, erging mich in ominösen Andeutungen, in denen ich nicht zuletzt durchblicken ließ, dass ich die Abgeschiedenheit des Hochmoores suchte, um meine Studien unbehelligt fortzuführen, die in der modernen Welt auf Ablehnung, ja, auf Feindseligkeit gestoßen waren.

*Das kam offenbar an.* Dieser Gedanke ging mir durch den Kopf, als ich mein Gepäck in der riesigen Eingangshalle abstellte. Ich hatte vorher gewusst, dass es eine Burg war, aber ich kam aus dem romantischen Rheintal, wo mittelalterliche Überbleibsel klein und pittoresk waren.

Das hier war ein fetter Bastard von einer Festung. Groß und schroff wie ein behauener Berg ragte das Bauwerk aus dem Moor, das flach war wie ein Brett, als erhebe sich da der letzte Zahn eines uralten, streitsüchtigen Riesen und weigere sich rundweg, dem Wind, dem Wetter oder der Brandung der Jahrhunderte jemals nachzugeben. Vor der Kulisse einer trostlosen, in weiße Konturlosigkeit eingepackten Winterlandschaft mit dem dazugehörigen Himmel in dezenten Grauschattierungen wirkte sie, als sei sie direkt einer Gruselklamotte aus den Dreißigern entsprungen. Und doch: von außen, wo der Wind die winterliche Schneelandschaft ständig neu formte, wirkte dieser Ort auch nicht farbloser als im Inneren des trutzigen Gemäuers.

*Ein Schwarz-Weiß-Film*, dachte ich ohne jede Begeisterung. *Jeden Moment entsteigt Bela Lugosi einem Sarg und heißt mich willkommen.* Dabei stand längst der Butler neben mir, der mich eingelassen hatte. Er wirkte reserviert und irgendwie monochrom wie alles andere hier, aber nicht unheimlich. Nur hässlich. Wirklich, ich hatte selten ein unförmigeres Gesicht gesehen als seines, in dem alles irgendwie zu groß und zu breit geraten schien. Es war mir gleich. Ich war schließlich nicht der hübschen Bediensteten wegen hier.

Auch nachdem die Eingangstür die klirrende Kälte wieder ausgesperrt hatte, blieb es unangenehm klamm in dieser Halle, deren Wände aus kahlem Stein bestanden, ohne jedes Ornament, jeden Klecks von Farbe. Der Wind schien einen besonderen Spaß dabei zu haben, auf dem zugigen Gemäuer zu spielen wie auf einer schaurigen Orgel.

Wortlos erklomm der Butler, dessen Alter ich auf knapp zweihundert schätzte, die gewundene Treppe. Ich folgte ihm. Am oberen Treppenabsatz stieß er dann eine gewaltige Flügeltür auf, und das ohne jedes Anzeichen von Anstrengung.

Ich beachtete ihn nicht, so sehr nahm mich der Kontrast zwischen drinnen und draußen gefangen. Die Mutter aller Kaminfeuer brannte am anderen Ende des Saales, der sich gut dreißig Meter hinzog, und mindestens halb so breit gehalten war. Seine Decke erstreckte sich über mir wie ein Baldachin. Sie war bemalt, lag aber weitgehend im Dunkeln, so hoch war sie. Glaubte ich zunächst, einen gemalten Sternenhimmel zu sehen, so erkannte ich stattdessen bald eine Menagerie vielleicht gehender, vielleicht tanzender Figuren, die auf mich herabblickten. Die Details lagen im Schatten, so konnte ich nicht sagen, um wen oder was genau es sich handelte. Die Umrisse genügten aber, um mich schaudern zu lassen. Klar erkennbar war nur das, was ich für Sterne gehalten hatte. Das waren Augen.

An den Wänden, bis ganz oben in die schummerige Höhe, reihten sich massive Regale, monströse Kunstwerke aus dunkel gebeiztem Holz und darin, dicht an dicht wie schlafende Tauben auf der Stange – Bücher!

Es mussten zehntausende sein, wenn nicht mehr. Ihre Gegenwart erdrückte mich förmlich, machte mich winzig klein angesichts der Millionen Worte, die sie enthielten. Wenn ich zehn Leben zur Verfügung gehabt hätte, ich hätte sie unmöglich alle lesen können. Wer trug eine derart immense Sammlung zusammen, wenn sie zu nichts weiter gut war, als dem Menschen seine Sterblichkeit vor Augen zu führen? Hier starrten Jahrhunderte auf mich herab. Wer, wenn er so etwas von seinen zu Staub zerfallenen Ahnen geerbt hatte, strebte immer noch nach mehr, um am Ende gar einen

Schriftsteller anzuheuern, damit der noch mehr Worte in diese überbevölkerte Welt setzte?

Der Hausherr, der neben dem Kamin einen Ohrensessel mit seiner erlauchten Anwesenheit beehrte, wirkte wie ein Einrichtungsgegenstand. Hier die zehntausend Bücher, dort der Kamin, in der Ecke eine Ritterrüstung und zwischen beiden der würdevolle alte Herr im Ohrensessel. Natürlich mit einem Buch in der Hand. Ein fein getrimmter, graumelierter Bart, der seinen Mund umrahmte, gab Lord Cathcart etwas Distinguiertes, aber nichts Gemütliches. Dafür brannten seine Augen zu sehr.

Er klappte das Buch zu. Das Geräusch übertönte das Prasseln des Feuers spielend, obwohl ich die Glut noch von jenseits des Saales auf meinem Gesicht zu spüren glaubte. Gut, dass ein ausgedehnter Fliesenspiegel zwischen der Feuerstelle und dem potentiellen Inferno aus brennendem Papier stand, das kurz durch das Blickfeld meines geistigen Auges flatterte.

»Herr Bronstein, nehme ich an?«

Seine Stimme riss mich zurück ins hier und jetzt. Er hatte sich aus dem Sessel erhoben und stand wartend da, eine schwarze Silhouette vor einem Hintergrund aus lodernden Flammen. »Es ist mir eine Freude, in der Tat, eine besondere Freude, Ihre Bekanntschaft zu machen.«

Er sprach zu meiner Überraschung fließend Deutsch, wenn auch ähnlich umständlich, wie es mir schon in der englischen Stellenausschreibung aufgefallen war. Meine Versuche, noch schnell mein Englisch aufzupolieren, hätte ich mir also schon mal sparen können. Die zurechtgelegten englischen Floskeln schob ich beiseite und ersetzte sie durch ähnlich nichtssagende aus meiner Landessprache. Ein halb charismatisches, halb serviles Lächeln auf meinen Lippen, näherte ich mich dem Mann, dem ich ein beträchtliches Loch in die Tasche zu reißen gedachte.

»Die Freude ist ganz auf meiner Seite, Eure Lordschaft.«

Ich deutete sogar eine kleine Verbeugung an. Wenn dein Gegenüber nur reich genug ist, dann nimm deinen Stolz, lass ihn Steine fressen und wirf ihn ins Meer, wo es am tiefsten ist. Es zahlt sich aus.

»Mitnichten.«

Für einen Moment kam er mir doch wieder wie Bela Lugosi vor.

»Ihre ganz ... *bemerkenswerten* Leistungen im Studium der klassischen Schriften haben mich beeindruckt. Nein, das trifft es nicht ganz. ›Berauscht‹ ist der bessere Begriff. Schon der kurze Auszug ihres Werkes über die Artefakte der Kultur von Ib hat meine Wissbegier entfacht, und dann die Kartographie der geheimnisvollen Traumlande – Sie werden hier immer einen Platz haben, hier in dieser Burg, wenn wir uns denn einig werden. Aber all das steht im Schatten der dritten Schrift, von der Sie mir gütigst einen Exzerpt zukommen ließen. Sie müssen wissen«, seine Stimme sank zu einem rauen Flüstern herab, »die arkanen, verbotenen Schriften, die keines Menschen Auge je erblicken sollte, haben mich seit jeher fasziniert, so wie die Bonbons in der Hand eines Fremden ein kleines Kind locken. Es weiß, es darf nicht davon kosten, aber es tut es doch, welches Schicksal das auch immer mit sich bringt.«

»Wir sind eben nicht immer unseres Schicksals Schmied«, versuchte ich es mit einer Plattitüde, die nichts besagte, aber gut klang. Aber sie schien auf fruchtbaren Boden zu fallen.

»Genauso ist es! Der falsche Weg, der finstere und verschlungene, selbst wenn wir ihn als solchen erkennen, ist manchmal genau der, den wir gehen müssen. Ich weiß das. Bei den Alten, ich weiß das. Und ich weiß, Sie stimmen mir da zu.«

Es war eine Feststellung. Während er so gelehrt meine zusammengeklauten Textfragmente besprochen hatte, war es mir kalt den Rücken hinuntergelaufen. Ich hatte gut recherchiert, zu jedem davon konnte ich etwas erzählen, aber dieser alte Kauz schien den Kram nicht nur furchtbar ernst zu nehmen, er schien sich auch ausgiebig damit beschäftigt zu haben.

Während er mir seinen glühenden Blick durch den Schädel bohrte, erkannte ich, dass ich es mit einem Eiferer zu tun hatte, einem ebenso getriebenen wie gefährlichen Mann. Die Tür hatte sich hinter mir geschlossen, der seltsame Butler stand in meinem Rücken. Ich sehnte mich fast nach der Schwärze und Kälte der Empfangshalle zurück. Der brennenden Intensität dieses Mannes war ich vielleicht nicht gewachsen.

»Selbstverständlich«, gab ich zurück, bevor die Pause zu lang wurde.

»Schließlich zieht es sich wie ein roter Faden durch die Biographien vieler Gelehrter besagter Schriften, dass sie wieder jede Vernunft auf der Suche nach gerade dem schrecklichsten, dem unfassbarsten, kurz: dem verbotenen Wissen beharrten – ganz gleich um welchen Preis.« Ich hatte meine Hausaufgaben gemacht.

»Ganz gleich, um welchen Preis«, wiederholte er meine Worte langsam und bedächtig, als müsse er sie auf den Geschmack hin prüfen, den sie auf seinen Lippen hinterließen.

»Das ist gut. Sehr gut sogar.«

Mir war nicht ganz klar, was er damit meinte, aber mir schien, als hätte ich einen Test bestanden. Er ließ seinen brennenden Blick eine Weile über den Dielenboden schweifen, und es hätte mich nicht im Mindesten überrascht, wenn er dort eine glühende Spur hinterlassen hätte. Dann straffte sich seine Gestalt und seine rechte Hand schoss aus der Tasche seines Jacketts hervor. »Es ist gut, Illig. Du kannst gehen.«

Etwas Kleines, Glänzendes flog an mir vorbei, fast zu schnell, um ihm mit den Augen zu folgen. Ich sah nur noch, wie der Butler sich mit unbewegter Miene umdrehte und zur Tür zurückstapfte. Ich schloss die Augen, öffnete sie wieder, blinzelte noch ein paar Mal – hatte Lord Cathcart seinem Butler gerade eben wirklich einen Fisch zugeworfen? Und hatte der ihn wirklich wie ein Seehund aus der Luft geschnappt?

Während die Szene in meinem Gedächtnis alterte, löste sie sich auf wie ein Spuk. Unsinn. Es lag am Licht, und an den Schatten, die das knisternde Feuer über die Wände und die Einrichtung tanzen ließ. Der hässliche Butler schloss die Tür hinter sich und nahm das Rätsel mit nach draußen. Ich war allein. Mit *ihm*.

»Dann wollen wir mal«, hörte ich ihn hinter mir sagen. Eine Angst stieg in mir empor, die ich mir nicht erklären konnte. Weshalb kam sie gerade jetzt, nachdem der unheimliche Butler verschwunden war? War es, weil damit das einzige andere Insekt das Netz verlassen hatte und mich mit der Spinne allein ließ?

»Nur zu«, hörte ich mich krächzen, während ich mich widerstrebend umdrehte. Er stand ganz nah bei mir und bohrte mir seinen Blick ins Gesicht.

»Herr Bronstein«, begann er. »Sie sind auf eine bloße Annonce hin über das Land und das Meer gereist, bis in diese Burg, die sich nach Ihrer Auffassung sicher mitten im Nichts befindet. Wissen Sie eigentlich, weshalb Sie das getan haben?«

»Nun, ich befinde mich zurzeit an einem Punkt in meinem Leben, da ich neue Herausforderungen ...« Der Rest meiner lächerlichen kleinen Plattitüde steckte mir noch in der Kehle, da schnitt er mir mit einer herrischen Handbewegung das Wort ab.

»Unsinn! Das wissen Sie selbst gut genug. Sie sind hier, weil Sie hierher gehören. Schauen Sie sich um. Was sehen Sie?«

Gehorsam ließ ich den Blick schweifen, bevor ich das Offenkundige aussprach. »Bücher?«

»*Viele* Bücher«, korrigierte er mich. »Sehr viele. Ich bin ein Sammler.«

Er starrte mich immer noch an. Ich selbst schaute meinem Gegenüber aus so kurzer Distanz unweigerlich auf den Nasenrücken, oder ich suchte mir ein einzelnes Auge aus, auf das ich den Blick richten konnte. Er aber nagelte mit seinem rechten Auge mein linkes fest, und mit dem linken mein rechtes. Endlich wusste ich, wie sich das viel zitierte Kaninchen vor der Schlange fühlte.

»Sie sammeln also Bücher?«, wiederholte ich, in der Hoffnung, er würde weitersprechen und vielleicht unruhig hin- und herlaufen. Er tat das eine, aber nicht das andere.

»Sie verstehen nicht!«, erregte er sich. »Sammeln, das ist nicht das, was ich mache. Es ist, was ich bin! Ich bin

216

ein Sammler! Und deshalb brauche ich Sie. Das heißt –
wir müssen erst noch herausfinden, ob Sie der Richtige
sind.«

Ich hätte gerne einen Schritt zurück gemacht, oder
auch zehn, war aber unfähig, mich zu bewegen. Ich
wartete nur darauf, dass sein Blick mich verbrennen,
aufspießen oder ausweiden würde. Zu meiner Überraschung drehte er mir aber abrupt den Rücken zu und
ging zielstrebig auf eine kleine, unauffällige Tür am
hinteren Ende des Saales zu, die ich bisher übersehen
hatte.

Sollte ich ihm folgen? Es gab außer dem Ohrensessel
keine weitere Sitzgelegenheit, also fand das Interview
vielleicht woanders statt. Oder wollte er mir erst den
Rest des Hauses zeigen? Aber als ich mich beeilte, ihm
zu folgen, blieb er stehen und streckte mir abwehrend
seine knochige Hand entgegen.

»Ich muss Sie nun verlassen, Herr Bronstein«, sagte
er bestimmt.

»Ich verstehe nicht.«

»Das ist auch gar nicht nötig. Ich werde zu gegebe-
ner Zeit zurückkommen. Bis dahin seien Sie bitte in
der Bibliothek mein Gast. Sie werden sehen, dass sie
Ihren ... speziellen Eigenschaften ... in jeder Beziehung Rechnung trägt.«

Ich mochte die Betonung nicht, die er seinen Worten verlieh. Als er die Tür halb geöffnet hatte, verharrte
er noch einmal und streifte mich über die Schulter erneut mit seinem furchtbaren, harten Blick.

»Die Bibliothek steht zu Ihrer Verfügung, abgesehen
von den Büchern des dreizehnten Kabinetts. Diese Bücher sind verboten. Es sind verbotene Bücher. Wenn
Sie hierbleiben, werden Sie Ihnen vertraut werden wie

eine Heimat, aber jetzt noch nicht. Noch sind sie verboten. Verboten – verstehen Sie mich?«

Was sollte die vierfache Betonung? Und weshalb hörte sich für mich alles, was er gesagt hatte, wie eine furchtbare Drohung an?

»Ich verstehe Sie sehr gut«, log ich. »Aber ich dachte, Sie würden mich im Hinblick auf die freie Stelle auf meine Eignung prüfen?«

Er lachte keckernd. »Wer sagt Ihnen, dass ich das nicht tue?«

Sein Lachen klang noch dumpf durch die Tür, als sie sich hinter ihm geschlossen hatte. Ich war allein. Mit einem Feuer, das sich aus den Flammen der Hölle selbst zu speisen schien, und zehntausend flüsternden Büchern.

Ein Test also? Kein Problem. Bei einem Test ging es schließlich nur darum, herauszufinden, welches Resultat positiv beurteilt werden würde. Diesem Wunsch entsprach man dann, möglichst ohne damit tatsächlich irgendetwas über sich selbst zu verraten. Und wenn sich jemand einen schlaueren Test ausdachte, um an den wahren Kern des Kandidaten zu gelangen, musste der Kandidat eben noch schlauer sein. Ich hatte es da einfach. Ich besaß keinen wahren Kern.

Ich schlenderte betont ruhig die Regale entlang, in der sicheren Annahme, dass hier Aufzeichnungen liefen, oder der Lord höchstselbst durch ein Loch in der Wandtäfelung spähte. Ich besah mir die Buchrücken, aber sie gaben mir überhaupt nichts preis. Bei vielen konnte ich nicht einmal die Sprache lesen, bei einigen vermutete ich bloß, dass es sich mal um Latein handelte, mal um Altgriechisch.

Die Regale waren in Kabinette unterteilt, von denen jedes ein kunstvolles Emblem mit einer Nummer zierte. Je höher diese Nummer anstieg, während ich lief, desto seltener fand ich Bücher mit deutschem, englischem oder französischem Titel. Irgendwann hatte ich sogar Schwierigkeiten, die Lettern zu erkennen, so alt, fremd und seltsam wurden sie. In vielen Fällen hegte ich erhebliche Zweifel daran, dass es sich überhaupt um Sprache im herkömmlichen Sinn handelte.

Dann lag das Kabinett mit der Nummer dreizehn vor mir. Es befand sich seitlich der Eingangstür, so weit wie möglich von den lodernden Flammen des Kamins entfernt. Es lag wohl auch an der schlechten Beleuchtung, dass mir beim Betrachten der Buchrücken zunehmend die Augen schmerzten.

Lesen konnte ich ohnehin kaum etwas. Nur hier und da erkannte ich mal ein Buch, das bei meinen hastigen Recherchen über den Okkultismus aufgetaucht war. Da war dieses eine – ich war zu neugierig. Wie sah wohl das Inhaltsverzeichnis eines Buches über lauter namenlose Kulte aus? »Namenloser Kult #47 – Seite 128«? Ich konnte mir spannendere Dinge vorstellen, über die man hätte schreiben können. Trotzdem. Ich wollte einfach mal … ich würde nur mal eben …

Mein Arm verharrte vor dem ölig glänzenden Leder.

Er hing in der Luft, zitternd, so seltsam steif, dass ich ihn fast nicht als den meinen wieder erkannte. Der Schauder erfasste meinen ganzen Körper, bis ich auch meinen Pulsschlag mit dem ganzen Körper spüren konnte, als sei jede Schlagader bis zum Bersten angespannt. Selbst mein Magen bat mich dringend, den überflüssigen Ballast, den ich während des Fluges zu mir genommen hatte, wieder hinaus befördern zu dürfen.

Als ich mir mühsam die Kontrolle so weit zurück erkämpft hatte, dass ich meinen Arm einigermaßen kontrolliert zurückziehen konnte, war mein Gehirn nicht untätig geblieben.

»Ein elektromagnetisches Feld«, schlug es vor. »Oder Infraschall, der erzeugt Übelkeit.«

Es hätte auch ein Gas in der Luft sein können, das ein Schwindelgefühl und Krämpfe erzeugte. Vielleicht hatte der Hausherr deshalb den Raum verlassen. Aber konnte ein Gas Todesangst hervorrufen? Und warum wirkte es nicht mehr, seit ich von diesem Buch wieder Abstand hielt? Und was sollte das alles überhaupt? Ging es um das Verbot, das Lord Cathcart so eindrücklich ausgesprochen hatte? War ein Buch über Kulte ohne Namen ein verbotenes?

Ich ließ den Blick ratlos über das Kabinett wandern. Die Bücher standen in einer makellosen Anordnung, sie bildeten eine glatte Wand ohne jede Unebenheit. Nur eins stand vielleicht einen halben Zentimeter vor. Das war zwar nicht viel, aber angesichts der ansonsten perfekten Ordnung wirkte es, als hätte man es mit einem blinkenden Leuchtpfeil markiert.

»Soll das eine Mutprobe sein?«, murmelte ich vor mich hin.

Zögernd näherte ich mich. Der Schriftzug auf dem Buchrücken war simples, modernes Deutsch. Ein Wort nur: »Sammelband«

Sammelband für was? Testweise hob ich meinen Arm ein wenig. Nichts geschah. Lord Cathcart hatte etwas vom Sammeln erwähnt. Und von verbotenen, wirklich ganz und gar verbotenen Büchern. War es so einfach? Wollte er mir bloß deutlich machen, welche Bücher ich nehmen durfte, und welche nicht, so wie man einem Hund den Unterschied zwischen einem Beißknochen und den Hausschuhen des Herrchens zeigte? Was war das hier – die okkulte Variante der Pawlow'schen Konditionierung?

»Zum Teufel.« Ich zog das Buch heraus, ohne dass die Furcht zurückkehrte. Was war so besonders daran? Inzwischen war ich das Spiel einigermaßen leid. Ich war nicht mehr sicher, ob es so eine gute Idee gewesen war, herzukommen, ganz gleich, wie sehr mich das Einkommen gelockt hatte. Was half schon das Geld, wenn man sich dafür in die Fänge eines Wahnsinnigen begeben musste?

Seufzend schlug ich das Buch auf, um den merkwürdigen Test rasch hinter mich zu bringen. Vielleicht würde dann der Lord wieder hereinkommen, vielleicht auch bloß ein Kamerateam irgendeiner spaßigen Nachmittagsshow. Es war mir mittlerweile egal.

Auf der zweiten Seite gab es eine Widmung irgendeines Arabers, die ich überflog, danach noch einmal den Titel, diesmal mit dem Untertitel: »Die Bediensteten des okkulten Haushalts«.

Eine Inhaltsangabe listete lauter merkwürdige Berufe auf. Da war der »okkulte Archivar« gleich nach dem »okkulten Altertumsforscher«. Einige Seiten weiter fand ich die beiden, mit Bild und einer kurzen Beschreibung. Die erging sich nicht so sehr in Definitionen oder einer Erklärung ihrer Aufgaben und Tätigkeiten, sondern las sich wie eine kurze Biographie. Die Bilder hielt ich zunächst für retuschierte Fotos, dann für sehr detailgetreue Tuschezeichnungen.

Wer immer das Buch angelegt hatte, er hatte sich viel Mühe gegeben, auch wenn die beiden Männer auf den Bildern ein reichlich seltsames Gesicht machten.

Ich seufzte erneut. Darum ging es also. Der Hausherr gefiel sich darin, ein kleines Spielchen zu spielen, eine Schnitzeljagd, gewissermaßen, an deren Ende ich belohnt wurde, indem ich etwas über meine zukünftigen Kollegen erfuhr. Na, meinetwegen.

Da waren ein okkulter Biologe, ein okkulter Bibliothekar sowie eine Buchhalterin, ein Chronist, ein Detektiv – alle okkult, versteht sich – danach fand ich einen Energetiker, eine Fotografin, einen Geisterbeschwörer …

An der Stelle konnte ich nicht umhin, ein wenig zu lachen. Das Buch war ziemlich umfangreich. Ob die alle noch hier arbeiteten? Oder war das eine Art Chronik all derer, die es ein Jahr ausgehalten hatten, bevor sie zurück in die Zivilisation geflüchtet waren, die sicher nicht weniger verrückt war, aber auf eine leichter verdauliche Art und Weise? Bei einigen stand das Datum der Einstellung daneben, zum Beispiel beim Bibliothekar, beim Chronisten und beim …

Moment mal. Das Datum des Bibliothekars war das von gestern. Prüfend fuhr ich mit dem Finger über die Seite. In der Tat, die Tinte schwärzte noch leicht. Ich erinnerte mich, dass ja drei Stellen gemeinsam ausgeschrieben gewesen waren. Der Bibliothekar, der Schriftsteller und der Schriftsachverständige. Vielleicht waren die ja auch schon drin?

Ich blätterte, fand jedoch nur den Schriftsachverständigen. Der Schriftsteller hätte nach ihm kommen müssen, aber es gab ihn nicht. Aber davor, auf derselben Doppelseite, da war ein ganzes Blatt freigelassen. Nur die Überschrift sprang mir ins Gesicht.

Ich fühlte, wie es mir den Boden unter den Füßen wegzog. Das letzte Mal hatte ich mich so gefühlt, als ich während der Abschlussarbeit in der Schule beim Spicken erwischt worden war. In dicken, kantigen Lettern stand dort:

*Der okkulte Scharlatan.*

Das konnte nicht wahr sein. Das konnte nicht auf mich gemünzt sein. Ich schüttelte benommen den Kopf, wie um den Gedanken hinauszuschleudern. Selbst wenn Lord Cathcart mich durchschaut hatte, wie hätte er so rasch diese Seite in ein bestehendes Buch einfügen können? Da war ein freies Kästchen für das Bild, und die Überschrift ganz oben – ich blätterte kurz vor und wieder zurück – war in den gleichen Lettern wie auf allen anderen Seiten gehalten. Und gleich darunter …

Da war ein Name.

Mein Name.

Der war aber eben noch nicht da gewesen! Was für eine Teufelei ging hier vor sich? Meine Augen irrten wie im Fieber über die Doppelseite, auf der Suche nach dem Kleingedruckten irgendwo am Rand, das all dem irgendeinen Sinn verleihen würde. Sie blieben an der Abbildung des Schriftsachverständigen hängen. Derselbe seltsame Ausdruck im Gesicht wie beim Bibliothekar. Ich blätterte erneut vor und zurück. Alle hatten ihn! Er kam mir so seltsam vertraut vor. Etwas sprach aus diesen Augen, etwas, das ich kannte.

Ich führte das Buch näher an meine Augen, während irgendwo in meinem Hinterkopf eine Sirene laut zu heulen begann. Im Gesicht dieser gezeichneten Figur stand das blanke Entsetzen. Der ganze Ausdruck war eine Grimasse der Angst, ich konnte nicht sagen, weshalb ich es jetzt erst erkannte. Irgendwie wusste ich: es war die Angst vor den Büchern, dieselbe Angst, die ich selbst vorhin gespürt hatte und von der ich fühlte, wie sie wiederkam. Sie ließ meine Hände erzittern.

Obwohl – nein. Das war kein Zittern. Das waren nicht meine Muskeln, die sich bewegten. Das war etwas anderes, etwas, das über meine Hände kroch, kalt und feucht, mit feinen, tastenden Bewegungen.

Ich schrie und wollte das Buch beiseitewerfen, aber seine Seiten klebten an meinen Fingern, so sehr ich es auch schüttelte. Es raschelte und knisterte dabei wie ein furchtbares großes Insekt. Das Gefühl, das Buch bewege sich, flattere und zucke, kam mir nicht im Mindesten mehr unglaublich vor.

Unmenschliche Laute hervorstoßend zwang ich es schließlich hernieder und drückte es mit dem Fuß zu Boden. Die Seiten verknitterten, aber sie rissen nicht. Die Doppelseite schlug wieder auf, inzwischen fast gänzlich vollgeschrieben. Da sah ich, dass es die Tinte war, die über meine Finger, meine Hände, inzwischen schon über meine Unterarme kroch. Das Buch war im Begriff, mich zu beschreiben!

Die Schriftzeichen waren in ihrer ganzen Gestalt unmenschlich, ihre Bewegungen nicht von dieser Welt. Wo sie schwarz, verkrümmt und verschlungen auf mir liegen blieben, da brannte meine Haut und mir schien, als gehöre sie nicht mehr mir, als hätte jemand oder *etwas* anderes Anspruch darauf erhoben.

Lesen konnte ich die Zeichen noch immer nicht, und wahrscheinlich war allein das der Grund, dass ich den Verstand noch nicht vollends verloren hatte. Im tiefsten Inneren wusste ich: Was diese Worte sagten, das war zu alt, zu blasphemisch, als dass ein Sterblicher sich ihnen auf Dauer hätte entgegenstellen können. Was half es da, dass ein Teil meines Verstandes nach wie vor schrie, dass er das alles nicht glaube, dass nichts davon wirklich sein könne?

Mit einer Anstrengung, wie man sie wirklich nur im Augenblick allerhöchster Not aufbringt, zwang ich meine Hände, sich von dem unnatürlichen Papier des Buches zu lösen. Sie zogen die Tinte wie Fesseln aus schwarzem Öl nach sich, und die Tinte zog an ihnen wie der Tentakel eines bösartigen Kraken, der sie wieder in das Buch zurücksaugen wollte. So sehr ich mich bemühte, die Verbindung riss nicht ab. Dafür erlahmten meine Kräfte.

Ich sah nur noch den einen Ausweg. Den rechten Fuß nach wie vor fest auf das teuflische Buch gestemmt, bewegte ich mich in gekrümmter Haltung Stück für Stück auf die Feuersbrunst des Kamins zu. Mir schien, als loderten die Flammen erwartungsvoll auf, als ich mich näherte.

Die letzten Meter legte ich zitternd und schweißbedeckt zurück. Es war so verlockend, den Widerstand aufzugeben, die Augen zu schließen und einfach in der Schwärze der Tinte zu versinken, als einer, der sich wacker geschlagen, aber verloren hatte. Eine Niederlage an diesem Ort, unter diesen Umständen, wäre keine Schande gewesen.

Stopp mal, stopp! Das waren nicht meine Gedanken. Das war das Buch! Während die Tinte weiter meine Haut emporkroch, zupfte das Buch auch an meinen Gedanken herum. Einem schleimigen Parasiten gleich drängte es sich zwischen die Windungen meines Gehirns und versuchte mir einzureden, ich hätte genug getan, und es sei nun Zeit, zur Ruhe zu kommen.

»Nein!«

Ich schrie es hinaus, nahm den Fuß von den Seiten und schwang das verfluchte Zauberbuch in hohem Bogen herum. Die Tinte dehnte sich – der Zug an meinem Körper und in meinem Geist ließ mich gepeinigt aufschreien – dann riss die Verbindung. Ich sah, wie das Ding in den Flammen verschwand. Kein Kreischen, kein Flattern, nicht einmal ein Knistern. Das Brüllen der Flammen übertönte jedes Geräusch.

Die schwarze Flüssigkeit, die noch an meinen Händen haften geblieben war, verteilte sich nun wie in Eile über meine Arme und sank in die Haut ein. Wo ein neues Zeichen entstand, zischte und dampfte es ein wenig, als müsse die Stelle erst mit Feuer vom alten Leben gereinigt werden, damit ein neues Fuß fassen konnte. Der Schmerz war unbeschreiblich und ich fühlte die Ohnmacht nahen.

Die kleine Tür am Ende des Raums öffnete sich, als ich gerade erschöpft auf die Knie sank. Lord Cathcart trat ein, mit einem missbilligenden Ausdruck im Gesicht.

»So nahe«, murmelte er, sichtlich enttäuscht. »So kurz davor, so weit sind Sie gekommen, nur um dann doch noch zu versagen.«

»Sie sind wahnsinnig«, brachte ich mit einer Stimme wie ein Reibeisen hervor. »Ich habe Ihr verdammtes Buch vernichtet. Wenn jemand versagt hat, dann Sie.«

Mir schien, als wüchsen dem Lord Flügel, oder als würde seine Gestalt wie von Engeln emporgehoben. Dabei verließen mich nur die Kräfte und mein Kopf sank zu Boden. Der Fall kam mir unnatürlich lang vor.

Wie aus dem Off drang Lord Cathcarts Stimme zu meinem schwindenden Bewusstsein vor.

»Noch ist nicht aller Tage Abend, Herr Bronstein. Was wäre ich schließlich für eine Sammler, wenn …« Der Rest war nichts als Vergessen und Dunkelheit.

Ich erwachte in vollkommener Finsternis. Ich fühlte mich warm und geborgen, wusste aber zunächst nicht zu sagen, wo ich mich befand. Einem Teil von mir war das auch ganz recht, denn er sagte sich, es könne kein guter Ort sein, und es sei besser, gar nichts zu wissen, als einer schrecklichen Erkenntnis ins Auge zu sehen. Das war diesmal nicht das Buch, das mich so denken ließ, sondern die Erschöpfung.

Es war nicht leicht, die letzten Schatten des Schlafes abzuschütteln, denn das bedeutete, sich einer höchstwahrscheinlich unerfreulichen Realität zu stellen. Schließlich zwang ich mich dazu.

Ich lag in einem gefederten Bett unter einer weichen Daunendecke. Mein ganzer Körper war von kaltem Schweiß bedeckt, und auch die Decke und die Matratze, auf der ich lag, waren klamm. Nach dem, was ich gestern durchgestanden hatte, war das kein Wunder.

Ich konnte mich nicht an irgendwelche Träume erinnern. Der Kampf mit dem verfluchten Buch, zu Füßen zehntausender anderer Bücher, die ihm wie die Zuschauer in einer römischen Arena beiwohnten, das Finale vor den Flammen des monströsen Kamins – das überdeckte alles andere. Es stand mir immer noch vor Augen, jedes Detail, aber … konnte es wirklich geschehen sein?

Ich setzte mich langsam auf. Das Gefühl der Nässe von Laken und Decke ekelte mich an. Wann hatte ich das letzte Mal so viel geschwitzt, während ich schlief? War nicht doch alles nur ein einziger, abartiger Alptraum gewesen, ein Höllenritt durch das Unterbewusstsein? Aber was war dann wirklich geschehen? Wie war ich hierhergekommen? Und weshalb fühlte sich mein ganzer Körper so schrecklich taub an?

»Ganz ruhig«, sagte eine Stimme in meiner Nähe. Sie klang so dumpf, dass sie kaum verständlich war. Irgendetwas stimmte nicht mit meinen Ohren.

»Sie sind stark geschwächt«, erklang es weiter. »Wir hätten Sie beinahe verloren.«

Ich wollte fragen, wo ich war, aber meiner Kehle entrang sich nichts als ein Gurgeln. Mir war, als bedeckte ein zäher Film meine Zunge und hemmte jede ihrer Bewegungen. Und dieser Druck auf meinen Ohren …

»Das wird schon wieder, sorgen Sie sich nicht.«

Vielleicht lag ich in einem Krankenhaus, und ein Pfleger sprach zu mir? Aber was war geschehen? Weshalb war es so stockfinster? Und warum hatte ich das ungute Gefühl, diese Stimme schon einmal gehört zu haben? Ich tastete nach meinen Ohren, die so nass waren wie alles andere, und kratzte einen zähen, kalten Schleim aus den Gehörgängen, gerade als der Sprecher fortfuhr.

»Es war sehr riskant, die Inkubation auf halbem Weg abzubrechen, wissen Sie?«, erklang es nun glasklar. »Aber nun, da es Ihnen besser geht, können wir ja fortfahren.«

Das war die Stimme von Lord Cathcart, hart und volltönend, wie ich sie in Erinnerung hatte, und sie kam aus diesem lichtlosen Raum.

Ich fuhr zusammen als hätte der Leibhaftige zu mir gesprochen. Panisch tastete ich mit der Hand neben das Bett, wo ein Nachttischchen stehen musste, so es denn eines gab. Alles hier war klamm und glitschig, aber ich fand es, fand auch die Lampe, die darauf stand. Meine Finger schienen durch einen feinen, schmierigen Belag zu gleiten, bis sie den Knopf fanden, aber es war mir egal. Ich brauchte Licht!

Als es kam, erkannten meine Augen zunächst nicht, was sie da sahen. Geblendet kniff ich sie zusammen und versuchte, wenigstens den Herrn dieses verdammten Hauses ins Blickfeld zu bekommen. Verschwommen schälte sich seine Gestalt, auf einem Stuhl sitzend, aus der Helligkeit.

»Ich sagte Ihnen ja, ich bin ein Sammler«, erklärte er ruhig. »Und was ich einmal gesammelt habe, das gebe ich nicht wieder frei.«

Als sich meine Augen etwas daran gewöhnt hatten, erkannte ich, dass es so hell gar nicht war, denn die Wände waren schwarz gestrichen. Auch der Boden, die Decke, der Nachtisch, selbst Federbett und Laken waren schwarz – und ich auch!

Ein Zittern fuhr in meine Hände und wurde stärker, während ich sie mit aufgerissenen Augen betrachtete. Was ich für Schweiß gehalten hatte, das war Tinte, und sie bedeckte mich ganz und gar. Sie bewegte sich wie eine obszöne Riesenamöbe, die mich umschließen und verdauen wollte. Unter der glänzenden oberen Schicht schimmerten die Zeichen hindurch, die meine Haut nun fast lückenlos beschrieben hatten wie die Seiten eines Buches.

Lord Cathcart erhob sich in aller Ruhe. Er hielt ein Buch in der Hand, das Buch, das ich in die Flammen geworfen hatte! Mit einem Lächeln, das mehr nachsichtig als boshaft schien, legte er es auf den Boden und schlug eine ganz bestimmte Seite auf.

»Sie dachten doch nicht, ich würde einen solchen Riesenkamin in meiner Bibliothek haben, wenn meine Bücher durch Feuer zerstört werden könnten? Kommen Sie. Es ist Zeit.«

In die schmierige Tinte auf allen Oberflächen kam nun Bewegung. Sie kroch, zuckend und gleitend, auf das Buch zu und verschwand darin. Auch das Ding auf meiner Haut wollte dahin zurück, wo es hergekommen war, und es nahm mich mit.

Diesmal war jeder Widerstand sinnlos. Natürlich schrie ich. Natürlich krallte ich mich fest, wo immer es ging, im Laken, an der Matratze, am Fußende des Bettes, schließlich auf den nackten Dielen des Fußbodens. Wie ein Taucher, dem unter der Wasseroberfläche die Luft ausgegangen war, kämpfte ich um mein Leben, indem ich nach Leibeskräften versuchte, mich aus der nassen Umklammerung zu lösen. Aber es half nichts. Meine Füße wurden zu einer simplen Beschreibung ihrer selbst, dann verwandelte sich mein restlicher Leib in geschriebenen Text.

Ich wusste jetzt, weshalb all die Bilder der Angestellten des okkulten Haushalts diesen merkwürdigen, unirdischen Blick zeigten: Es war der Wahnsinn der Entstofflichung, der sich auf den Gesichtern niederschlug. Es tat nicht weh, nur im Geist fühlte es sich an als fuhrwerkte ein Wahnsinniger mit zwanzig großen und scharfen Klingen darin herum.

Bevor mein Kopf und damit der Rest meines Ichs im Buch verschwand, beugte sich der furchtbare Lord noch einmal zu mir herunter und sprach mich lächelnd an.

»Herzlichen Glückwunsch, Herr Bronstein. Sie sind eingestellt.«

# Tod dem König in Gelb

von

Felix Woitkowski

Wegen starker Regenfälle ließ ich mein Fahrrad stehen und nahm den Bus zur Arbeit. Der Tag verlief wie jeder andere im Büro. Kaffeekochen, trinken, quatschen, E-Mails lesen. Wie immer in den letzten Monaten hatte ich nicht viel zu tun. Ich hielt mich strikt an meine Pausen, aß in der Kantine Kartoffelpuffer zu Mittag und zog pünktlich die Jacke an. Mit Blick auf meine Armbanduhr und einer Hand an der Türklinke zählte ich die Sekunden, bis ich guten Gewissens gehen konnte. So hielten es längst alle meiner Kollegen. Die Bewegung eines schmalen, langen Zeigers ließ uns zeitgleich die Türen öffnen, die Gänge fluten und Fahrstühle wie Treppenhäuser verstopfen. Lange würde es so nicht mehr weitergehen, das wusste jeder, und doch änderte sich nichts.

Dreiundfünfzig, Vierundfünfzig, Fünfundfünfzig, zählte ich, spielte dabei Klavier auf dem Lichtschalter und war versucht, die Tür eine Sekunde früher zu öffnen. Eine Sekunde, das war ein Schritt Vorsprung vor allen anderen. Doch kam ich nicht dazu, denn unerwartet erwachte der stumme Begleiter auf meinem Schreibtisch zum Leben. Das Telefon klingelte. Für einen Moment hin- und hergerissen, gab ich meinem Pflichtgefühl nach und schob den Feierabend auf. Es war ein interner Anruf ohne Namen in der Anzeige.

»Robert Kamere«, meldete ich mich, erhielt jedoch keine Antwort. Die Leitung knackte und rauschte. Stimmen schallten zu mir, als kämen sie aus weiter Ferne. Zwar waren sie nicht so leise, dass ich sie nicht verstanden hätte, doch das, was sie sagten, klang nicht wie eine Sprache, die mir geläufig war. Vogelgekrächze erklang im Hintergrund.

»Hallo?«, versuchte ich noch einmal Kontakt aufzunehmen, ohne Erfolg. Wahrscheinlich hatte ein neues Diensthandy in einer Hosentasche durch zufällige Berührungen meine Nummer gewählt. Ich legte auf.

Die kurze Verzögerung sorgte dafür, dass ich meinen Bus verpasste. Zwanzig Minuten Wartezeit standen mir bevor. Kein Problem, dachte ich, denn Zeittotschlagen war ich ja gewohnt. Aber ich stand keine Minute an der Haltebucht, da wurde ich unruhig, schaute mich um, lief auf und ab, zog immer weitere Kreise. Nicht weit entfernt lag eine Kneipe. Verbrauchte Luft, die aus der geöffneten Tür wehte, ließ mich instinktiv eine andere Richtung einschlagen. Ein Fotoatelier zeigte Familienportraits. Die Weinhandlung warb mit Preisen in zweistelliger Höhe. Beides interessierte mich nicht. Dafür zog mich zunehmend ein Bücherregal auf der anderen Straßenseite an, das mit daumendicken Schrauben an einer Klinkerwand befestigt war. Ein vergilbter Zettel wies darauf hin, dass jeder sich bedienen und es auffüllen konnte, wie es ihm gefiel, so lange es sich um tragbare Mengen handelte. Regentropfen verwischten Namen und Adresse des Verantwortlichen. Die Bücher selbst hatte der Regen jedoch verschont.

Mit dem Daumen strich ich über ihre Rücken, spürte die Glätte der Schutzumschläge, ihre Risse und Kerben. Billige Taschenbücher waren darunter und Leinenausgaben mit Goldschnitt. Als ich ein Exemplar hervorzog, roch ich den Staub, in dem es jahrelang gestanden haben musste. Sofort schob ich es zurück. Das nächste war ein Abenteuerroman, den ich aus meiner Kindheit kannte. Das Exemplar wirkte gut erhalten, doch nahm mir der Zigarettenmief den Atem. Bei dem dritten Buch wurde ich fündig. Es handelte sich um einen schmalen Band, der mir nur ins Auge fiel, weil sein Format über das der anderen hinausragte. Ein zerzaustes Lesebändchen flatterte unten heraus. Die Buchdeckel wirkten wie aus brüchigem Leder. Wie alt mochte es wohl sein? Vorsichtig schlug ich es auf und ließ die Seiten von hinten nach vorne durch meine Finger gleiten. Das Papier war vergilbt, doch ansonsten tadellos erhalten. Was mich wunderte, war die Schrift. Statt eines Druckes hielt ich ein Buch in den Händen, das von Hand mit schwarzer Tinte beschrieben war. Jede Zeile, jeder Buchstabe wirkte ebenso exakt wie kantig, als hätte der Schreiber die Feder unter höchster Konzentration geführt.

Ich blätterte an den Anfang. Anders als das restliche Buch war die linke Seite bedruckt. Ein Kupferstich, vermutete ich, ohne davon Ahnung zu haben. Das Bild zeigte das Gesicht eines Mannes unbestimmten Alters. Er war unrasiert. Tiefe Ringe lagen unter seinen Augen, die mich stolz und kraftvoll aus dem Bildnis heraus anblickten. Er trug Lumpen, wie es schien, doch darüber einen prächtigen Mantel mit Fellkragen. Eine Krone ruhte auf seinem Kopf. Im Bildrand deutete sich eine Maske an, so groß wie sein Gesicht. Er hielt sie in der Hand, als ob er sie sich jeden Moment aufsetzen wollte. Sie zeigte ein Lachen dort, wo das Gesicht des Mannes die Lippen schmal zusammenpresste.

Es war nicht nur die Klarheit des Druckes, die mich für einen Moment erschaudern ließ, sondern der Eindruck, dass ich das Gesicht schon einmal gesehen hatte. Ich wusste jedoch nicht, wo.

Rechts neben dem Kupferstich fand ich die Titelei. »Der König in Gelb« war dort zu lesen. Darunter folgten Schriftzeichen, die ich jedoch nicht deuten konnte.

Wie von Ferne vernahm ich das Zischen von Bremsen. Der Bus hatte die Haltestelle erreicht. Unvermittelt steckte ich das Buch ein und überquerte die Straße.

Erst gegen Abend fand ich Ruhe, mich auf meinem Sofa niederzulassen. »Der König in Gelb« lag auf meinen Oberschenkeln. Kurz wog ich es in den Händen hin und her, schlug den Kupferstich auf, blätterte um, begann zu lesen.

Und ich stand in Chaju auf dem eichernen Forum. Händler boten ihre Krähen feil. Das Krächzen der schwarzen Vögel schallte durch die Gassen, als wären die Käfigstangen nicht stark genug, sie zurückzuhalten. Trauben von Menschen versammelten sich um die Händler. Lautstark feilschten sie, bis sie einander übertönten. Ich beobachtete, wie Geld getauscht wurde. Ein Vogel wechselte den Besitzer. Die Flügel schlugen, die Schreie nahmen zu. Er riss sich los und die Meute sprang hinterher.

Plötzlich drängte mich ein Schatten zur Seite. Ich strauchelte, fand wieder Halt. Klauen umfassten meine Schultern wie Bärenfallen. Ich wurde fortgedrängt von Menschen und Lärm, herunter vom Forum und hinein in die Düsternis der Gassen.

Ehe ich begriff, wie mir geschah, lehnte ich an einer der Bretterwände. Über mich beugte sich ein Schattenmantel, der jeden Fetzen Haut des Trägers verbarg. Selbst das Gesicht war nicht einmal schemenhaft unter der Kapuze zu entdecken.

»Endlich habe ich dich gefunden.« Seine Stimme klang nicht verärgert, sondern ebenso ruhig wie bestimmend. Jedes Wort betonte er, als spräche es für sich, als wäre es bereits das letzte. »Hieß es nicht, du sollst dich von den Foren fernhalten?«

»Ich ...«

»Pssst!« Ich spürte seine Hand auf meinen Lippen. Die Finger waren von Stofffetzen umhüllt. Sie rochen nach Trockenheit. »Hier ist der Dolch. Verbirg ihn, hörst du? Und jetzt geh!«

Sofort wandte er sich von mir ab und durchmaß mit schnellen Schritten die Strecke zur nächsten Gabelung. Fast war er verschwunden, da fasste ich Mut.

»Was soll ich ...?«

Ich hatte noch nicht ausgesprochen, als er bereits wieder vor mir stand, die Finger auf meinen Mund gepresst. »Du weiß aber auch nichts. Töte den König. Nur deshalb bist du hier. Töte den König in Gelb.«

Schon war er wieder fort, aber noch immer spürte ich seine Hand auf meiner Haut. Alles war so schnell gegangen, dass ich bereits an der Begegnung mit dem Fremden im Schattenmantel zweifelte, und doch stand ich nicht mehr auf dem Forum, sondern hielt einen Dolch in meiner Hand. Unschlüssig wendete ich ihn hin und her. Das Eisen wog schwer. Die Klinge war schartig und hatte ihren Glanz verloren. Der Griff zeugte davon, wie häufig er benutzt worden war. Dunkle Flecken färbten das Holz dort, wo es dem Schaft am nächsten lag.

Es war eine Waffe zum Töten und deshalb war ich hier, hatte der Fremde gesagt. Ich spürte, wie sich in mir eine Flamme entzündete. »König in Gelb«, hörte ich noch immer seine Worte. Wo würde ich ihn finden?

Aus der ersten Flamme wurde ein Brand. Ich richtete mich auf und umfasste den Dolch, wie es einem

Mörder zustand. Oh, wie wohlig fühlte es sich an. Endlich wieder eine Aufgabe. Zu lange hatte ich geruht.

Nur wie würde ich ihn finden, fragte ich mich und hieb den Dolch unvermittelt in das Holz, aus dem Chaju erschaffen war, seitdem *sie* es erbauten. Die schartige Klinge trog das Auge, denn das Eisen war so scharf, als hätte es den Schleifstein gerade erst verlassen.

Dort, wo ich den Dolch in die Wand getrieben hatte, entstand ein glühender Faden. Für einen Moment glomm er in der Straße auf, die vor mir lag, und hinterließ einen Schatten in Form schwarzen Garns. Dies war der Weg, erinnerte ich mich. An seinem Ende residierte der König in Gelb.

Ich folgte dem Faden durch die engen Schluchten der Häuserwände. Er führte mich hinaus auf die Foren an dem Krakeel der Menschen und Vögel vorbei, die eins waren in Chaju, zurück in das Netz der Gassen. Wann immer ich den Weg zu verlieren glaubte, hieb ich die Klinge in den nächsten Balken und das Feuer glomm erneut. Unzählige Gabelungen passierte ich, verlor mich in den Tiefen des Viertels, bis ich bemerkte, dass ich bereits beschrittene Wege kreuzte. Jedes Mal, wenn sich das Garn übereinander legte, frohlockte ich, tippte mit der Fußspitze darauf und lief kraftvoller weiter.

Chaju war der Anfang, aber nicht das Ziel. Um dorthin zu gelangen, musste ich das Zeichen abschreiten. Sein Zeichen, des Königs in Gelb. Mit jedem Schritt und jeder Kreuzung kam ich diesem Ziel näher. Das spürte ich, denn in mir rasten die Winde.

Ich war keine Stunde gegangen, da wirbelte hinter meinem Rücken Staub auf. Sand drang zwischen den Balken, über die ich schritt, hervor und ließ sich in die Luft saugen. Rotierende Säulen aus kleinstem Gestein deckten mir den Rückweg. Doch waren sie nicht mein Schutz, sondern die Versicherung, dass ich den Weg zu Ende gehen würde. Bliebe ich stehen, ich würde in den Strudeln aufgehen, vergehen für immer. Die Qual des ewigen Sandsturms erschreckte mich nicht, sie trieb mich weiter an.

Erst war es nur einer von ihnen, der sich auf dem nächsten Dach niederließ und mich beobachtete. Seine Augen war so starr wie sein Körper, als sei er eine Statue, doch sein Kopf zuckte ruckartig hin und her, wie es nur Vögel tun. Oder Menschen, die so lange mit ihnen gelebt hatten, dass ihnen Flügel gewachsen waren.

Bald wurden es mehr. Zahlreiche Geflügelte besetzten die Dächer. Sie reihten sich wie die Perlen einer Kette an den Simsen. Stumm saßen sie dort und zuckten mit den Köpfen. Längst war es still geworden. Nur meine Schritte hallten durch die hölzernen Gassen.

Sie lauerten darauf, dass ich den Dolch in das Holz trieb und für einen Moment unachtsam wurde.

Plötzlich sprang einer von ihnen hinab und landete knapp hinter mir. Ich vernahm sein Gurren und Picken, spürte die Wärme seines Gefieders. Doch ich blickte mich nicht um. Als die Sandsäulen aufholten, floh er mit hektischen Flügelschlägen in die Luft.

Kurz darauf waren es zwei. Die Glut war stärker geworden und versengte eine Feder. Erneut hatte ich Glück, denn die Geflügelten kannten kein Feuer und stoben schreckhaft davon. Trotzdem musste ich achtgeben, die Sandsäulen nahten.

Und ich fand mich unversehens auf einem Platz wieder. Straßenlampen erhellten die eine Seite, auf der anderen wurde ein großes kastenförmiges Gebäude angestrahlt. Der Asphalt dazwischen war mit Farbe in unzählige Rechtecke aufgeteilt.

Ein kalter Schauer durchfuhr meinen Rücken und Nacken. Wie war ich hierhergekommen? Ich konnte mich nicht daran erinnern.

Klamm klebte mir die Kleidung auf der Haut. Es musste wieder geregnet haben. Eine Jacke trug ich nicht und auch die Schuhe fehlten. Nein, ich irrte mich, denn nicht weit von mir lag einer meiner Hausschlappen. Der andere blieb verschwunden.

Ich hielt ein Buch in der linken Hand. Es fühlte sich trocken an. Erst jetzt bemerkte ich, dass einer meiner Finger darin steckte. Ich schlug es an der Stelle auf und entdeckte eine leere Doppelseite, als hätte der Verfasser beim Schreiben unachtsam zu viel umgeblättert. Sogleich schloss ich es wieder und steckte es mir ungeachtet seines Alters unter den feuchten Arm. Dann machte ich mich auf die Suche.

An die Fabrikhalle vor mir konnte ich mich nicht erinnern. Ganz sicher war ich noch nie hier gewesen. Während ich in die nächste Straße einbog und ein Industriegebiet durchirrte, fühlte ich zugleich, wie mich unzählige Fragen überwältigten, aber ich trotzdem unerwartet ruhig blieb. Es war, als ob nicht mein Geist, sondern mein Körper sich genau erinnerte und wusste, dass nichts Falsches daran war. Richtig fühlte es sich aber auch ganz und gar nicht an.

Ein vergleichbares Gefühl hatte ich als Teenager erfahren, als ich den Alkohol für mich entdeckte. Wie oft war ich in fremden Vorgärten aufgewacht, ohne zu wissen, wie ich dorthin gekommen war. Damals hatte ich jedoch gewusst, dass ich im Rausch gehandelt hatte. Heute hielt ich bloß ein Buch unter den Arm geklemmt. Hatte ich es gelesen? Was hatte darin gestanden? Ehrlich gesagt erinnerte ich mich bereits nicht mehr daran. Es war wie ein Traum, der kurz nach dem Erwachen noch seine volle Kraft in sich trug und bereits beim Aufstehen für immer verblasste. Trotzdem drängte es mich, das Buch erneut aufzuschlagen und weiterzulesen, den »König in Gelb«, den ich aus dem Bücherregal an der Bushaltestelle mitgenommen hatte. Ich fand mich bereits wieder dabei, es zu öffnen. Der Kupferstich zu Beginn blickte mich mit seinen schwarzen Augen an.

Weiter kam ich nicht, denn ich trat in eine Scherbe und hatte anderes im Sinn als Literatur. Das Gesicht jedoch blieb mir diesmal in Erinnerung. Es zeigte einen der Flaschensammler. Ich war mir ganz sicher.

Daran, wie ich nach Hause gekommen war, möchte ich mich eigentlich nicht mehr erinnern. Ich sehe noch immer die Abscheu des Busfahrers vor mir, als er die Türen öffnete, und höre sein Gelächter, als er sie vor mir wieder schloss. Geld hatte ich natürlich keines bei mir. Es lag mit Jacke und Schuhen in meiner Wohnung. Meine Gewohnheit, den Schlüssel stets in der Hosentasche bei mir zu tragen, sorgte zumindest dafür, dass die Nacht nach einem langen Fußmarsch nicht gänzlich in einer Katastrophe endete.

Daheim wusch ich meine Füße, verband die Wunden und huschte ins Bett, ohne auf mein Handy gesehen zu haben. Der nächste Tag verging in Müdigkeit und Langeweile. Pflichtbewusst suchte ich meine Arbeitsstelle auf. Ich nahm das Fahrrad, weil der Himmel aufgeklart war. Die Fahrt erfrischte mich für den Moment, doch umso geräderter kehrte ich am Abend zurück. Das Buch erwartete mich auf dem Boden meines Flurs. Ich kickte es zur Seite.

Ein leerer Kühlschrank trieb mich noch einmal aus dem Haus. Bei meiner Rückkehr blickte mich der Kupferstich von unten an, der König, wie ich ihn insgeheim nannte.

Vor meinem Fernseher machte ich es mir mit einem Bier und genügend Fast Food gemütlich. Unweigerlich griff ich nach meinem privaten Handy. Drei Anrufe waren eingegangen. Das Display zeigte jedoch nur kryptische Zeichen statt Ziffern. Unweigerlich blickte ich zu meinem alten Anrufbeantworter. Auch dort blinkte ein Licht.

Das Band gab zunächst nur ein Rauschen wieder, dann ein unverständliches Wispern und schließlich das Krächzen von Krähen. »Alles wiederholt sich«, sprach ich unvermittelt laut aus und erschrak selbst darüber, wie dumpf meine Stimme in der Wohnung klang.

Der Fernseher nervte mich zunehmend. Nach einer Katzenwäsche passierte ich den Flur in Richtung Schlafzimmer. Noch immer lag dort das Buch, das ich achtlos zur Seite geschoben hatte. Doch etwas war anders. Statt des Kupferstichs war die leere Doppelseite aufgeschlagen, die mein Finger vergangene Nacht markiert hatte. Für einen Moment stutze ich, schob es dann jedoch auf einen Luftzug.

Ich klappte das Buch zu, nahm es mit ins Bett. Statt mich schlafen zu legen, gab ich mich dem Unvermeidlichen hin.

Und ich hieb dem Geflügelten meinen Dolch ins Gesicht. Wieder und wieder stieß ich zu, bis sein Widerstand erlahmte und er vor mir zusammenbrach. Von rechts kam ein Schrei des Entsetzens. Sogleich riss ich die Klinge in dieselbe Richtung. Der Hieb ging jedoch ins Leere. Flügelschlagen, krächzende Rufe und die Armee der Geflügelten erhob sich wie eine Gewitterwolke in den Himmel.

Für einen Moment blieben die Dachfirste leer, doch es dauerte nur wenige Herzschläge, da reihten sich die Beobachter erneut auf.

Der Herzschlag, den ich vernommen hatte, war nicht mein eigener. Er ging von Chaju aus, kam aus den Wänden, aus den Balken, auf denen ich stand. Fensterläden vibrierten, erste Schindeln fielen herab.

Erschlagen und erstochen lag der Geflügelte zu meinen Füßen. Die Flügel waren gebrochen. Sein Gesicht war nicht mehr als solches zu erkennen. Daraus stob im Rhythmus des Herzens Blut hervor und verband sich mit der Spur, die ich in das hölzerne Viertel gebracht hatte. Sie glomm nicht mehr nur, sie brannte in einem kalten Blau.

In mir frohlockte es. Ich griff den Dolch fester und schrie meinen Jubel heraus, bis er Chajus Pochen übertönte. Ich hatte das Zeichen vollendet. Ich spürte die Macht des Wandels. Ich –

Vor mir entstand ein Riss. Die Welt klaffte auseinander. Das hölzerne Viertel brach entzwei und ich blickte direkt in eine Sonne, die, als ob sie vor mir aus der Welt floh, mit rasender Geschwindigkeit unterging. Wenn selbst die Gestirne meinetwegen ihren Lauf änderten, dann hatte ich es geschafft, dann war ich meinem Ziel nahe. Den blutigen Dolch steckte ich in den Gürtel und schritt voran.

Chaju war nicht mehr. Ich stand auf glattem Fels, der mit jedem Schritt, den ich tat, Farbe verlor. Das Orange des Sonnenuntergangs zerfloss in undurchdringliche Schwärze. Noch erkannte ich den Weg vor mir. Noch sah ich den Turm, der wie eine Nadel aus einem Kissen herausstach. Nicht krumm und rostig wie ein alter Nagel erschien er mir, sondern wahrlich erhaben in seiner entrückten Makellosigkeit.

Das Licht verschwand und für einen Moment herrschte absolute Dunkelheit. Doch ich vertraute meiner Erinnerung und folgte ungebändigt dem Weg in gerader Richtung.

Weit war ich nicht gekommen, da hörte ich sie, die Stimmen.

Ein Wispern und Zetern,
Ein Flüstern und Wimmern,
Gesänge. Gekreische, Geheul,
Nur wenig verstand ich und nichts wollt ich hören.
Vom Rufen und Klagen,
Vom Spotten und Keifen,
Getöse, Gejauchze, Gebrüll.
Wie Würmer wanden sich in ihrem eignen Schmutz, dem Suhlen der Schweine gleich.
Ein Zucken und Schlagen,
Ein Scharren und Graben,
In Leid, Ekstase und Scham.

»Schweigt!«, schrie ich ihnen entgegen, beide Hände an die Ohren gepresst, doch konnte ich mich nicht vor der Kakofonie verstecken. »Haltet ein!« Sie strecken mich zu Boden und erfüllten mein Bewusstsein. Je tiefer ich sank, desto klarer verstand ich die Stimme des Chores: »Sie sind es, die über uns wachen. Sie sind es, denen wir alles verdanken. Schließe dich uns an. Huldige Ihnen und Ihrem Schatten auf Erden, bis Sie dereinst wiederkehren werden. Komm …«

»Ja«, wollte ich antworten. »Ich bin einer von euch und Sie sind unsere Herren.« Doch meine Stimme erstarb. Denn als ich gekrümmt auf dem Boden aufprallte, bohrte sich der Dolch, der noch immer in meinem Gürtel steckte, in meinen Oberschenkel. Ich spürte wie der Stoff riss, meine Haut keinen Widerstand bot. Ein Tropfen löste sich und rann das Bein hinab.

Für einen Moment gelang es meinem Geist, die Stimmen zurückzudrängen. Sogleich spürte ich meine Kraft zurückkehren. Ich rappelte mich auf und rannte von dem Schrecken fort. Geradeaus führte mich mein Weg, immer schnurrgerade aus.

Erste Sterne bedeckten das Firmament und am Horizont schob sich der Mond über die Erdenkante. Sogleich verstummten die Huldigungen und ich erkannte im fahlen Schimmer unzählige Versehrte, Gebrochene und Verzehrte. Sie knieten stumm am Wegesrand und begleiteten mit Augen wie Brunnen meinen Weg. Je höher der Mond stieg, desto heller wurde es und in den schwarz-glitzernden Augäpfeln sammelten sich Lichter.

Obwohl ich nicht rastete, sondern rannte, so schnell ich konnte, obwohl die Gesichter nicht größer waren als bei Menschen des Lichts, erkannte ich, dass sich Runen in ihren Blicken spiegelten. Denn was ich zunächst als Sterne wahrgenommen hatte, waren keine Lichtpunkte. Schriftzeichen, die ich nicht entziffern konnte und die aus keiner mir bekannten Sprache stammten, verzierten den Horizont und fanden ihren Widerhall in den räudigen Kreaturen im Schlamm der Erde.

Für jene war es Labsal, Ambrosia, der Saft der Götter. Mit vor Glück entrückten Mienen blickten sie gen Himmel. Ich jedoch erschauderte vor der Macht Ihrer, die selbst die Sterne kontrollierten.

Je öfter ich einen Blick nach oben warf, desto besser erkannte ich das Muster der Runen. Manche waren in konzentrischen Kreisen angeordnet. Andere stoben direkt auf einen Knotenpunkt zu. So bildeten sie ein gewaltiges Spinnennetz und in der Mitte befand sich unweigerlich mein Ziel.

Der Mond hatte es fast erreicht. Eine schmale Spitze endete im Zentrum des Netzes, der Turm. Mit jedem Schritt, den ich tat, zog auch der Mond weiter auf seiner Bahn und ich musste mit ansehen, wie er sich langsam nicht hinter, sondern vor die Zinne schob.

Die Welt war aus den Fugen geraten. Entfernungen, wie ich sie kannte, gab es nicht mehr. Das erste Mal, seitdem ich Chaju verlassen hatte, blickte ich zurück. Der Weg endete dort, wo ich gerade noch gestanden hatte. Dahinter war nichts als Dunkelheit. Zumindest glaubte ich das für einen Moment, doch dann vernahm ich das Tosen der Sandsäulen. Nicht nur das Land und den Weg sogen sie in sich auf, sondern auch das Licht des Mondes absorbierten sie und vergruben es für die Ewigkeit.

Ich wagte nicht, auch nur einen Augenblick länger zu ruhen. Alles, was vor mir lag, war besser als der Schrecken des Vergessens hinter meinem Rücken. Es trieb mich nach vorn und ich erreichte den Fuß des Turmes in dem Moment, in dem der Mond sich an ihm vorbeigeschoben hatte. Hätte ich es nicht besser gewusst, nichts hätte darauf hingedeutet, dass ihn sein Weg vor dem Gebäude entlanggeführt hatte.

Möglicherweise irrte ich mich also. Vielleicht war ich einem Trugschluss erlegen. Der Dolch jedoch pulsierte aus Vorfreude und nahm mir das zweifelhafte Glück des Glaubens, bloß in einem Traum gefangen zu sein.

Der Turm stand auf glatter Ebene. Kein Hügel bildete sein Fundament, keine Stufen waren außen angebracht. Eine matte Schwärze strahlte er aus.

Nein, schwarz war nicht der richtige Ausdruck. Nicht so, wie Menschensprachen ihn verwenden. Der Turm war vielmehr, ich fühlte es mehr, als dass ich es begriff, auf eigentümliche und unausweichliche Art frei von jeglicher Farbe.

Ein Schlund erwartete mich statt eines Tores und zog mich hinein. Treppen führten hinab und hinauf in einer ewigen Spirale. Unweigerlich wusste ich, dass mein Ziel oben lag, war es doch die Spitze gewesen, die das Zentrum des Spinnennetzes gebildet hatte.

Die Stufen waren schartig und abgenutzt, als hätten Heerscharen auf ihnen Schlachten geschlagen. Die Wände hingegen waren glatt und fugenlos. Nirgends fühlte ich einen Halt.

Bilder waren an der Wand der Wendeltreppe angebracht. Sie hingen in dem wohlgewählten Abstand, dass ich immer nur eines auf einmal sah. So gelang es mir, anfangs, die Stockwerke zu zählen. Die Zahlen jedoch gingen mir bald wieder verloren, als ich begann, die Bilder zu betrachten. Es waren die Portraits von Männern, manche jung, fast knabenhaft, andere zeugten von langem Leben. Die Dargestellten trugen eine

Krone auf dem Kopf und einen roten Mantel mit breitem Fellkragen. Trotz dieser Zeichen der Macht wirkte keiner von ihnen wie ein König. Und noch eines war ihnen gemeinsam: Sie lächelten nicht, keiner. Stattdessen hielten sie alle dieselbe gelbe Maske in der Hand. Sie war es, die meinen Aufstieg höhnisch grinsend begleitete.

Jedes der Bilder steckte in einem goldenen Rahmen und war unversehrt, beinahe, denn nachträglich war jedem mit dunkler, tropfender Farbe eine Rune auf die Stirn gemalt. Die Bilder waren geschändet. Alle, die sie zeigten, waren tot, das ahnte ich zunehmend mit jeder Treppenstufe.

Ich weiß nicht, wie lange ich hinaufgestiegen war. Jedes Zeitempfinden hatte ich verloren, fühlte meine Beine nicht und auch keine Erschöpfung. Mein Atem ging ruhig. Mir war nicht kalt, nicht warm. Ich verspürte weder Durst noch Hunger. Stetig nahm ich eine Stufe nach der anderen und folgte den Windungen der Wendeltreppe.

Schließlich erreichte ich einen Rahmen, der mich stutzen ließ. Das Bild zeigte einen Mann, der unter dem Mantel Lumpen trug. Er war unrasiert. Tiefe Ränder lagen unter seinen Augen. Als ich das verschmierte Zeichen nicht entdecken konnte, da wusste ich, dass ich das Ende der Treppe erreicht hatte.

Eine Tür erwartete mich nach der nächsten Rundung. Unvermittelt stieß ich sie auf. Vor mir lag ein Raum, dessen Ecken und Kanten ich nicht zu zählen vermochte, dessen Strukturen sich im Nichts verloren, wann immer meine Blicke an ihnen entlangglitten. Die menschliche Geometrie half nicht, diesen Raum zu beschreiben, und mein Verstand strauchelte. Ich zwang mich, den Fokus wiederzugewinnen, die Macht über meine Augen. Dann sah ich es: Im Zentrum des Raumes stand von mir abgewandt ein Thron.

Ohne zu wissen, warum, sprang ich darauf zu. Plötzlich lag der Dolch leicht in meiner Hand.

Beinahe verdeckt von der hohen Lehne, saß dort ein Mann. Ich entdeckte die Krone, den Mantel. Ich war fast heran, da wandte er sich um. Eine gelbe Maske grinste mich an.

Der König in Gelb!

Ich war am Ziel.

Ehe ich mich versah, zuckte der Dolch nach vorn. Nicht ich war es, der ihn führte, sondern die Klinge agierte mit mir. Sie glitt unter die Maskerade und stieß das falsche Gesicht zur Seite. Sie schlug und stach, drehte und grub in die Haut des Königs. Sie suhlte sich in dem Feuer des Lebens und spie Licht in alle verbotenen Dimensionen des Thronsaals. Noch immer hatte sie ihr Werk nicht vollendet und kannte keine Gnade mit dem, der am Boden lag.

Doch es war auch dann noch nicht vorüber, als der Dolch zur Ruhe kam. Etwas hatte Besitz von mir ergriffen. Sie waren es. Sie trieben meinen Körper voran. Mit den Fingerspitzen griff ich in die Lache aus Blut und nahm mir die Farbe, die ich brauchte. Die Stufen hinab sprang ich beinahe und kam vor dem obersten Rahmen zu stehen. Sie führten meine Finger wie Pinsel. Sie malten das Zeichen und lachten, als ich so das Portrait des Königs besudelte. Wie leicht ging mir die Rune von der Hand!

Oh, war es wunderbar. Ich wehrte mich nicht.

Als ich das Werk vollendet hatte, wand sich der Turm. Steine knirschten und Felsen grollte. Die Treppe begann zu ächzen, als Stufen sich teilen. Ein neues Stockwerk schob sich hinaus gen Himmel, als sei es Götterwille, dass Türme zu Ihnen hinauf wuchsen.

Tief darunter zerschellten die Gläubigen in den Sandsäulen. Ihre Schreie klangen wie ein Jauchzen, wie das Halleluja im Kanon eines entrückten Chores.

Ich jedoch stolperte unbedacht, fiel.

Und ich stieß gegen eine Kellertür des Mehrparteienhauses, in dem ich wohnte. Schweiß perlte von meiner Stirn. Ich zitterte, doch war ich mir nicht sicher, warum. Als ich mich mit den Händen abstützte und hochschob, gaben meine Knie zunächst nach. Ein Griff nach der Türklinke verhinderte ein erneutes Fallen. Den Kopf gesenkt, rang ich nach Atem und sah das Blut auf meiner Hose. Erst jetzt spürte ich die Wunde, deren Blut den Stoff durchnässte. Auch auf den Treppenstufen hatte ich Spuren hinterlassen. Lange starrte ich sie an.

Meine Wohnungstür war nicht abgeschlossen. Zu meinem Glück hatte es jedoch keinen Einbruch gegeben. Mein Bett allerdings war gegen jede Gewohnheit nicht gemacht. Die Nachttischlampe brannte. Ich wagte nicht darüber nachzudenken, warum es so war.

Am Telefon blinkte es. Unzählige Nachrichten waren auf den Anrufbeantworter gesprochen worden. Die erste war nur ein Krächzen. Schnell schaltete ich weiter. Mit jeder weiteren Nachricht nahm das Vogelgeschrei ab und ein Gewirr an Stimmen zu. Ich schaltete immer weiter, doch eine Nachricht glich der anderen. Lauter und lauter wurde es, bis plötzlich eine Stimme klar zu hören war. »Hallo? Herr Kamere?«, hörte ich meinen Chef sagen. »Sie sind zwei Tage nicht zur Arbeit erschienen. Was ist los? Bitte melden Sie sich.«

Unweigerlich musste ich mich setzen, verlor alle Kraft und fand mich auf den kalten Fliesen wieder. Wie stoisch war ich aus dem Keller in die Wohnung gekommen? So, als ob ich das Fragen vergessen hätte. Ich blutete und ahnte nicht wieso. Das Bett war nicht gemacht. Zwei Tage war ich nicht arbeiten gegangen. Zwei Tage, keinen Zweifel hegte ich daran, dass es stimmte. Zwei verdammte Tage.

Nur das Buch kam mir wieder in den Sinn. Es musste noch im Keller liegen. Der Gedanke daran schob alle anderen beiseite. Sogleich fand ich mich auf der Treppe wieder, im Keller, vor der Tür, und ich suchte. Das Buch jedoch fand ich nicht. Doch mit jeder Minute, die verging, wurde mein Blick klarer und ich begann mich zu erinnern. Ruhelos begab ich mich ins Bett und durchstand die Nacht zwischen Wachen und kurzem Schlaf.

Am nächsten Morgen deutete ich meinem Chef gegenüber etwas von einer schweren Grippe an. Als er mich in meinem Zustand sah, schwand sein Ärger und er freute sich, dass ich wieder zurückgekehrt war. Wie auch er wusste, war keine Arbeit liegen geblieben. Es gab keine mehr.

Ich nutze die Zeit des Nichtstuns und schlug den Lokalteil der Zeitung auf. Ein Mann war brutal erstochen und ausgeweidet worden, hieß es im Leitartikel. Das Opfer war ein Obdachloser, ein Flaschensammler. Vom Täter fehlte bisher jede Spur. Auf Seite zwei fand ich einen Artikel über sein Leben samt Foto. Er trug keine Krone, keinen Mantel mit Pelzkragen oder eine Maske. Aber den Bart erkannte ich und nicht zuletzt auch die Ränder unter den Augen. Er lächelte nicht und würde es auch nie wieder tun.

Welches Entsetzen mich ergriff, vermag ich nicht zu sagen. Ehe ich mich versah, stand ich an der Bürotür und schloss sie das erste Mal, seitdem ich die Stelle angetreten hatte, von innen ab. Dann brach ich zusammen und erwachte erst wieder, als es bereits dunkel war.

Nicht zur Arbeit zu kommen, wagte ich am nächsten Morgen nicht. Es wäre zu auffällig gewesen. Deshalb zog ich mir eine Mütze tief ins Gesicht und radelte so schnell ich konnte. Ich erreichte die Büros vor meinen Kollegen, ließ mich tagsüber nicht blicken und ging, nachdem die anderen das Gebäude verlassen hatten. So schnell ich konnte, fuhr ich wieder zurück.

Ob es Zeugen für den Mord gegeben hatte, darüber schrieb die Zeitung nichts. Ob es ein einzelner Täter gewesen war oder eine Gruppe, wer wusste das schon? Nach Tagen verschwand das Thema von den ersten Seiten. In mir aber wuchs die Gewissheit. Ich war der Schuldige. Ich hatte gemordet. Ich −

An Schlaf war kaum zu denken. Akribisch durchsuchte ich nach dem Buch immer und immer wieder meine Wohnung, das Treppenhaus, den Keller. Darin vermutete ich den Schlüssel für all das. Warum, wusste ich nicht, aber dass ich es finden musste, war ich mir sicher.

So sehr ich es auch versuchte, meine Mühen blieben erfolglos. Langsam kehrte mein Leben in gewohnte Bahnen zurück. Ich fühlte mich sicherer, aber vergaß den Mord nie. Spätestens in meinen Träumen sah ich in ewiger Schleife, wie der Dolch dem König die Maske vom Gesicht riss.

Wie glücklich war ich, als ich heute Morgen die Zeitung aufschlug und darin las, dass die Polizei zwei Verdächtige gefasst hatte. Die Ergebnisse der Ermittlung waren eindeutig, obwohl es kein Motiv gab. Ich atmete sichtlich auf.

Gegen Nachmittag zog sich der Himmel zu und begoss die Erde in Bindfäden. Das Fahrrad ließ ich stehen, suchte die Bushaltestelle auf und musste ein paar Minuten warten.

Mein Weg hatte mich unweigerlich erneut zu dem Bücherregal geführt. Hier gab es ein kleines Dach, das mich vor dem Regen schützte. Außerdem mochte ich es, Bücherstapel zu durchsuchen. Daran hatte sich nichts geändert.

Mein Daumen glitt über die Buchrücken. Das erste Exemplar, das ich aufschlug, war ein altes Kinderbuch. Schimmel hatte die Seiten bereits angegriffen.

Das zweite trug den falschen Schutzumschlag. Den Verfassernamen Abdul Alhazred konnte ich entziffern, stellte es aber intuitiv sogleich wieder zurück. So etwas war nichts für mich, spürte ich und kämpfte unvermittelt gegen ein Zittern an.

Wie sollte es auch anders sein, stoppte ich schließlich an einem schmalen Band, der lediglich durch sein hohes Format aus der Reihe hervorstach.

Mit zitternden Fingern zog ich es heraus und berührte den Lederumschlag. Der Name war nicht in den Umschlag geprägt. Deshalb schlug ich es auf. Nicht ich war es, der handelte, sondern das Buch führte mich. Willenlos ließ ich es geschehen.

Ich sah die Handschrift, blätterte nach vorne und las die wohlbekannte Titelei. Links daneben befand sich ein Kupferstich.

Das Gesicht eines Mannes blickte mich an. Ausgezehrt wirkte es mit seinen hohlen Wangen. Das Haar war etwas zu lang und ungekämmt. Darauf ruhte eine Krone. Um die Schultern lag ein Mantel mit Pelzkragen.

Die Maske grinste mich unverhohlen an. »Du erkennst dieses Gesicht«, teilte sie mir mit. Ihr Spott kannte keine Grenzen. »Du kennst es.«

Und sie hatte recht.

Ich war der neugekrönte König in Gelb.

Ich war des Todes.

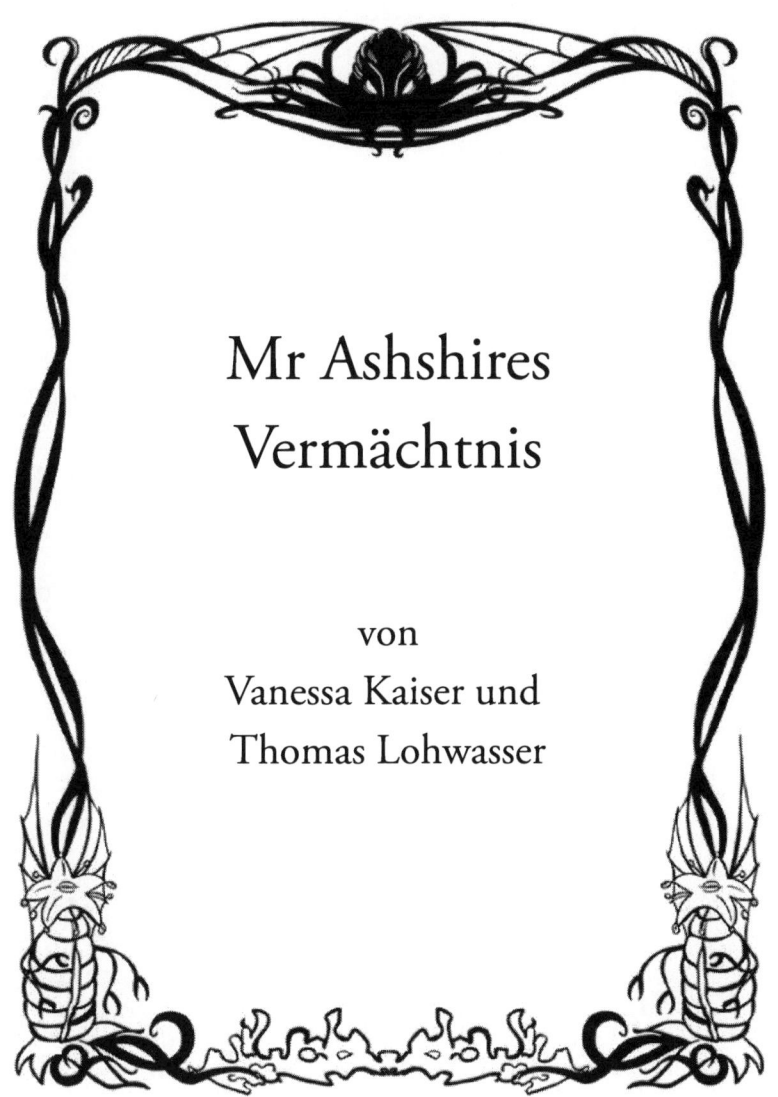

# Mr Ashshires Vermächtnis

von

Vanessa Kaiser und

Thomas Lohwasser

»Das Prinzip, das das Universum antreibt, ist das der Materie, mein Sohn. Sie ist das Herz aller Dinge«, hatte mein Vater zu mir auf seinem Sterbebett gesagt und mich mit traurigen Augen angesehen. »Es gibt keine anderen Gesetze als die des Stoffes. Da ist kein unsterblicher Gott.«

Mutter hatte zu seiner Linken gesessen und still für ihn gebetet, während sein Atem immer flacher und seine Stimme rauer wurde.

»Benutze immer deine Vernunft, sodass ich stolz auf dich sein kann, hörst du? Alles, was bleibt, ist das, was du der Welt vermachst, deine Spuren im Sand des Lebens. Und du bist mein Vermächtnis an diese Welt, William.«

Vaters Tod war nun sechzehn Jahre her, und ich hatte in dieser Zeit alles unternommen, um seinem letzten Wunsch zu entsprechen und ihn stolz zu machen. An das Studium der lateinischen und altgriechischen Sprache hatte ich meine Doktorarbeit in Latinistik und Gräzistik angeschlossen und schließlich habilitiert. In kürzester Zeit hatte ich einen Ruf an die Universität Oxford erhalten. Neben meiner Lehrtätigkeit machte ich mir mit dem Übersetzen lateinischer und altgriechischer Texte einen Namen. Es war eine Arbeit, der ich mehr aus Vergnügen nachging, denn aus Notwendigkeit, da Vater mir ein beträchtliches Erbe hinterlassen hatte.

Auch hatte ich eine wundervolle Frau geheiratet, Mary, die jüngste Tochter von Sir Gloster. Doch die Jahre zogen ins Land, ohne dem Haus Ashshire einen Nachkommen zu bescheren. Ich wurde ungeduldig, und schließlich kam der Tag, an dem Mutter mich beiseite nahm.

»Es wird gewiss an Mary liegen, denn, wie man hört, hatten ihre beiden Schwestern auch Probleme zu empfangen«, sagte sie. »Aber es gibt in der Lumber Street einen Arzt, Doktor Green, er wird euch helfen. Es heißt, er schaue seinen Patienten bloß eine Weile in die Augen und in den Rachen und wüsste dann, wie die Behandlung auszusehen habe.«

Am nächsten Tag fuhren wir mit der Droschke in die Lumber Street. Wir sprachen nicht darüber, aber ich erkannte, wie angespannt Mary war. Doktor Green begrüßte uns überschwänglich in seinem Besprechungszimmer. Sein braunes Haar, das in einem Kranz um die kahle Stelle auf seinem Kopf wuchs, war akkurat geschnitten. Genauso akribisch hatte er seinen Schnauzbart gestutzt. Er schüttelte mir die Hand und gab Mary einen Handkuss.

»Was kann ich für Sie tun?«, fragte er, nachdem wir an seinem Schreibtisch Platz genommen hatten, und faltete die Hände auf seinem Bauchansatz. Ich ließ meinen Blick über Regale voller Bücher gleiten und sagte dann: »Meine Ehefrau und ich wünschen uns Nachwuchs.« Ich schaute zu Mary, die mich unsicher anlächelte. »Aber bisher hatten wir keinen Erfolg«, erklärte ich weiter. »Wir warten nun schon ganze drei Jahre.«

Doktor Green nickte bedächtig. »Ich verstehe«, sagte er. »Gab es in Ihren Familien schon einmal solch einen Fall?«

Ich hörte Mary schlucken.

»Meine Schwestern brauchten eine Weile, bis es bei ihnen geklappt hat. Und meine Tante blieb kinderlos, obwohl sie sich eines gewünscht hatte«, gestand sie.

Doktor Green nickte wieder und bat Mary nach nebenan in sein Behandlungszimmer. Einige Minuten später kehrte der Arzt zurück.

»Ihre Gattin kleidet sich soeben an«, sagte er und nahm wieder auf der gegenüberliegenden Seite des Schreibtisches Platz. Er schaute mich ernst an.

»Ich will ganz ehrlich zu Ihnen sein«, begann er. »Es wird schwierig werden. Ihre Frau leidet an einer erblich bedingten Einschränkung der Fruchtbarkeit.«

Seine Worte trafen mich wie ein Schlag.

»Aber Sie können das doch behandeln, Doktor Green, habe ich recht?«

»Nun, das ist genau die Schwierigkeit. Aber ich werde es auf jeden Fall versuchen«, fügte er an. »Ich verschreibe Ihnen ein Pulver und zwei Tinkturen, die Ihre Frau täglich einnehmen sollte. Außerdem empfehle ich Gelée Royale zur Verbesserung des Allgemeinzustandes. Dennoch sollten Sie der Tatsache ins Auge sehen, dass Sie möglicherweise ohne Nachkommen bleiben. Haben Sie schon einmal daran gedacht, sich um eine Adoption zu bemühen?«

Bis zu diesem Gespräch hatte ich geglaubt, dass uns Doktor Green helfen könnte und ein eigenes Kind bloß eine Frage der Zeit wäre. Umso mehr rang ich nun um Fassung.

Auf dem Rückweg sprachen Mary und ich kein einziges Wort miteinander, und aus dem Grau des Himmels begannen die ersten Tropfen wie Tränen zu fallen.

Zuhause zog ich mich mit einem Glas Whiskey in mein Arbeitszimmer zurück und dachte über Doktor

Greens Worte nach. Was hätte bloß Vater dazu gesagt, wenn er gewusst hätte, dass ich vielleicht ohne einen Sohn bleiben würde? Wahrscheinlich hätte er mich schweigend betrachtet, so wie er es immer getan hatte, wenn es um etwas Wichtiges gegangen war, und hätte es dann schließlich ausgesprochen, pragmatisch und frei heraus: »William, eigene Kinder sind das wahre Glück in der kurzen Lebensspanne, die uns vergönnt ist. Ziehe in Betracht, dir eine Ehefrau zu suchen, mit der du dieses Glück teilen kannst.«

Ich liebte Mary, sehr sogar. Aber wenn ich ehrlich war, so musste ich mir eingestehen, dass es mir noch wichtiger war, Kinder zu haben, auf die ich stolz sein konnte, die mein Vermächtnis an diese Welt waren. Ich nahm einen kräftigen Schluck Whiskey und lehnte mich in meinen Sessel zurück, der im Arbeitszimmer am Kamin stand. Die Dunkelheit drängte sich von außen gegen die Scheiben und wurde nur durch das flackernde Licht des Kaminfeuers auf Abstand gehalten.

Doch in mein Inneres hatte sie längst Einzug gehalten.

Einige Tage später erhielt ich den Brief. Meine Haushälterin, Mrs Rosemore, fand den großen Umschlag vor der Tür unseres Hauses in der Winehouse Street, in dem ich mit Mary, unserem Butler Blackwell, dem Dienstmädchen Anna und mit Mrs Rosemore lebte. Sie brachte ihn mir in mein Arbeitszimmer, als ich gerade die Petroleumlampe auf dem Schreibtisch entzündete. Der Himmel hatte sich mit grauen Wolken zugezogen, es fiel kaum Licht durch das beschlagene Glas der Fenster.

»Ein Brief für Sie. Er hat keinen Absender«, sagte Mrs Rosemore und verließ den Raum.

Ich legte meine Pfeife beiseite und öffnete den versiegelten Umschlag, der sieben dicke Pergamente und ein Beischreiben auf Büttenpapier preisgab. Die sieben Seiten sahen sehr alt aus, und die Nadeleinstiche an den innenliegenden Rändern verrieten mir, dass es sich um die herausgetrennten Seiten eines Buches handelte. Beim kurzen Durchblättern fielen mir die lateinische Sprache, Anmerkungen, die auf Englisch hinzugefügt worden waren, und ein paar Zeichnungen auf. Ich nahm das Beischreiben zur Hand. Es war mit krakeliger Handschrift verfasst worden, als ob der Schreiber in großer Hast gewesen war, und so musste ich mich anstrengen, das Geschriebene überhaupt entziffern zu können. Der Absender sprach mich mit Namen an und erklärte mir, wie viel Zeit und Mühe es ihn gekostet hätte, an das Buch zu kommen, aus dem diese Seiten stammten. Um welches Buch es sich handelte, schrieb er nicht, nur, dass der Autor ein gewisser Ludwig Prinn gewesen sei, ein Name, der mir gänzlich unbekannt war und der ebenso in meinen vielen einschlägigen Literaturgeschichten keine Erwähnung fand. Die Seiten, so schrieb der unbekannte Absender weiter, enthielten den Schlüssel, um den Schatten, der auf meiner Seele ruhte, zu vertreiben. Das gesamte Buch könnte er mir nicht überlassen, das wäre zu gefährlich. Aber diese Seiten, getränkt von Weisheit und uralten Wahrheiten, würden ausreichen, um das Haus Ashshire in eine glorreiche Zukunft zu führen. Er schrieb weiter, er wüsste, dass ich sehr skeptisch sein und dies als einen Scherz abtun würde, darum hielt er mich an, das erste Pergament für mich alleine laut vorzulesen. Dies würde mich von der Wahrhaftigkeit seiner Behauptungen überzeugen. Dann würde ich verstehen.

Ich dachte darüber nach, wer es wohl sein konnte, der sich einen solch abstrusen Scherz mit mir erlaubt hatte. War es einer meiner Studenten, ein alter Studienkollege oder sogar ein Freund? Aber wer wusste überhaupt von Marys und meinen Problemen? Verärgert schob ich die Seiten von mir und widmete mich wieder den »Metamorphosen« des Ovid, die ich für eine Jubiläumsausgabe eines kleinen Verlagshauses neu übersetzen sollte.

*Ein schlechter Scherz, ganz ohne Frage,* dachte ich.

Am folgenden Morgen nahm ich mit Mary im Speisezimmer das Frühstück ein. Ich saß am Kopf des Tisches, Mary wie immer zu meiner Linken. Blackwell hatte frisches Weißbrot, gekochte Eier und Mrs Rosemores berühmte Orangenmarmelade aufgetragen. Anna hatte sogar einen unserer Schinken angeschnitten. Käse und Weintrauben rundeten die Tafel ab. Durch die Fensterscheiben war der graue Himmel zu sehen.

»Das Wetter ist so schrecklich niederdrückend«, meinte Mary und seufzte, dann bestrich sie sich eine Scheibe Brot mit Butter.

»Nun, so ist er, der November. Und wir hatten noch Glück, dass der Oktober so viele Sonnentage für uns bereithielt, mein Schatz«, antwortete ich.

»Mir schlägt es jedenfalls auf das Gemüt«, sagte Mary. »Heute Nacht hatte ich dazu noch einen seltsamen Traum«, fuhr sie fort. »Ich stand in der Vorhalle beim Eingang, als es plötzlich an der Haustür klopfte. Ich fragte, wer da sei, und eine heisere Stimme sagte: *Hier ist dein Sohn.* Ich bekam Angst, aber dann wachte ich auf. Findest du das nicht auch merkwürdig?«

Sie schaute mich mit ihren rehbraunen Augen an, in denen so viel Ausdruck lag. Eine schwarze, lockige Strähne hing ihr ins Gesicht. Mary war unglaublich schön.

»Nein, Schatz, ich finde das ganz und gar nicht merkwürdig. Dich beschäftigt eben die ganze Sache. Das ist normal. Nichts, worüber du dir Sorgen machen müsstest. Willst du noch etwas Tee?«

Sie schüttelte den Kopf und senkte still den Blick. Das tat sie immer, wenn ihr etwas auf dem Herzen lag.

»Es ist nur …«, begann sie, »ich würde dir so gerne einen Sohn schenken. Ich weiß, wie sehr du ihn dir wünschst. Ich …«

»Liebes«, unterbrach ich sie und legte meine Hand auf die ihre. »Es ist nicht deine Schuld. Wir haben doch die Tinkturen von Doktor Green. Er weiß, was er tut, glaub mir. Er wird uns helfen. Vielleicht haben wir in einem Jahr schon einen kleinen Henry oder einen Michael, auf den wir stolz sein können. So, und nun iss noch ein paar Trauben. Mrs Rosemore hat sie frisch vom Markt mitgebracht.«

Mary lächelte, und ich sah wieder Hoffnung in ihren Augen. Mochte draußen das Wetter sein, wie es wollte, in Marys Herzen sollte die Sonne scheinen, koste es, was es wolle. Aber die Zuversicht, die ich Mary spendete, fehlte mir in meinem Inneren. Doktor Greens Blick war eindeutig gewesen.

Mir kam der Brief in den Sinn, den ich am Vortag bekommen hatte. Er musste noch auf dem Schreibtisch liegen. Die ganze Sache war sicher ein Scherz, aber ich war in einer Stimmung, in der ich nach jedem Strohhalm gegriffen hätte, der mir in dieser misslichen Lage gereicht wurde.

Nach dem Frühstück zog ich mich in mein Arbeitszimmer zurück. Ich las erneut das Beischreiben und nahm dann die Pergamente zur Hand. Wie sollte mir ein alter lateinischer Text helfen? Ich schenkte mir Whiskey ein und schaute mir die erste Seite genauer an. Im oberen Drittel war eine mit schwarzer Tinte angefertigte, naive Zeichnung einer nackten Frau, die auf obszöne Art und Weise ihre Schenkel spreizte. Ich empfand sie als anstößig. Um die Frau herum waren Kornähren, Äpfel und Birnen abgebildet. Darunter war ein kurzer lateinischer Text. Am Rand stand eine Anmerkung auf Englisch. Sie musste erst viel später zu dem Originaltext hinzugefügt worden sein: »Der Beginn der Anrufung ist laut und deutlich vorzutragen.«

Anrufung? Hatte mir der Unbekannte ein altes Gebet geschickt, mit dem man früher die Götter beschworen hatte? Eigentlich fand ich es lächerlich, mich weiter mit diesem Schreiben zu befassen, aber vielleicht war es der frühe Single Malt, vielleicht mein mir naturgegebenes Interesse für die lateinische Sprache und das Altertum, das mich weiterlesen ließ. Und bald darauf fand ich mich mitten in der Übersetzung der ersten der Seiten des geheimnisvollen Buches wieder. Als ich fertig war, ging ich meinen Text noch einmal durch. Er begann mit den einleitenden Worten: »Für die Götter, die wandern zwischen den Sternen und träumen in der Tiefe.«

Ich hatte mit meiner Vermutung, dass es sich bei den Seiten um ein Gebet handelte, richtig gelegen. Nur welche schon längst vergessenen Götter waren gemeint?

»Erhört mein Rufen, ihr Alten. Gebt meinem Flehen nach Eurem unendlichen Wissen nach, und lasst mich kosten den bittersüßen Nektar Eurer grenzenlosen Macht. Offenbart mir in Eurer Herrlichkeit das wahre Geheimnis des Lebens. Die Schöpfung sei mein.«

Ich las die Worte im Stillen, sie lösten Beklemmung in mir aus. Aber mein Gemüt war aufgewühlt durch die Diagnose von Doktor Green, und der Alkohol tat sein Übriges. Erst war ich mir nicht ganz schlüssig, aber dann nahm ich das Pergament zur Hand und sprach die ersten Worte auf Latein, laut und deutlich, wie in den Anmerkungen gefordert. So las ich die erste Seite, dann wartete ich, aber es passierte nichts. Ich wollte schon über meinen Anflug von Aberglauben lachen, da wurde mir schwindelig, was ich zuerst auf den Genuss des Whiskeys schob, dem ich sehr gut zugesprochen hatte. Aber dann schien das Licht im Raum abzunehmen, und ich schaute zum Kaminfeuer. Die Flammen loderten in einem rasend schnellen, unnatürlichen Takt, und plötzlich hatte ich das Gefühl, dass mich Tausende von Augen beobachteten. Ich war nicht mehr allein. Ich spürte den Schweiß kalt auf meinem Rücken und bekam es mit der Angst zu tun. Das Knacken des Feuers steigerte sich von einem Stakkato bis zu einem Trommelwirbel, aus dem tiefe Stimmen zu hören waren. Was sie sagten, verstand ich nicht, aber das wollte ich auch lieber nicht. Eisige Gedanken von unendlicher Schwärze jenseits der Zeit blitzten in meinem Geist auf, und mein Herz hämmerte in der Brust. Dann, als ich drohte, das Bewusstsein zu verlieren, hörte es von einem Moment auf den anderen auf, und mein Herzschlag und meine Wahrnehmung normalisierten sich wieder. Die Flammen im Kamin brannten und knisterten wie eh und je. Benommen saß ich noch eine Zeit lang in meinem Sessel. Wovon war ich gerade Zeuge geworden? Ich war überwältigt, doch in meine ungläubige Verblüffung und den Schauder über das Erlebte mischte sich etwas anderes. Ein Gefühl der Verheißung. Denn soeben war in diesem Zimmer etwas Unerhörtes passiert, etwas, das ich nicht mit bloßer Einbildung erklären konnte. Es war etwas Großes.

Den restlichen Tag und die folgende Nacht verbrachte ich in meinem Arbeitszimmer, übersetzte die sechs übrigen Seiten und dachte nach. Wie ich das Ganze verstand, beschrieb der Text ein Fruchtbarkeitsritual. Das also hatte mir der unbekannte Absender zukommen lassen – einen Ritus, der die Empfängnis einer Frau herbeiführen sollte. Vater hatte unrecht gehabt, es gab mehr als die bloße Materie, es gab mehr zwischen Himmel und Erde als wir ahnten, dessen war ich mir jetzt sicher. Ich hatte alte Gottheiten angerufen, und sie hatten mir geantwortet. Wer immer sie auch waren, sie hatten große Macht, und sie erhörten mich. Ich dachte an Mary, ich dachte an unser Kind, und ich war mir sicher, dass dieses Fruchtbarkeitsritual erfolgreich sein würde. Ich lächelte über das ganze Gesicht. Mary würde schwanger werden! Alles, was ich dazu brauchte, waren Phosphor, zermahlenes Horn, Rindertalg sowie Eisenhut und Alraune, etwas Menstruationsblut von Mary und den Uterus eines Tieres. Ich war ungeduldig und wollte das Ritual am liebsten sogleich durchführen, aber soweit ich wusste, bekam Mary erst in etwa einer Woche wieder ihre Blutungen. So blieb wenigstens genug Zeit, um alles genau vorzubereiten. Ich schickte unseren Butler Blackwell mit einer Liste der benötigten Dinge zu einem Apotheker, die Gebärmutter eines Schweins und den Rindertalg hingegen wollte ich persönlich in den Markthallen besorgen, da ich unangenehmen Fragen von Mrs Rosemore oder Mary aus dem Weg gehen wollte.

Ein paar Tage später schaute mich Mary morgens beim Aufstehen gequält an.

»Was ist los, Liebes?«, fragte ich sie.

Da rannen ihr Tränen über die Wangen.

»Oh William!«, schluchzte sie und vergrub ihr Gesicht in den Händen. »Ich nehme die Arzneien so ein, wie Doktor Green es uns gesagt hat, und trotzdem … haben heute Nacht meine Blutungen eingesetzt.«

Ich legte meine Arme um ihren zerbrechlichen Körper und gab ihr einen Kuss auf die Stirn.

»Es wird alles gut«, versprach ich ihr. »Du wirst sehen, es wird alles gut.«

Nach dem Frühstück machte ich mich sofort auf den Weg zu den Markthallen. Der Schlachter schaute mich verwundert an, als ich meinen Wunsch äußerte, aber dann ging er in den Hinterraum seines Ladengeschäfts und kam nach einer Weile mit dem Organ und dem Talg zurück.

»Ist ganz frisch«, sagte er und lächelte mich schief an.

Ich gab ihm zwei Pence mehr als gefordert und machte mich auf den Heimweg. Nun brauchte ich nur noch etwas Blut von Mary. Zu Hause angekommen, eilte ich sofort in den Keller. Ich öffnete die Tür zur Vorratskammer und verstaute die in Papier eingeschlagene Gebärmutter in einer dunklen Ecke auf dem Boden. Das Glas mit dem Talg stellte ich daneben. Dann platzierte ich ein Fässchen Whiskey davor und begab mich wieder nach oben, wo ich zunächst gemeinsam mit Mutter und Mary zu Mittag aß.

»Ihr glaubt nicht, wie viele Gebete ich schon zu Gott geschickt habe«, sagte Mutter beim Essen. »Dein Vater hat nicht an ihn geglaubt, William, der Herr habe ihn selig. Ich hoffe, ihr betet auch.«

»Mutter«, sagte ich. »Wir tun mehr als das. Wir waren bei Doktor Green.«

»Ja, wirklich? Was hat er gesagt?«, fragte sie erwartungsvoll.

Mein Blick wanderte zu Mary, die den ihren gesenkt hatte.

»Er ist guter Hoffnung, dass du bald ein Enkelchen bekommst«, sagte ich und lächelte Mary an, die irritiert aufschaute.

»Das sind ja gute Nachrichten«, rief Mutter. »Darauf müssen wir anstoßen!«

Ich begegnete Marys fragendem Blick mit Zuversicht. Ihre Augen hatten einen so wunderschönen Glanz. Ich wollte sie nicht verlieren.

Mutter blieb bis zum Abend. Sie wollte diesen Anlass gebührend mit Sherry und Portwein feiern, während ich darauf brannte, endlich alleine zu sein, um das Ritual durchführen zu können. Nachdem sie gegangen war, zog Mary sich zurück. Ich sagte ihr, dass ich noch länger aufbleiben wollte. Während sie sich wusch und ihr Haar bürstete, leistete ich ihr Gesellschaft.

»Warum hast du das zu deiner Mutter gesagt? Sie wird sehr enttäuscht sein, wenn wir ihr keinen Erben schenken.«

Ich schaute ihr tief in die Augen.

»Wir werden ein Kind bekommen. Ich weiß es«, sagte ich mit fester Stimme. Ich war mir ganz sicher. Sie seufzte nur und gab mir einen Kuss.

»Gute Nacht!«, sagte ich zu ihr. »Du wirst sehen, morgen sieht alles anders aus.«

Beim Verlassen des Schlafzimmers nahm ich den Wäschekorb, der vor der Tür stand, trug ihn in den Keller und durchsuchte ihn. Der mit frischem Blut getränkte Stoff von Marys Unterwäsche ließ mich breit lächeln.

Als es ganz still im Haus war, machte ich mich mit freudiger Erwartung an die Vorbereitung der Zeremonie. Im Keller, neben der Vorratskammer, befand sich ein großer Raum, den wir als Kartoffellager nutzten. Hier wollte ich das Ritual durchführen. Ich holte den Uterus, den Talg und die anderen Zutaten und entzündete drei Petroleumlampen, die mir genügend Licht spenden sollten. Auf einer Kartoffelkiste breitete ich die Pergamente aus. Zuerst vermengte ich den Talg mit dem Phosphor, dem zermahlenen Horn und dem Eisenhut zu einer Paste, mit der ich sieben Kreise rundum so auf den Boden malte, dass sie in der Mitte eine Schnittmenge bildeten. Dann zerstieß ich die Alraune, wusch ein wenig von Marys Blut aus dem Stoff und gab es dazu. Mit diesem Brei rieb ich die Gebärmutter ein und legte sie in die Mitte der Kreise. Ich wischte mir die Hände sauber und nahm die Seiten zur Hand, um sie noch mal zu überfliegen. Hatte ich alles richtig gemacht? Die Kreise sahen wie die auf der kleinen Zeichnung auf der dritten Pergamentseite aus. Die Zutaten stimmten und waren ordentlich vermengt worden.

270

Ich konzentrierte mich auf den weiteren Text. Die Kreise aus Phosphor und Talg mussten für das Ritual entzündet werden. Es stand weiterhin geschrieben, dass der glaubende Geist über die Materie obsiegen würde. Dazu müsste ich ganz bewusst meinen Wunsch wahr werden lassen und in äußerster Intensität an die Frau, die empfangen sollte, denken – das Kind gedanklich erschaffen, es in ihrem Schoß entstehen lassen.

Ich war bereit. Ich entzündete ein Schwefelholz und steckte die Paste in Brand. Die Flammen folgten meinen gezeichneten Linien. Es zischte, rauchte und stank nach verbranntem Horn. Als alle sieben Kreise vollständig brannten, nahm ich die Pergamente zur Hand und las die erste Seite laut vor. Die Schatten, die die Petroleumlampen warfen, wurden länger und das Licht im Raum nahm ab. Wie beim ersten Mal fühlte ich mich von etwas Fremdem beobachtet. Ich ignorierte meine Beklemmung und meinen aufkommenden Schwindel und dachte an Mary und unser gemeinsames Kind, das wir bekommen würden. Ich wusste, es würde funktionieren, denn ich spürte die Präsenz einer unbeschreiblichen Macht. Der Schweiß stand mir auf der Stirn. Die Flammen brannten unnatürlich schnell und hell. Mir wurde abwechselnd heiß und kalt, und die Luft wurde durch den Rauch des Feuers stickig. Es war mir, als hörte ich den pulsierenden Schlag eines riesigen Herzens, der von überall zu kommen schien. Und da waren wieder diese Stimmen. Wie im Rausch las ich weiter und rief die alten Götter an. Ich flehte um einen Sohn. Ich dachte an Mary, sah ihr Gesicht genau vor meinem, sah ihren nackten, makellosen Körper, fuhr die Konturen ihres Rumpfes und der Schenkel in Gedanken ab. Und dann stellte ich mir vor, wie der Samen in ihrem Schoß zur Frucht wurde, wie ein winziges Herz, das Herz meines Sohnes, zu schlagen und sein Fleisch zu wachsen begann. Ich legte all meine Liebe und Sehnsucht in diese Gedanken. Mein eigenes Herz trommelte in meiner Brust, aber ich hörte nicht auf, an mein Kind zu denken. Der pulsierende Rhythmus wurde immer lauter. Plötzlich schossen die Flammen auf dem Boden hoch, und ich hörte unmenschliche Schreie, die durcheinander heulten. Ich zitterte am ganzen Körper. Der Schwindel wurde unerträglich, der Raum begann, sich um mich zu drehen. Ich keuchte: »Der Wille zeugt das Fleisch!«

Dann verlor ich das Bewusstsein.

Als ich wieder zu mir kam, lag ich auf dem Boden neben den Ritualkreisen. Ich konnte nicht lange ohnmächtig gewesen sein, denn es hing immer noch dicker Rauch in der Luft, und auch die Petroleumlampen brannten noch. War das Fruchtbarkeitsritual geglückt? Ich hoffte, dass ich alles richtig gemacht hatte. Rasch verwischte ich die abgebrannten Kreise mit dem Fuß, es durften keine Beweise für das Zauberritual zurückbleiben. Jetzt, da es vorbei war, überkam mich ein schlechtes Gewissen, als ob ich etwas ganz und gar Falsches getan hätte.

*Ach was*, begehrte ein anderer Teil von mir auf, *du bekommst ein Kind. Was hast du denn schon Schlimmes gemacht? Jeder hätte so gehandelt. Du wirst sehen, es wird alles gut.*

Die Gebärmutter auf dem Boden in der Mitte des Bildes sah seltsam grau und verdorrt aus, als wäre alle Kraft aus ihrem rosa Fleisch herausgezogen worden. Ich trug sie die Treppe hinauf, um sie im Garten zu vergraben. Alles war ruhig hier oben, niemand hatte

272

etwas mitbekommen. Die Standuhr im dunklen Flur schlug dreimal. Der Mond schien durch die Fenster des Esszimmers und das weiße Licht beseelte mich mit tiefem inneren Frieden. Da bemerkte ich eine Bewegung an meiner Hand. Ich schaute hinunter, konnte aber in der Dunkelheit nicht erkennen, was mich berührte. Ich trat ins Licht der Fenster. Ein Schreck fuhr mir durch die Glieder. Eine Made hatte sich halb durch das eingefallene Fleisch der Gebärmutter gefressen und wand sich nun neben meiner Hand hin und her. Sie war groß, etwa so wie mein Zeigefinger. Im silbrigen Licht sah ihre weiße Haut noch bleicher aus, und dünne schwarze Adern traten unter ihrer Oberfläche hervor. Sie hatte einen mächtigen Kiefer und sonderte einen trüben Schleim ab.

In meinem Geist arbeitete es. Wo, um alles in der Welt, war diese Monstrosität hergekommen? Als ich den Uterus eingerieben hatte, war mir nichts Derartiges aufgefallen.

*Das war nicht vorgesehen!*, schoss es mir durch den Kopf. *Was passiert nun?*

Ich merkte, wie sich die Angst von meinem Bauch bis in den Nacken ausbreitete. Mit Entsetzen schaute ich auf den Wurm. Ich würde ihn jetzt einfach zerquetschen und hoffen, dass alles gut ginge. Da durchfuhr mich ein stechender Schmerz im Finger. Ich schrie auf und ließ die Gebärmutter fallen, doch die Made hatte sich an meinem Daumen festgebissen. Ich schüttelte meine Hand, und das Untier flog im hohen Bogen durch die Luft. Blut quoll aus der Wunde.

»Verdammt!«, schrie ich.

Während ich an meinem Finger saugte, schaute ich mich um. Wo war nur dieser schreckliche Wurm? Mit zitternden Händen entzündete ich eine Petroleumlampe, aber auch in ihrem Schein konnte ich ihn nirgends sehen. Ich fluchte ein zweites Mal und begann, den Boden des Esszimmers abzusuchen, vergeblich. Panik stieg in mir auf. Ich musste diese verfluchte Made finden, sie konnte doch nicht einfach weg sein! Systematisch ging ich noch einmal den ganzen Raum ab, krabbelte unter den Tisch, rückte die Vitrine und den Besteckschrank zur Seite und suchte auch in den angrenzenden Zimmern, aber der Wurm blieb verschwunden.

Den Rest der Nacht tat ich kein Auge zu. Meine Gedanken kreisten unaufhörlich: Was war das für ein unheimliches Ritual, das ich vollzogen hatte? Und wo war dieser grauenvolle Wurm hergekommen? Fast schien es, als sei er aus dem Nichts entstanden.

*Unmöglich*, dachte ich. *Ich muss ihn schlicht übersehen haben.*

Unruhig wälzte ich mich im Bett hin und her.

»Kannst du nicht schlafen?«, erklang Marys Stimme aus der Dunkelheit.

»Nein«, antwortete ich und drehte mich zu ihr. Ich konnte den Duft ihres Haares riechen.

»Ich hatte einen merkwürdigen Traum«, sagte sie. »Wir waren in einem prächtigen Garten. Im Schatten uralter Bäume blühten wunderschöne Blumen, und ein Bach mit klarem Wasser plätscherte durch das satte Gras. Wir lachten, wir waren einfach glücklich. Plötzlich hörte ich ein Flüstern und drehte mich nach dir um. Aber du warst weg. Ich rief nach dir, aber du antwortetest nicht. Das Flüstern wurde lauter und ich merkte, dass ich lieber nicht verstehen wollte, was diese Stimme sagte. Ich bekam Angst und fing an zu rennen.

Ich suchte dich. Da tratst du aus dem Schatten eines riesigen Baumes. Du reichtest mir einen Apfel. Er glänzte und war tiefrot. Er sah so verlockend aus, und mir war, als würde alles Bedrohliche fortgewischt werden, sobald ich von ihm kosten würde. Also biss ich hinein. Doch als ich dann auf den Apfel herabsah, war er braun und verfault, und es wimmelte in ihm von Maden, genau wie in meinem Mund. Dann bin ich aufgewacht.«

Ich schluckte. Wenn Mary doch nur wüsste, was heute Nacht im Keller passiert war!

»Was meinst du, hat das zu bedeuten?«, fragte sie.

*Ich hoffe, nichts*, dachte ich beklommen. Wie gerne hätte ich ihr von meinen Sorgen erzählt, aber stattdessen sagte ich: »Es war nur ein Traum, Liebes. Schlaf weiter.«

Ich strich ihr über ihre Wange. Sie fühlte sich weich und warm an. Es war zu ungeheuerlich, was ich getan hatte. Mary würde mir sowieso nicht glauben und mich für verrückt erklären. Vielleicht war ich das ja auch. In diesem Moment hoffte ich nichts inständiger als das.

Die nächsten Tage riss der Himmel gar nicht mehr auf, und das erdrückende Grau der Wolkendecke lag wie ein Leichentuch über der Stadt. Ich spürte das Gefühl der Schuld, das schwer auf meiner Seele lastete. Wie hatte ich mich nur auf die Sache einlassen können? Ich hatte uralte Mächte beschworen – forderten diese nicht immer auch einen Preis? Nur welchen? Diese Ungewissheit, dieses Warten raubte mir den Verstand. Ich aß nur noch wenig und des Nachts fand ich keinen Schlaf. Mary bemerkte mein Leid und machte sich selbst dafür verantwortlich, was mich nur noch mehr in Kummer stürzte. Aber ich konnte sie nicht in mein dunkles Geheimnis einweihen. Stattdessen zermarterte ich mir den Kopf, wer der unbekannte Absender gewesen sein mochte, der mir den Brief hatte zukommen lassen. Schließlich kam ich zu der Erkenntnis, dass es niemand anderes als Doktor Green selbst gewesen sein konnte. Nur er hatte von Marys Unfruchtbarkeit gewusst, er musste uns die Anleitung zu dem Ritual geschickt haben. Ich beschloss, ihn nochmals aufzusuchen und um ein Gespräch zu bitten. Vielleicht hatte er Antworten auf meine bangen Fragen.

Doch welche Enttäuschung erwartete mich, als ich am folgenden Morgen an die Tür seines Hauses in der Lumber Street klopfte. Niemand öffnete mir.

»Der Doktor ist nicht mehr da«, krächzte eine Stimme hinter mir.

Ein älterer Herr mit Stock stand auf dem Gehweg und lüpfte höflich seinen Hut, als ich mich zu ihm umdrehte.

»Torchwood, mein Name. Ich wohne gleich im Haus nebenan«, lächelte er.

»Was ist mit Dr. Green, wissen Sie, wo er ist?«, fragte ich.

Der Mann zuckte mit den Schultern.

»Er ist ausgezogen, mit Sack und Pack, mit Mann und Maus. Hat sein gesamtes Personal entlassen und ist verschwunden. Niemand weiß, wohin.«

Fröstelnd zog ich meinen Mantelkragen enger. Mit einem Mal war mir furchtbar kalt.

»Wann war das?«

»Lassen Sie mich überlegen, mein Gedächtnis ist nicht mehr das Beste … vielleicht vor zwei Wochen.

Nun, ich fürchte, Sie werden sich einen anderen Arzt suchen müssen, junger Mann.«

Noch einmal lüpfte er seinen Hut, dann schlurfte er davon. Wie betäubt sah ich ihm nach.

Ein paar Tage später wachte ich morgens auf. Fahles Licht fiel durch die Ritzen der Vorhänge in das Schlafzimmer. *Als ob es im Totenreich dämmerte*, kam es mir in den Sinn. Ich drehte mich zu Mary, doch ihre Seite des Bettes war leer. Ein Blutfleck prangte in der Mitte des weißen Lakens. Besorgt stand ich auf und ging ins Badezimmer, aus dem etwas Licht schien.

»Mary?«, fragte ich vorsichtig.

Mary stand in der Wanne und wusch sich Blut von den Schenkeln.

»Liebes … «, sagte ich voller Sorge.

Mary schaute mich mit Ringen unter den Augen an.

»Es hat heute Nacht einfach angefangen zu bluten, obwohl ich meine Regel doch erst frühestens in zwei Wochen bekomme. Und ich habe dazu noch einen so schrecklichen Traum gehabt.«

Mir zog es das Herz zusammen, sie so zu sehen, so unglaublich schön und doch so unglücklich.

»Erzähl mir von deinem Traum«, sagte ich sanft.

»Ich stand wieder vor dem großen Baum in dem wunderschönen Garten«, begann sie. »Ich begriff, dass es der Garten Eden war und der Baum vor mir der Baum der Erkenntnis. Ich hörte ein Zischen, das zu einem Flüstern wurde. Jemand flüsterte meinen Namen. Plötzlich spürte ich etwas an mir hochkriechen. Es war eine bleiche Schlange. Ich versuchte, sie abzuschütteln, doch sie hatte meine Fußgelenke umschlungen, und ich fiel zu Boden. Sie wand sich weiter, bis …« Mary errötete und sah verschämt zu Boden. Sie senkte die Stimme » … zwischen meine Beine. Es tat furchtbar weh, und ich schrie aus Leibeskräften. Als ich aufwachte, bemerkte ich das viele Blut.«

Ich ging auf sie zu und nahm sie in den Arm. Ich hielt sie einfach nur fest. Sie zitterte. Am liebsten hätte ich sie nie wieder losgelassen.

»Oh William, es war so schrecklich«, flüsterte sie. »Ich bin immer noch ganz benommen. Was hat das nur alles zu bedeuten?«

Ich atmete ihren Duft ein, der etwas Süßes von Hyazinthen hatte, schaute ihr fest in die Augen und sagte ihr wieder das, was ich am liebsten selbst geglaubt hätte: »Nichts, Liebes. Es war nur ein Traum.«

Dann küsste ich ihre Stirn. Als Mary sich ankleidete, ging ich ins Schlafzimmer zurück. Ich zog die Vorhänge auf, um das wenige Dezemberlicht hineinzulassen. Da fiel mein Blick auf den Boden neben dem Bett. Ich brauchte eine Weile, bis ich verstand, was ich dort sah. Eine Spur aus getrocknetem Schleim, ähnlich dem einer verendeten Schnecke, die sich nicht rechtzeitig aus der Sonne hatte retten können, zog sich unter der Tür durch auf das Bett zu. Ich hastete zu unserer Schlafstatt und verfolgte die Spur weiter. Sie wanderte am Laken hinauf bis zu dem Blutfleck.

*Der Wurm!*, schoss es mir durch den Kopf.

Er hatte doch diesen ekelhaften Schleim abgesondert, und jetzt hatte er Mary verletzt. Ich durchwühlte die Laken, hob die Matratzen an und kroch sogar unter das Bett, aber ich fand die widerliche Kreatur nicht. Sie war wie ein fleischgewordener Fluch, mit dem mich die grausamen Gottheiten belegt hatten. Ich hatte die ewigen Gesetze des Universums beugen wollen und bezahlte nun den Preis.

Die nächsten Nächte blieb ich wach im Bett liegen und horchte in die Dunkelheit. Würde ich den Wurm hören können? Kroch da nicht etwas auf dem Boden herum? Aber ein erneuter Angriff blieb aus, und es schien sogar so, als sei der Wurm verschwunden oder verendet und mit den Wochen, die an uns vorbeizogen, ließ meine Anspannung nach. Vielleicht blieb mein Fehler ja doch ohne Konsequenzen. Dann, eines Abends, nahm Mary meine Hände in die ihren.

»William, ich muss dir etwas sagen.«

»Was ist?« fragte ich.

»Ich wollte warten, bis ich ganz sicher bin«, sagte sie. Sie stand vor mir und lächelte mich an. »Ich bin schwanger, William!«

Ihre Augen waren voller Freude. Ihr Glanz überwältigte mich. Ich wusste nicht, was ich sagen sollte. Es hatte also doch funktioniert, und in Gedanken dankte ich Doktor Green dafür, dass er mir die Pergamente hatte zukommen lassen, und ich dankte den alten Göttern für ihre Gunst und Barmherzigkeit. Ich würde ein Kind bekommen, vielleicht sogar einen Sohn. Für die nächsten Monate war ich der glücklichste Mensch auf Erden.

Mary blühte auf, lachte viel und richtete das Nähzimmer als Kinderzimmer ein. Nur manchmal hatte sie einen schlimmen Albtraum. Es war immer derselbe. Sie stand am Strand eines großen Meeres. Es stürmte und riesige Wellen türmten sich auf. Sturmböen zerzausten ihr die Haare und sie fror. Plötzlich sagte eine Stimme neben ihr: »Er kommt. Ich kann ihn riechen.«

»Wer kommt?«, fragte sie, ohne den Blick von der aufgewühlten See zu wenden. Der Wind nahm zu, pfiff ihr um die Ohren und trug einen beißenden Gestank mit sich. »Cthulhu, Mama. Cthulhu kommt«, sagte die Stimme. Da schaute sie zur Seite und erschrak, denn es war niemand bei ihr. Sie sah sich um, war aber allein. Und als ihr Blick wieder hinaus auf das schwarze Wasser glitt, sah sie unter den Wellenbergen etwas unvorstellbar Großes auf den Strand zukommen. An dieser Stelle wachte sie immer schweißgebadet auf. Doch diese Träume konnten die Vorfreude auf unser Kind nicht trüben.

Mary bekam einen immer dickeren Bauch. Er nahm fast wöchentlich an Umfang zu und wurde so groß, dass ich begann, mir Sorgen zu machen. Mary begann unter der Last zu leiden und klagte jetzt regelmäßig über Schmerzen. Auch Mrs Oakfield, die Hebamme, die wir zurate zogen, konnte sich das rasante Wachstum unseres Babys nicht erklären, aber immerhin sagte sie, dass alles in Ordnung sei. Mitte des siebten Monats, es war Ende September, setzten eines Abends die Wehen ein.

»William, ich glaube, es ist soweit«, presste Mary hervor.

Ich war außer mir.

»Es kommt sechs Wochen zu früh! Oh, mein Gott! Und die Hebamme ist doch zurzeit nicht in der Stadt!«

Mary krümmte sich unter einer Wehe.

»Dann müssen wir es eben ohne Mrs Oakfield zur Welt bringen. Hole Mrs Rosemore.«

Ich rannte die Treppe hinunter zu Mrs Rosemores Zimmer und klopfte aufgeregt an die Tür. Mrs Rosemore öffnete mir im Nachtrock. Sie machte große Augen.

»Mary bekommt das Baby!«, schrie ich und rannte wieder hinauf in den ersten Stock.

Unser Dienstmädchen Anna und Blackwell, der Butler, hatten an diesem Abend frei bekommen und das Haus verlassen. Ich fluchte deswegen, denn nun mussten Mrs Rosemore und ich das Baby alleine zur Welt bringen. Mary lag stöhnend im Bett. Sie war kalkweiß im Gesicht.

»Liebes, wie geht es dir?«, fragte ich, doch sie biss vor Schmerzen nur die Zähne zusammen. Mrs Rosemore kam mit einer Schüssel voll warmem Wasser und einem Stapel Leinentücher ins Zimmer.

»Oh, Mrs Ashshire, es wird schon alles gut gehen«, sagte sie. »Mr Ashshire, waschen Sie sich die Hände«, sagte sie zu mir.

Als ich wieder in das Schlafzimmer kam, hatte Mrs Rosemore die Bettdecke zurückgeschlagen und Mary in Position gebracht. Mary schwitzte am ganzen Körper. Ihr Stöhnen nahm stetig zu und plötzlich fing sie an zu schreien und sich zu winden.

»Halten Sie sie fest!«, befahl mir Mrs Rosemore.

Ich packte Mary an den Schultern und drückte sie ins Bett.

»Es tut so weh!«, schrie Mary. »Es tut so weh! Da stimmt etwas nicht!«

Ich hatte Angst, aber Mrs Rosemore rief: »Da kommt es! Pressen!«

»Oh mein Gott!«, schrie Mary. Ihr Kreischen überschlug sich in meinen Ohren. Ihre Qualen mussten unmenschlich sein.

»Das ist doch nicht normal, wir brauchen Hilfe!«, rief ich Mrs Rosemore zu.

Meine Stimme ging in Marys Schmerzensschreien unter. Ich schaute in Marys verzerrtes Gesicht. Ich sah nur das Weiß ihrer Augen.

»Halte durch, Mary, gleich ist es vorbei!«

Marys Schreie spitzten sich zu. Dann, mit einem Reißen von Fleisch, platzte sie auf und etwas quoll aus ihrem Unterleib. Mary stöhnte noch einmal und verstummte. Ungläubig starrte ich auf meine Frau. Mit leeren Augen blickte sie zur Decke. Das Laken war voll von Blut.

»Mary!«, rief ich und schüttelte sie.

»Herr im Himmel, was ist das nur …!«, hörte ich Mrs Rosemore rufen.

Ich wandte den Blick zu ihr hinüber. Sie hielt etwas Großes, Langes in den Händen. Es schlang sich um ihren linken Arm. Aber dieses Etwas ähnelte nicht im Entferntesten einem Säugling. Vielmehr sah es wie eine dicke Schlange aus. Sie war bleich und schwarze Adern durchzogen ihre glänzende Haut. Mrs Rosemore stierte auf das Ding an ihrem Arm.

»Mr Ashshire, was ist das?«, rief sie.

Und ich begriff. Es war der Wurm. Er hatte sich in Mary eingenistet. Er wand sich hin und her, und jetzt konnte ich seinen riesigen Kiefer sehen. Zur gleichen Zeit schrie Mrs Rosemore: »Nehmen Sie es weg!«

Sie wollte den Wurm von den Armen streifen, ihn wegschleudern. Da schnellte der Kopf des Monstrums vor. Mrs Rosemore schrie auf. Im selben Moment erklang ein Knacken, das in den Entsetzensschreien der Haushälterin unterging. Der Wurm ließ sich fallen und kroch aus dem Schlafzimmer, während Mrs Rosemore blutend zusammenbrach. Ich war wie gelähmt. Fassungslos sah ich zu, wie aus dem grotesken Armstumpf unterhalb von Mrs Rosemores Ellenbogen das Leben herauspulsierte. Der Wurm hatte ihr die Hand und den halben Unterarm abgebissen. Wie betäubt drehte ich mich zu Mary. Sie war tot. Ihr Unterleib war bei der Geburt dieses Ungeheuers zur Gänze aufgerissen. Ich sank neben dem Bett auf die Knie und begann zu schluchzen.

Wie in Trance holte ich später einen Lappen und einen Eimer und wischte das Blut der Haushälterin auf. Ihre Leiche vergrub ich mit den meisten ihrer Habseligkeiten aus ihrem Zimmer im Garten.

Bei Tagesanbruch hatte ich einen anderen Arzt ausfindig gemacht. Er verstand nicht recht, wie meine Frau bei einer Geburt zu einer so immensen Wunde gekommen war, aber ich erklärte ihm, dass das Baby missgebildet gewesen und tot zur Welt gekommen war. Mit Tränen in den Augen erzählte ich ihm, dass ich die Leiche des Säuglings im Ofen verbrannt hätte, aus Wut und Scham. Er zögerte kurz und schaute mich an. Ich musste ein jammervolles Bild abgegeben haben, jedenfalls stellte er mir ohne weitere Fragen die Totenscheine für Mary und das Baby aus, und die Leiche meiner Frau wurde abgeholt. Als Anna und Blackwell wieder nach Hause kamen, berichtete ich ihnen von den tragischen Geschehnissen des Abends. Ich sparte den Wurm aus und erklärte, Mrs Rosemore sei nach dem schockierenden Tod Marys zu einer Freundin aufs Land gefahren.

»Sie hat angedeutet, dass sie wohl nicht wieder zurückkehrt«, sagte ich mit monotoner Stimme.

Anna weinte und Blackwell sprach mir sein Beileid aus. Zu diesem Zeitpunkt hatte ich mit meinem Leben abgeschlossen. Ich hatte Mary auf dem Gewissen, hatte ihren qualvollen Tod zu verantworten. Ich hatte mit den Seiten dieses verfluchten Zauberbuchs mitleidslose Götter angerufen und den Wurm, diese Ausgeburt des Bösen, erschaffen. Nachdem er Mary und Mrs Rosemore umgebracht hatte und aus dem Zimmer gekrochen war, hatte ich ihn im ganzen Haus gesucht, hatte ihn töten wollen, aber nicht gefunden. Er konnte überall sein, auch draußen, denn ich hatte die Türe offen stehen lassen, als ich Mrs Rosemore verscharrte. Es war mir sowieso gleich, denn Mary war tot. Nie wieder würde ich sie riechen, sie lachen hören oder mich am Strahlen ihrer Augen erfreuen können. Ich war so selbstsüchtig und blind gewesen.

Die nächsten Tage verbrachte ich im Dämmerzustand. Ich wollte niemanden sehen, auch nicht meine Mutter. Ich saß einfach nur im Sessel im Arbeitszimmer und starrte in die Flammen. Und ich trank. Die Dunkelheit in mir schien alles verschluckt zu haben.

Eines Mittags klopfte es an der Tür. Es war Anna.

»Mr Ashshire ...«, stammelte sie und knetete den Saum ihrer Schürze. »Blackwell und ich meinen, Sie müssten etwas essen. Damit Sie bei Kräften bleiben.«

»Müsste ich das!«, schrie ich sie wütend an. Ich hatte viel zu viel Whiskey getrunken. Dicke Tränen kullerten bei meinen Worten ihre Wangen hinunter.

»Ich weiß, Sir, dass Ihr Kummer unsagbar groß sein muss und ich ihn niemals nachfühlen kann, aber ...«

Mein Zorn verflog so schnell, wie er gekommen war, und die alles verschlingende Schwärze breitete sich wieder über meiner Seele aus.

»Ist schon gut, Anna«, sagte ich mit hängenden Schultern. »Es tut mir leid. Ich werde eine Kleinigkeit essen.«

Ich hörte, wie Anna sich entfernte und die Treppe in den Keller hinunterstieg. Wahrscheinlich wollte sie für mich einen der Schinken anschneiden. Hunger hatte ich keinen, ich war erfüllt von Trauer und Schuld. Es war, als hätte ich mir mein Herz herausgeschnitten, und dort, wo es gesessen hatte, war nur ein schmerzendes Loch übrig geblieben, in das langsam mein Lebenssaft sickerte, bis ich keine Kraft mehr hatte und zugrunde ging. Ich dachte an meinen Vater, der nicht an höhere Mächte geglaubt hatte. Ich wünschte, er hätte mit seinen Theorien über die allein gültigen Gesetze der Materie Recht behalten, denn dann wäre Mary noch am Leben. Wenn er mich jetzt hätte sehen können, so schwach und gebrochen. Was hätte er wohl zu mir gesagt?

Plötzlich hörte ich einen markerschütternden Schrei. Es musste Anna gewesen sein, der im Keller etwas zugestoßen war. Mit einer bösen Vorahnung sprang ich aus meinem Sessel auf. Ich nahm den Schürhaken und die Petroleumlampe und eilte zur Kellertür. Blackwell war schon unten. Ich hörte ihn rufen: »Anna, wo bist du? Hast du dich verletzt? Anna!«

»Blackwell? Haben Sie sie gefunden?«, rief ich in die gespenstische Schwärze, während ich die Treppe hinabstürzte. Im Schein meiner Lampe tauchte Blackwells Gesicht auf. Gemeinsam bewegten wir uns weiter. Die Tür der Vorratskammer stand offen. Mit schnellen Schritten betrat ich den Raum. Da lag sie, mit dem Gesicht nach unten, auf dem Boden. Um sie herum war nichts als Blut.

»Oh mein Gott!«, stieß Blackwell hervor und eilte zu ihr hinüber.

Angestrengt sah ich mich um. Ich konnte nicht sehen, was sie verletzt hatte. Dann fiel mein Blick auf die Schinken im hinteren Teil des Raumes, und ich erkannte, dass sie bis auf die Knochen abgenagt waren. Ich begriff, was hier vor sich ging.

»Blackwell! Wir müssen hier raus! Schnell!« Aber Blackwell hörte nicht.

Noch immer kniete er am Boden und machte Anstalten, Anna auf den Rücken zu drehen.

»Ich glaube, sie ist tot«, sagte er entsetzt.

Ich hörte ein Rumpeln aus der hinteren Ecke, als ob sich etwas in der Dunkelheit bewegte.

»Blackwell! Weg hier!«

Im nächsten Augenblick zerrte etwas an dem Butler und schlang sich um seinen Hals. Es war der Wurm. Und er war gewachsen, war so lang und dick wie das Bein eines ausgewachsenen, muskulösen Mannes. Blackwell ächzte und rang nach Luft. Ich konnte den kleinkindgroßen Kopf des Ungeheuers sehen, auf dem Haare wuchsen. Er erinnerte an einen Menschen, hatte Augen und eine nach vorne geöffnete Nase. Und er besaß ein riesiges Maul, mit dem er in diesem Augenblick dem Butler ein Stück Wange aus dem Gesicht biss, sodass ich die hintere Reihe von Blackwells Backenzähnen sehen konnte. Blackwell presste Schreie hervor und versuchte, den Wurm wegzureißen.

Endlich erwachte ich aus meiner Lethargie. Mit zwei Schritten war ich bei Blackwell und hob den Schürhaken. Der Wurm versenkte seine Zähne in Blackwells Hals. Blut schoss hervor und spritzte mir ins Gesicht. Ich wischte mir das Blut aus den Augen und schlug zu. Mit einem unmenschlichen Quieken ließ der Wurm von Blackwell ab. Ich ging einen Schritt auf das Scheusal zu, das zischend vor mir zurückwich. Ich hatte es am Kopf getroffen und eine Wunde geschlagen, aus der schwarzes Blut rann. Langsam stellte ich die Lampe hin, nahm Blackwells Bein und zog ihn ein Stück von dem Monstrum weg. Blackwell gab ein Gurgeln von sich. Ich zog ihn noch ein bisschen weiter zur Tür. Der Wurm schaute mich an, und jetzt erkannte ich es. Das linke Auge, mit dem er mich musterte, sah aus wie Marys Auge. Es hatte die gleiche Augenfarbe, ein Rehbraun, lange Wimpern und diesen wundervollen Glanz. Es war verrückt, aber ich entdeckte Züge von Mary in dem kleinen Gesicht. Die Stirn, ja selbst die Farbe der wenigen Haare waren die von Mary. Das rechte Auge war klein und milchig trüb und das entsetzliche Maul mit den gelben, großen Zähnen ließ mich schaudern, aber ich erkannte seine Mutter in ihm.

Eine Ewigkeit sahen wir uns an. Dann war meine Entscheidung gefallen. Es war die einzig mögliche, die einzig richtige Entscheidung, die meine Vernunft zuließ. So wie es Vater auf seinem Sterbebett von mir gefordert hatte. Ich hatte dieses Wesen Kraft meines Willens gezeugt, und seine Mutter hatte es ausgetragen. Ich hatte nach einem göttlichen Funken gerufen und er wurde mir gesandt. Plötzlich begriff ich das Wunder. Es war unser Kind. Als ich Blackwell losließ und einen Schritt zurück machte, bewegte es sich zögerlich auf den Butler zu. Ich drehte mich um und verließ den Raum, während ich reißende Fressgeräusche und Blackwells Stöhnen hinter mir vernahm.

Ich hatte nun Verantwortung und dachte an meine geliebte Mary, dachte an meinen Vater. Bevor ich die Tür ins Schloss zog, warf ich einen letzten Blick auf meinen Sohn, der *mein* Vermächtnis an diese Welt war. Er würde viel Fleisch zum Heranwachsen brauchen.

# Thaler Thaler

von

T. S. Orgel

## 16. Oktober – Letzter Eintrag

*Verloren in einer römischen Wildnis aus Schmerz.*
*Und all die Kinder sind geisteskrank.*
*All die Kinder sind verrückt, warten auf den Sommer-regen.*
*Gefahr lauert am Rand der Stadt. Reite auf des Königs Highway! Seltsame Szenen in der Goldmine …*

Ich wusste, dass ich diese Zeilen aus dem Notizbuch schon einmal an anderer Stelle gehört hatte. Vorhin ist es mir eingefallen und ich konnte mich eines leisen Lachens nicht erwehren.

Ich weiß nicht mehr, wer dieses Lied gesungen hat, doch er hat bemerkenswert genau meine Situation erfasst. Es wundert mich nicht, seine Zeilen in diesen Notizen gefunden zu haben, bin ich doch sicher nicht der Einzige, dem es so ging.

*Das ist das Ende, wunderschöner Freund.*
*Das ist das Ende, mein einziger Freund, das Ende unserer ausgefeilten Pläne.*
*Das Ende von allem, was da steht, das Ende.*
*Keine Sicherheit, keine Überraschungen. Das Ende.*

Wie passend! Wie überaus passend.

Jetzt weiß ich, was zu tun ist und Mr. Wahali wird mir bei diesem letzten Streich behilflich sein. Ich mag ihnen nicht entfliehen können, doch ich werde dafür sorgen, dass zumindest diese Notizen nicht in ihre Hände fallen.

Dan, ich richte diese Zeilen direkt an dich:

Ich bin nicht paranoid, mein geistiger Zustand ist vielleicht agitiert, jedoch klar. Mehr noch, ich war selten klarer bei Verstand, als ich es in diesem Moment bin. Finde die Wahrheit heraus, Dan! Thaler kannte sie und im Hillcroft Oaks Hospital wurde sie verborgen, dessen bin ich mir sicher. Wo sonst sollte sie sein?

Ich werde mich heute Nacht ein letztes Mal hinabschleichen und Mr. Wahali ein Paket übergeben, das hoffentlich schon morgen seinen Weg in die Post findet. Dann werde ich meinen letzten Weg antreten, um ihnen endgültig einen Strich durch die Rechnung zu machen. Ich hoffe nur, es gelingt mir, unbemerkt zu bleiben. Ich kann sie hören! Sie sind heute bereits zweimal auf der Treppe gewesen. Sie waren leise, doch mich können sie nicht täuschen.

Dan, ich halte große Stücke auf dich und deine Kombinationsgabe. Und ich bin mir sicher, dass es nur einen Weg gibt, die Spur der Notizen von mir zu dir zurückzuverfolgen. Diese Spur bin ich. So werde ich denn den Weg Thalers nehmen und hoffen, dass mir damit mehr Glück beschieden ist als ihm.

Bedenke eines, Dan: Sie dürfen diese Notizen nie erhalten!


## Dan

Dan erwachte mit einem Stöhnen, das sich in ein trockenes Husten verwandelte und mit lautstarkem Würgen endete. Kurz war er sich sicher, im nächsten Augenblick an seinem eigenen Erbrochenen ersticken zu müssen. So etwas sollte gar nicht mal selten vorkommen. Im dritten Semester hatte er selbst einmal einen Fall bearbeitet, wo ein Mann auf diese Weise seine Partnerin verloren hatte, während er direkt daneben im Drogenrausch versumpft war. Was für ein Elend!

Dan kämpfte den Würgereiz nieder, rollte sich vom Laken herunter auf die Knie und zog sich am Bettpfosten in die Höhe.

Auf dem Sofa im gemeinsamen Aufenthaltsraum lag einer seiner Mitbewohner im Koma und in der Küche saß eine ihm völlig unbekannte Frau und redete in lautstarkem Spanisch auf ihr Mobiltelefon ein.

Dan kniff die Augen zusammen und rieb sich die Schläfe.

»Du weißt nicht zufällig, wo ich das Glas mit den Aspirin finde?«

Die Frau funkelte ihn an und deutete vielsagend auf ihr Mobiltelefon.

»Entschuldige«, krächze Dan. »Ich frage nur, weil ...«

Mit einem verärgerten Zischen stand die Frau auf und verschwand auf den Balkon.

»Wer bist du eigentlich?«, rief Dan ihr hinterher und erntete als Antwort einige lautstarke spanische Schimpfwörter, die seinen Kopf in einem Feuerwerk aus Schmerzen explodieren ließen. Stöhnend angelte er sich eine Coke aus dem Kühlschrank und ließ sich auf einen Stuhl fallen. Was war eigentlich der Grund für dieses Besäufnis gewesen?

»Lithgow ist tot.« Pike war so lautlos im Türrahmen erschienen, dass Dan beinahe den Inhalt seiner Getränkedose über den Küchentisch verteilt hätte. Die schmal gebaute, blasse Gestalt hatte mehr denn je gewisse Ähnlichkeiten mit einem Vampir. Einem modernen Vampir, der es sich als Dauerstudent an der Uni von Boston bequem gemacht hatte und sich dort vermutlich ausschließlich von Zigaretten und Internet ernährte.

»Hat sich auf dem Dachboden an seiner Krawatte erhängt.« Pike starrte gedankenverloren ins Leere. »Die rot-grüne mit dem Blumenmuster, über die wir uns immer lustig gemacht haben.«

»Verdammt«, stöhnte Dan und spürte, wie ihm erneut die Galle hochkam.

Professor Lloyd Lithgow war sein Betreuer an der Fakultät für Psychologie gewesen. Ein komischer Kauz, aber auf seinem Gebiet ein anerkannter Experte. Der Mann hatte in seinem Leben schon alles untersucht, vom depressiven Politikerstar bis hin zu verrückten Massenmördern, neben denen selbst Pol Pot wie ein Waisenknabe ausgesehen hatte. Bei all dem Elend war er überraschend normal geblieben. Dabei wusste jeder Student im dritten Semester, dass auf lange Sicht keiner von ihnen ganz gesund bleiben würde. Irgendwann erwischte es die meisten. Bei Professor Lithgow hatte es all die Jahre eigentlich ganz gut ausgesehen. Eine intakte Familie, großer Freundeskreis und bis auf eine exzessive Leidenschaft für Bücher keine besonderen Auffälligkeiten. Dazu seit geraumer Zeit die gut dotierte Stelle an der Uni, wo er die ganzen Irren nur noch in der Theorie behandeln musste.

Und dann eines Tages, völlig ohne Vorwarnung, hängte er sich an seiner hässlichsten Krawatte auf! Nicht gerade der beste Ansporn für Dan, das ohnehin schon in die Länge gezogene Studium endlich fertigzubekommen.

Nicht, dass er sich bislang besondere Mühe gegeben hätte. Mit dem Studentenleben hatte sich ganz gut arrangiert, und solange seine Eltern das Geld dafür zur Verfügung stellten, konnte es seiner Meinung nach noch eine ganze Weile so weitergehen. Verrückt werden konnte er später immer noch.

»Hast du das Päckchen geöffnet?« Pike starrte ihn durchdringend an.

»Welches Päckchen?«

»Das er dir geschickt hat.«

Dan starrte einen Augenblick zurück, ehe er langsam den Kopf schüttelte. »Wovon redest du?«

### 15. Oktober - Vorletzter Eintrag in Lithgows Tagebuch

*(Einen Tag vor Lithgows Tod, wenn ich richtig gerechnet habe. Die Schrift wirkt zittrig und ungenau, so, als hätte er unter großer innerer Anspannung gestanden.)*

Ich bin sicher. Für den Moment. Ich bezweifle, dass irgendjemand an mein Dachbodenabteil denken wird, denn ich selbst habe mich erst gestern an seine Existenz erinnert. Ich denke, dass ich unbemerkt hier hinaufgelangt bin und ich werde eine Weile ausharren können. Die Frage ist nur, wie lange sie brauchen werden, um mich aufzuspüren. Denn das ist ihnen bislang unfehlbar gelungen. Ich mache mir keine Sorgen um meine eigene Sicherheit. Das ist nicht notwendig, da es für mich schlicht keine Sicherheit mehr gibt. Ich weiß es jetzt, ich weiß, warum sie hinter mir her sind. Ich dürfte es nicht wissen. Doch es lag die ganze Zeit auf der Hand – so deutlich, dass ich es nicht noch einmal niederschreiben muss. Wir, der liebe arme James und ich, waren von Anfang an auf der richtigen Spur, ohne es zu sehen! Es ist eine Waffe. Ich glaube, dass es das ist, wonach sie suchen. Doch ich werde sie ihnen nicht liefern! Es sind zu viele Menschen dafür gestorben und ich werde nicht der sein, der das Andenken dieser verlorenen Seelen verrät! Jetzt, da ich das weiß, werden sie mich nicht am Leben lassen, doch diesen Preis bin ich bereit zu zahlen. Ich werde sogar noch weiter gehen. Ich werde ihnen verweigern, was ich darüber weiß, indem ich mich ihrem Zugang entziehen werde. Doch das Wissen wird nicht verloren gehen. Ich werde es weitergeben. An wen nur? Noch habe ich Zeit, jenen letzten Schritt zu planen.

## Dan

Das Päckchen hatte etwa die Größe eines Buches und war mit der krakeligen Handschrift des Professors adressiert worden. Es war ein kleines Wunder, dass die Jungs von der Post die Adresse überhaupt entziffern konnten. Wahrscheinlich spielte dem Postal Service die Wirtschaftskrise in die Hände und sie konnten sich eine Armee arbeitsloser Apotheker als Übersetzer leisten. Der Poststempel zeigte den Siebzehnten und das war irgendwie ein bisschen gruselig: Zwei Tage, bevor sie Lithgow tot in seiner Dachkammer gefunden hatten.

Dan zögerte einen Augenblick, bevor er es wagte, das Klebeband abzuziehen und das Papier aufzuschlagen, und starrte dann noch eine ganze Weile länger auf den Einband des Buches, das er in Händen hielt. Es sah uralt und abgewetzt aus und besaß einen ledernen Einband, der ihn an menschliche Haut erinnerte. Vorsichtig schlug er es auf und blätterte darin herum.

Interessiert beugte sich Pike über seine Schulter. »Das ist seine Handschrift, oder?«

»Sieht ganz danach aus. Jedenfalls im hinteren Teil. Die letzten paar Seiten. Die davor müssen von anderen Leuten beschrieben worden sein.« Dan deutete auf einen Haufen winziger, äußerst akkurat aneinandergereihter Buchstaben. »Siehst du das hier? Das könnte Latein sein.«

»Glaubst du, wir erfahren aus dem Buch, warum er sich umgebracht hat?« Pikes Augen glitzerten.

Dan zuckte mit den Schultern. »Es hat zumindest gewisse Ähnlichkeit mit einem Tagebuch. Es könnten aber auch Patientenberichte oder Fallbeschreibungen sein. Ich weiß nicht, warum er gerade mir so etwas schicken wollte.«

»Vielleicht hat er geglaubt, dass aus dir noch etwas werden kann. Immerhin hat er deine Arbeit über pathologische Arbeitssucht gelobt.«

»Er hat nur gesagt, dass vielleicht doch noch nicht alles verloren ist und dass ich mir eventuell mal ein Beispiel an meinem eigenen Forschungsgegenstand nehmen sollte – und ich habe gerade mal ein B+ für die Arbeit bekommen.«

»Er hat aber auch gesagt, dass du dich in Sachen verbeißen kannst, wenn du willst. Das wäre eine unschätzbare Eigenschaft in diesem Gewerbe.«


**11. Oktober – kurze Notiz Lithgows**
*(Hinweise auf paranoide Züge? Täusche ich mich, oder schritt Professor Lithgows geistiger Verfall wirklich ungewöhnlich schnell voran?)*

Sie lassen nicht locker. Ich kann sie sehen, unten auf der Straße. Beinahe ununterbrochen stehen Taxis dort, Tag und Nacht. Sobald eines wegfährt, nimmt ein anderes seinen Platz ein. Eine ausgesprochen clevere Vorgehensweise – wüsste ich nicht, dass es ein Taxi war, das Crossing überfuhr.

Und mehr noch – sie sind auch im Haus. Immer wieder höre ich ihre Schritte leise huschend den Flur überqueren. Ich muss also weiterhin mit äußerster Vorsicht vorgehen.

Inzwischen habe ich meine Suche auf drei Schriften eingrenzen können. Es sind ausgesprochen obskure Bücher, die sich in einer öffentlichen Bibliothek mit Sicherheit einen Platz im Giftschrank der Geschichte verdient hätten. Ich besaß sie bisher aus einer eher etwas morbiden Faszination an der Buchkunst und ihrer aus psychologischer Sicht interessanten Inhalte, wäre jedoch nie auf den Gedanken gekommen, einmal von ihrem Inhalt zu profitieren. Bei einem davon handelt es sich um Auszüge aus den Schriften eines offensichtlich geistesgestörten Arabers, die von einem ägyptischen Kollegen Anfang des letzten Jahrhunderts analysiert wurden. Kurioserweise scheint jener Kollege damals über seine Arbeit selbst einer paranoiden Schizophrenie erlegen zu sein, weshalb seine Arbeit letztendlich nicht als Fachbuch anerkannt wurde und nur in kleinster Auflage als Pflichtexemplare, wie sie für wissenschaftliche Veröffentlichungen Bedingung sind, veröffentlicht wurde. Es ist allerdings durchaus bemerkenswert, welchen Einfluss diese Schrift eines pathologisch Kranken auf den Geisteszustand eines gesunden Psychologen ohne den notwendigen professionellen Abstand entwickeln konnte. Ohne die entsprechenden arabischen Passagen in Thalers Notizbuch entziffern zu können, bin ich beinahe überzeugt davon, dass sie sich mit einem ähnlichen Themenkreis beschäftigen. Interessant wird es allerdings erst bei der jüngeren, portugiesischen Passage. An dieser Stelle fehlen zwei oder drei Seiten des Buches, doch was ich aufgrund meiner Spanisch- und Lateinkenntnisse erahnen kann, handeln sie von einer Expedition in Bolivien, der beim Versuch, eine verschollene Stadt zu finden, mehrere Dutzend Menschen zum Opfer fielen. Ob diese Expedition von Erfolg gekrönt war, kann ich aufgrund der Lückenhaftigkeit des Textes sowie der von starkem Fieber beeinträchtigten Auffassungsgabe des Schreibers nicht sagen, doch könnte dies durchaus Grund genug sein, mich jetzt zu beobachten. Wenn doch nur die Seiten nicht fehlen würden! Ob Thaler sie entfernt hat? Oder Duvall? Der Kubaner? Tarek? Ich weiß es nicht. Ich weiß nur, dass von diesem Notizbuch mein Leben abhängt, und dass sie es nicht in die Finger bekommen dürfen. Um keinen Preis. Ich kann sie schon wieder hören. Ich glaube, sie sind in der Nebenwohnung. Ja, das ergibt Sinn. Um meine Wohnung zu überwachen wäre sie ideal. Ich fürchte, ich muss meinen Aufenthaltsort abermals wechseln.

### 10. Oktober – Lloyd Lithgow, Notiz
*(Der Professor ist wirklich aufgeregt gewesen. Aber wer sind diese ›sie‹, von denen er ständig schreibt? Je weiter ich zurückblättere, umso undurchsichtiger wird das alles. – Dan)*

Ich befinde mich in meiner Wohnung, bereits den 2. Tag und noch immer auf der Suche nach jenem Buch, das mir Gewissheit über die in Thalers Tagebuch beschriebenen Sachverhalte verschaffen kann. Das Unterfangen stellt sich als mühsam heraus, denn ich wage es nicht, das Licht anzumachen oder ein elektrisches Gerät, zu denen zu meinem Unglück auch mein Herd gehört. Beobachtet man meinen Stromzähler, würde man gewiss auf meine Anwesenheit in der Wohnung kommen. Und der Stromausfall vor einem Monat erscheint mir rückblickend doch ein zu großer Zufall, um wirklich ein solcher gewesen zu sein. Ein Zufall, meine ich. Waren nicht Mitarbeiter der Stromwerke damals in jeder Wohnung gewesen? Es wäre ihnen also ein Leichtes gewesen, entsprechende Überwachungsgeräte bei mir zu platzieren. Nein, das Risiko ist zu groß, gerade jetzt, wo ich nur noch wenige, kleine Puzzleteile von der Lösung entfernt zu sein scheine. Sollen sie doch meine Wohnung, mein Büro oder Thalers Klinik überwachen! *(Anm. Dan: Hillcroft Oaks Privatklinik in Waltham?)* Solange ich mich unauffällig verhalte, wird niemand etwas von meiner Anwesenheit bemerken und bei Gott, ich werde ihnen ihr Geheimnis entreißen! Mich werden sie nicht einschüchtern und aus dem Weg räumen.


**Dan**

Irgendwann einmal musste die Hillcroft Oaks Privatklinik in Waltham ein wirklich herrschaftliches Anwesen gewesen sein. Der Park war unglaublich weitläufig und die Wirtschaftsgebäude so großzügig angelegt, wie man sich das in dieser dicht besiedelten Gegend heutzutage kaum noch leisten konnte. Beim Hauptgebäude handelte es sich um ein monströses Ding aus dem neunzehnten Jahrhundert, als man Gebäude noch mit nutzlosen Erkern und Türmchen verschönern musste und die Säulen vor dem Eingangsbereich gar nicht protzig genug sein konnten. Seine besten Zeiten hatte

Hillcroft Oaks schon seit Längerem hinter sich gelassen. Die oberen Fenster waren größtenteils zugenagelt und die unteren Stockwerke waren zufälligen Blicken von der Straße durch einen mit Stacheldraht verstärkten und mit unzähligen Graffitis verzierten Holzzaun entzogen.

Dan fuhr im Schritttempo daran entlang, bis er etwas weiter die Straße hinunter eine Stelle fand, an der die Bretter nicht mehr ganz so stabil wirkten. Obwohl der mit Unrat übersäte Gehweg völlig menschenleer war, hatte er das irritierende Gefühl, nicht allein zu sein. Er schob es auf seine Nervosität und stieg nach einem schnellen Blick über die Schulter aus. Der Zaun wirkte, als hätte jemand im Zorn heftig darauf eingetreten. Trotzdem waren die Bretter noch ziemlich solide und Dan brauchte eine Weile, bis er sie aus ihrer Befestigung gebrochen hatte.

Nach einem weiteren Blick über die Schulter zwängte er sich durch die entstandene Lücke und stand in einem Park, in dem schon vor langer Zeit das Unkraut die Oberhand über gärtnerische Arbeit zurückerlangt hatte. Fingerdicke Dornenranken verhakten sich in seinen Hosenbeinen und zerkratzten ihm die Arme, während er sich durch das Unterholz schlug.

Das erste Gebäude war ein zerfallener Geräteschuppen, in dem eine Handvoll Harken und Gartenscheren vor sich hin rosteten. Er nahm eine besser erhaltene Handharke in die Hand. Das Gewicht fühlte sich gut an und er beschloss, sie mitzunehmen.

Vom Geräteschuppen führte ein zugewachsener Pfad direkt auf die Westwand des Hauptgebäudes zu, das aus dieser Entfernung kaum noch etwas Herrschaftliches an sich hatte. Das Gemäuer war rissig und moosüberwuchert, und wo sich früher einmal die Fenster befunden hatten, klafften schwarze, vergitterte Löcher.

Versuchsweise rüttelte Dan an den rostigen Stäben. Der dahinter liegende Raum war bis auf einen Stapel vermoderter Bretter in der Ecke leer. Die Wände waren von Graffiti überzogen und es stank unglaublich nach Pisse. Dan umrundete die nächste Ecke und stieß auf eine rostige Eisentür, deren untere Ecke mit Gewalt aufgebogen worden war. Gerade weit genug, dass er sich mit Mühe hindurchzwängen konnte.

Ein langer, schwarz-weiß gefliester Gang lag vor ihm im Zwielicht und er verfluchte sich, dass er keine Taschenlampe mitgenommen hatte. Auch hier waren die Wände mit Graffiti überzogen, und das Aroma von Moder und Pisse war beinahe unerträglich. Unschlüssig blieb Dan stehen und lauschte.

Nichts. Kein Geräusch war zu hören. Nicht einmal das unablässige Rauschen des Concord Turnpike drang bis zu diesem gottverlassenen Ort vor. Er holte tief Luft und ging weiter. Rechts und links zweigten Türöffnungen zu winzigen Bürozellen ab, von denen die meisten völlig leergeräumt waren. Nur hier und da war ein Registerschrank oder ein klobiger Schreibtisch zurückgeblieben, und in einem der Räume hing noch ein kitschiges Bild an der Wand, das einen abstoßend hässlichen Hundewelpen zeigte, der mit rotgeränderten Augen ins Leere starrte. Er war nicht schwer, zu erraten, warum niemand es für nötig befunden hatte, diese Hässlichkeit zu entfernen.

Am Ende des Gangs führte eine Treppe nach oben in eine große Halle und von dort in weitere, lange Flure mit unzähligen Türen an jeder Seite. Im Gegensatz zu denen aus dem Erdgeschoss waren diese hier aus Metall und hatten in Blickhöhe kleine Fensterklappen, die mit einem Riegel verschlossen werden konnten.

Zweiundfünfzig, dreiundfünfzig.

Die Klappe von Nummer vierundfünfzig war offen.

Vorsichtig spähte Dan durch das Fensterchen und sah eine leere Zelle. Ein dunkles Loch, durch dessen zugenagelte Fenster ein paar graue Lichtfäden hereinfielen, auf denen der Staub tanzte. Keine Möbelstücke, kein Bett, dafür aber genügend Raum für unschöne Gedanken an Tische mit Haltegurten, Vorrichtungen für Elektroschocktherapie und das Wimmern der kläglichen Gestalten, die irgendwann einmal hinter diesen Mauern eingesperrt gewesen waren.

*Unsinn*, dachte Dan. *Elektroschocktherapie ist lange her.*

Aber das war sie nicht. Hatte nicht 1942 noch Joseph Kennedy, der Vater von JFK, seiner lebenslustigen Tochter das Gehirn aufbohren lassen, um sie von ihrem seiner Meinung nach unsittlichen Lebenswandel zu heilen? Das musste ihm auch ziemlich gut gelungen sein, denn soweit Dan sich an das Seminar aus dem zweiten Semester erinnern konnte, hatte die junge Rosemary bis zum Ende ihres traurigen Lebens sabbernd im Rollstuhl sitzen und in ihre Windeln scheißen dürfen.

Er warf einen unbehaglichen Blick über die Schulter, ehe er weiterging. Eine weitere Treppe hinauf und durch einen düsteren Flur, bis er den Bereich C erreicht hatte. Nummer achtundsechzig war geschlossen und Dans kleine Abenteuerreise in das vorletzte Jahrhundert damit wohl beendet. Beinahe war er froh darüber, denn wenn er ehrlich war, jagte dieser Ort ihm mehr als nur einen leichten Schauer über den Rücken. Er legte die Hand auf das rostige Metall von dem bereits in großen Brocken der Lack abblätterte, und zuckte zusammen, als die Tür leise in ihren Angeln quietschte.

*Scheiße*, dachte er und zog sie mit zitternden Händen auf.

Natürlich war die Zelle genauso leer wie die anderen zuvor. Er hatte auch gar nichts anderes erwartet. Sie unterschied sich in nichts von der Zelle, die er bereits durch das Guckloch gesehen hatte, mit zugenageltem Fenster, Spinnweben in den Ecken und so leblos und tot, wie ein leergeräumter Raum nur sein konnte.

Bis auf die wirren Graffiti, die sich über alle Wände hinweg bis beinahe hinauf zur Decke zogen. So weit, wie ein ausgestreckter Arm gerade noch reichen konnte. Graffitikünstler fanden doch selbst am Arsch der Welt noch Raum, um sich kreativ zu entfalten! Der Unterschied war, dass diese Zeichnungen nicht aus Tags und Sprüchen bestanden, sondern den Anschein erweckten, als hätte jemand in zufälliger Reihenfolge Buchstaben aus dem Alphabet verwendet, um damit verwirrende Muster zu entwerfen. Welcher bekiffte Jugendliche brachte heutzutage noch die Geduld auf, so viel und so ausdauernd zu schreiben?

»Er hat es mit seinem eigenen Blut gemacht«, sagte eine Stimme so dicht hinter Dans Rücken, dass er einen Satz nach vorn machte und mitten in die Zelle hineinstolperte.

Er stieß einen Schrei aus (der ihm im gleichen Augenblick furchtbar peinlich war) und fuhr herum.

In der Tür stand ein hagerer Schwarzer, er schätzte ihn auf etwa fünfzig bis sechzig, in blauen Trainingshosen und einer abgewetzten Armee-Jacke. In der Hand hielt er einen langen, verbogenen Schraubenzieher.

»Wer sind Sie?«, fragte Dan, während es in seinem Kopf zu rattern begann. *Er hat einen Schraubenzieher. Er hat einen Schraubenzieher!*

»Mit. Seinem. Eigenen. Blut.« Der Alte stieß zu jedem einzelnen Wort den Schraubenzieher kraftvoll in die Luft. Dann warf er einen Blick über die Schulter und grinste. »Drei Tage hat er gebraucht, dann war er am Ende. Als sie ihn fanden, konnte er gerade mal noch mit den Augen rollen und leise vor sich hin röcheln.« Nachdenklich kratzte er sich am Kopf. »Du bist doch wegen ihm hier, oder?«

Dan brauchte einen Augenblick, bis er realisierte, dass die Frage an ihn gerichtet war. Der Schreck saß immer noch so tief in seinen Knochen, dass es ihm schwerfiel, einen klaren Gedanken zu fassen.

»Wer?«, fragte er, um Zeit zu gewinnen.

»Tarek«, sagte der Alte und starrte ihn aus gelben, blutunterlaufenen Augen an. Er runzelte die Stirn. »Oder haben ›Sie‹ dich geschickt?« Seine Miene verfinsterte sich und die dürre Hand verkrampfte sich um den Griff des Schraubenziehers.

»Nein!«, rief Dan, obwohl er nicht einmal wusste, wer »Sie« waren. Er war sich nur ziemlich sicher, dass er in diesem Augenblick nichts mit »Ihnen« zu tun haben wollte.

»Ich bin tatsächlich wegen Tarek hier«, sagte er schnell. »Das ist doch der Mann, der früher einmal in dieser Zelle gewohnt hat, richtig? Ich untersuche seinen Fall. Ich bin Psychologiestudent, nichts weiter. Ich wollte Sie nicht ...«

»Yo, schon gut.« Der Alte winkte ab und der Griff um den Schraubenzieher lockerte sich ein wenig. »Das leuchtet mir ein. Bist schließlich nicht der erste Student, der sich hier herumtreibt. Außerdem bist du viel zu gut angezogen, um ein Penner zu sein oder so was.« Er streckte die leere Hand aus. »Moses Walsh. Ich bin der Hausmeister. Oder war es zumindest früher einmal, als es hier noch etwas instand zu halten gab. Jetzt passe ich nur noch auf, dass sich hier kein Gesindel herumtreibt und leichtsinnige Psychologiestudenten nicht zu Schaden kommen, wenn sie unerlaubt in der Ruine herumklettern.« Er deutete auf die Wand. »Der Mann, über den du Informationen suchst, war früher mal einer der Pfleger, die für Station 7 zuständig gewesen sind. Die Insassen nannten ihn Sheriff, weil er sich immer aufführte wie ein verdammter Cop, wenn er Wachdienst hatte. Rannte die ganze Zeit mit seinem Gummiknüppel herum und ließ ihn an den Zellentüren entlangrattern, der Arsch. Wenn keiner der Ärzte in der Nähe war, trug er sogar eine Sonnenbrille und schiss die armen Schweine zusammen und ließ sie strammstehen. Das ganze Nazi-Programm halt, das sich so ein krankes Gehirn ausdenken kann.« Moses tippte sich mit dem Schraubenzieher gegen die Schläfe. »Ich frage mich heute noch, wer hier die wirklich Verrückten waren. Tarek und seine Freunde haben hier eine ganze Menge Schweinereien ausgeheckt, sage ich dir. Irgendwas furchtbar Schräges, wenn du mich fragst.« Geräuschvoll spuckte er aus. »Und sie wussten, dass ich etwas ahnte, deswegen hatten sie mich auch auf dem Kieker. Aber der alte Moses lässt sich nicht so leicht einschüchtern. Ich habe ihnen gesagt, sie sollen mir vom Leib bleiben, sonst ramme ich ihnen mein

Werkzeug bis sonst wohin. Da haben sie mich dann doch lieber in Ruhe gelassen.« Er kicherte leise.

»Was waren das für Sachen?«

Moses zuckte mit den Schultern. »Weiß nicht, habe es nie herausgefunden. Und wenn ich mit jemandem darüber sprechen wollte, dann haben sie mich nur ausgelacht. Wer glaubt schon einem Niggerhausmeister, was? Der alte Thaler war der Einzige ...«

Dan riss die Augen auf. »Richard Thaler?«

Moses nickte. »Er hat mir anvertraut, dass er ein ähnliches Gefühl hatte. Irgendwas mit der Regierung vielleicht. Menschenversuche oder so etwas in der Art. Er hat mir gesagt, ich soll mich in Acht nehmen und das habe ich dann auch getan. Hab mich fein brav aus allem herausgehalten und meine Klappe gehalten. Habe geschwiegen wie ein Grab, das kannst du mir glauben. Inzwischen denke ich, dass sie irgendwann das Interesse an mir verloren haben.«

»Warum, glauben Sie, hat Tarek das hier gemacht?« Dan deutete auf die Wände.

»Vielleicht hat ihn die Schuld aufgefressen.« Moses zuckte mit den Schultern. »Yo, so wird's wohl gewesen sein. Nach außen hin wirkte er wie ein harter Hund, der tougheste von der ganzen Bande. Aber in Wahrheit war er ein jämmerlicher Schwächling. Meine Theorie ist, dass er eines Tages realisierte, wie erbärmlich seine Taten waren, und dann hier in dieser Zelle sein Geständnis an die Wand geschrieben hat. Dumm nur, dass es niemand lesen kann. Tarek war aus dem Irak oder Afghanistan. Wer kann schon dieses Kauderwelsch entziffern, das die da unten in der Wüste sprechen, nicht wahr? Nicht mal die Cops sind daraus schlau geworden.«

Dan warf einen Blick auf die krakeligen Schriftzeichen. Er konnte zwar ebenfalls kein Arabisch, aber er bezweifelte, dass es sich überhaupt um eine echte Sprache handelte. Dafür schienen ihm die Zeichen zu zufällig verteilt.

»Was ist aus den anderen beiden Pflegern geworden? Die, die mit ihm unter einer Decke gesteckt haben?«

»Porter und Miller? Nachdem sich Tarek umgebracht hatte, wurden sie natürlich rausgeschmissen. Nicht wegen ihrer Übeltaten, sondern wegen dem ganzen Nazi-Cop-Scheiß. Treiben vermutlich immer noch da draußen ihr Unwesen.« Moses hielt inne. »Aber das geht mich nichts an. Ich halte mich da raus – und ich rate dir, dasselbe zu tun.« Der Schraubenzieher tippte erneut gegen seine Schläfe. »Ist besser für die Gesundheit.«


## 07. Oktober – Lloyd Lithgow, Notiz
Fall: Thaler
*(Ich verstehe! Es war wohl das, was diesem Dr. Crossing passiert ist, was Professor Lithgow so hat durchknallen lassen. – Dan)*

Crossing ist tot! Ich rief in seinem Büro an und bekam nur eine Sekretärin, die mir verdächtig gefasst erklärte, dass er am Abend vor zwei Tagen direkt vor seinem Büro von einem Taxi erfasst und mehrere Schritt durch die Luft geschleudert wurde. Offenbar brach er sich beim darauf folgenden Aufprall das Genick. Sie sprach von einem tragischen Unfall, bevor ich auflegte.

Unfall! Crossing starb, während ich beschattet wurde und sie spricht von einem Unfall! Ich sollte wohl besser kein Taxi rufen, um nicht in Gefahr zu laufen, ebenfalls einen »unerwarteten Unfall« zu erleiden.

Ich habe inzwischen die ehemalige Klinik Thalers besucht. Ein grausiger Bau, der einem weniger rationalen Mann als mir gewiss Angst machen könnte. Allerdings konnte ich meine Mission nicht erfüllen, denn das Gebäude ist nicht unbewohnt. Obwohl es alle Anzeichen von Leerstand aufweist, befand sich außer mir noch jemand dort. Er oder sie patrouillierten die Gänge und ich kann nur mutmaßen, dass es jemand von ihnen war. Vielleicht suchen sie wie ich nach Hinweisen, vielleicht aber ahnten sie auch meine Schritte voraus und haben auf mich gewartet. Was immer zutreffen mag, ich habe mich, hierin bin ich mir sicher, unbemerkt zurückgezogen. Mein nächster Schritt muss also sein, in meine Wohnung zu kommen, auch wenn das ein nicht geringes Risiko darstellt. Mir bleibt jedoch nichts anderes übrig – ich muss etwas nachprüfen und die dafür notwendigen Bücher sind leider in keiner Bibliothek Bostons zu finden, außer in meiner eigenen. Ich spüre, dass ich nahe dran bin. Und ich fürchte, sie spüren es auch. Ich muss also schnell sein und vorsichtig. Vielleicht, wenn ich mir ein zufällig ausgewähltes Taxi am Bahnhof nehme, und mich einen Block von Zuhause absetzen lasse. Über den Hintereingang von Mr. Wahalis Geschäft müsste ich unseren Hof erreichen, ohne von etwaigen Beobachtern auf der Straße bemerkt zu werden. Einmal in meiner Wohnung sollte es mit Umsicht gelingen, die notwenigen Informationen in meinen eigenen Büchern zu finden. Denn mittlerweile bin ich mir sicher, dass das, was Mr. Tarek so in seinen Grundfesten und seinem Verstand erschütterte und ihn zu seinem bemerkenswerten Schreibanfall veranlasste, in einer der älteren, ebenfalls auf Arabisch abgefassten Notizen zu finden ist. Möglicherweise auch in jener längeren portugiesischen Passage, die auf 1831 datiert ist. Gewissheit kann mir unglücklicherweise nur meine eigene Bibliothek verschaffen, auch wenn ich nicht dachte, dass dieser Teil meiner Sammlung jemals zu mehr als zum Kuriosum geeignet wäre.

## Dan

Unglücklicherweise gelang es Dan nicht, Moses' Ratschlag zu beherzigen. Das Gegenteil war der Fall, die Erzählungen des alten Hausmeisters hatten ihn erst recht neugierig gemacht. Pike hatte vermutlich recht gehabt: Er war vielleicht nicht der beste oder klügste unter Lithgows Studenten, aber wenn er sich erst einmal in eine Sache verbissen hatte (was selten genug vorkam), dann ließ er nicht mehr los. Diese Sache mit den Pflegern war genau so etwas. Ein großer Knochen, der ihm direkt vor die Nase geworfen worden war. Er musste nur noch zuschnappen.

Moses gab ihm eine Telefonnummer und eine Adresse mit, die er mangels Alternativen hastig in das Tagebuch hineinkritzelte. Direkt unter Professor Lithgows Worte, die vermutlich dessen letztes Lebenszeichen gewesen waren: »*Sie dürfen diese Notizen nie erhalten!*«

Draußen am Auto zündete er sich eine Zigarette an und inhalierte den Rauch in tiefen Zügen. Als er den Stummel unter der Schuhsohle ausdrückte, fiel sein Blick auf eine zerknüllte Zigarettenschachtel, die noch ziemlich neu wirkte. Er fragte sich, ob sie bereits dort gelegen hatte, als er hergekommen war. Sie hatte ein ausnehmend hässliches Logo und einen Schriftzug, dessen bloßer Anblick jeden Grafikdesigner schlagartig in einen überzeugten Nichtraucher verwandeln konnte. Sicherheitshalber notierte er den Markennamen in großen, sauberen Druckbuchstaben im Tagebuch.

Er wusste nicht genau, warum er das tat. Es war einfach nur so eine Ahnung.

### 04. Oktober – Lloyd Lithgow, Notiz
Fall: Thaler

*(Ich frage mich immer noch, wer den Professor beobachtet hat. Falls es überhaupt wahr ist und nicht nur eine Ausgeburt von Lithgows Phantasie. – Dan)*

Sie sind immer noch da. Noch beobachten sie mich nur, doch ich bin sicher, dass das nicht ewig so bleiben wird. Ich weiß nicht, worauf sie warten, doch sie kommen näher. Langsam und unauffällig. Womöglich bin ich der Einzige, der es bemerkt. Oder auch nicht. George, der Wachmann des Nachteingangs, fehlt seit gestern. Sie haben ihn durch einen jungen, vierschrötigen Kerl ersetzt, den ich hier zuvor noch nie gesehen habe. Vielleicht ist George ebenfalls aufgefallen, wer tief in der Nacht vor der Universität herumlungert. Und mich beobachtet. Vielleicht ist er deshalb verschwunden. Ich würde gern nach seinem Verbleib fragen, doch ich wage es nicht. Es könnte Aufmerksamkeit auf mich ziehen. Besser, ich halte mich weiter bedeckt. Ich werde meinen Kellerschlüssel für Block C nutzen, um das Gebäude unbemerkt vom Pförtner zu verlassen. Ich denke nicht, dass sie damit rechnen. In meine Wohnung kann ich nicht. Ich bin überzeugt davon, dass sie auf das Gewissenhafteste überwacht wird. Doch ich kann mich in die Stadt begeben, um Einkäufe zu tätigen und endlich wieder Verbindung mit Crossing aufzunehmen. Er hat bereits dreimal versucht, mich zu kontaktieren, doch ich konnte es nicht riskieren, seine Anrufe anzunehmen. Ich bin mir sicher, dass meine Telefone überwacht werden. Jenes hier im Institut ohnehin, doch ich fürchte, wem es gelingt, sich elektronischen Zugang zum Rechenzentrum unserer Universität zu verschaffen, für den wird mein Mobiltelefon keine Hürde darstellen. Nein, ich muss ein öffentliches Telefon finden, um Crossing zu erreichen. Vielleicht kann er mir inzwischen mehr sagen.

Bis dahin werde ich außerdem einen Ausflug zu Thalers altem Wirkungsort in Waltham machen. Die Hillcroft-Oaks-Heilanstalt ist inzwischen geschlossen, und soll noch vor Jahresende abgerissen werden. Warum plötzlich diese Eile, frage ich mich? Was wollen sie verbergen? Noch ist sie jedoch intakt, also ist es immerhin möglich, dort Hinweise zu Thalers Tod oder den Plänen seiner drei Pfleger zu finden. Vielleicht gibt auch Duvalls Raum einen Aufschluss auf das, was er in seinen Notizen nur mit vagen, unheilvollen Worten umschreibt.


**Dan**

Das Gefühl hatte sich verstärkt. Es war unbestimmt und kaum fassbar, aber es war unzweifelhaft vorhanden. Irgendetwas war mit diesen Pflegern aus der Irrenanstalt ganz und gar nicht in Ordnung und Dan hatte es bemerkt. Hatte vielleicht nur einen winzigen

Stein in den Tümpel geworfen, aber der hatte bereits begonnen, leise Kreise zu ziehen.

TAREK.

Dan strich den Namen sorgfältig aus dem Tagebuch und notierte dahinter in Klammern: (Gerechte Strafe erhalten).

Pike war zwar alles in allem ein seltsamer Vogel, aber wenn es um Informationsbeschaffung ging, war er echtes Gold wert. Für zwei Stangen Zigaretten hatte er sich mehrere Nächte lang in seinem Zimmer eingeschlossen und so lange sämtliche Online-Archive der Staaten durchforstet, bis er auf einen kurzen Zeitungsartikel in einer Lokalausgabe des Boston Herald gestoßen war, der über den Fall des durchgeknallten Pflegers berichtete. Tareks Geisteszustand hatte sich nach seiner Wahnsinnstat offenbar nicht mehr wesentlich verbessert, und man hatte ihn, nachdem das Interesse der Polizei an ihm verloschen war, nach Belmont ins McLean eingeliefert, wo sich offenbar noch eine Handvoll Psychiater an ihm versuchten wollte. Ein paar Wochen später ließ seine Familie ihn heim nach Jordanien holen (wo immer das liegen mochte), um sich besser um ihn kümmern zu können.

Tarek war also aus dem Rennen. Blieben noch zwei.

MILLER.

Dan stand auf und ließ die Halswirbel knacken. Er zog die letzte Zigarette aus der Packung und trat auf den Balkon hinaus. Während das Abendrot über dem Charles River langsam der Schwärze der Nacht wich, schaute er auf die nach und nach aufflammenden Lichter der Stadt und dachte über die ungeheuerlichen Dinge nach, die irgendwo dort draußen noch immer vor sich gingen, ohne dass auch nur eine einzige Menschenseele Ahnung davon hatte. Dass es ungeheuerliche Dinge sein mussten, daran hatte Dan keine Zweifel. Für einen Außenstehenden klang das vielleicht verrückt, aber bei so vielen beteiligten Personen konnte schnöder Zufall nahezu ausgeschlossen werden. Lithgow, Thaler, Tarek, Miller - und Moses. Letzterer hatte es ihm sogar selbst bestätigt.

Dan drückte die Zigarettenstummel auf dem Geländer aus und schnippte ihn über die Brüstung in die Tiefe. Als er gerade zurück in die Küche gehen wollte, bemerkte er aus dem Augenwinkel die einsame Gestalt am Ende der Straße.

Um diese Zeit kam es eigentlich nicht selten vor, dass noch jemand im Viertel unterwegs war. Ein verspäteter Angestellter auf dem Weg in den Feierabend, ein Jogger oder ein entnervter Hundebesitzer, der von seinem vierbeinigen Freund aus dem Haus getrieben wurde. Alle eilig unterwegs und mit einem klaren Ziel vor Augen. Einfach nur so dastehen, das war ... seltsam.

Konnte es sein, dass Dan mehr aufgewühlt hatte, als ihm lieb war? Was wenn »Sie« nun angefangen hatten, auch ihn zu beobachten? Er blieb in der Balkontür stehen und tat so, als suchte er etwas in seinen Hosentaschen. Leise zählte er bis sieben und drehte sich dann um. Die Gestalt war verschwunden.

Also doch nur falscher Alarm. Wahrscheinlich nur der Kioskbesitzer von Nummer 407, der schnell mal frische Luft schnappen wollte. Dan entspannte sich ein wenig und ging zurück in sein Zimmer. Sicherheitshalber schrieb er eine kurze Notiz ins Tagebuch, dann stand er noch einmal auf und legte die Kette vor die Wohnungstür. Man konnte nie wissen ...

## 01. Oktober – Lloyd Lithgow, Notiz
Fall: Thaler

*(Also weitere drei Tage zuvor. Lithgow wurde tagelang verfolgt. Blüht das jetzt mir? Aber wer? – Dan)*

Ich bin mir inzwischen sicher, beobachtet zu werden. In den letzten zwei Tagen folgten mir auffällig viele Kleinwagen, egal, wohin ich ging und wie oft ich auch das Taxi wechselte. Thalers ehemalige Helfer? Die Kubaner? Mich würde es nicht wundern, wenn es sich herausstellt, dass sie beides sind. Ich trage das Buch jetzt Tag und Nacht bei mir. Es ist tatsächlich eine gute Entscheidung gewesen, meine Untersuchungen allein vorzunehmen, ohne meine Kollegen hinzuzuziehen. Je weniger Menschen darüber wissen, umso sicherer ist es. Was ist es, was sich in diesen Notizen verbirgt? Welches Geheimnis birgt Thalers Klinik, das es wert ist, mich zu beobachten? Ich habe die Jalousien geschlossen, denn ich bin sicher, dass die Gestalt, die ich vorhin auf dem Parkplatz gesehen habe, direkt zu meinem Fenster hochgesehen hat. Dieses Gebäude hier ist gesichert und bewacht. Ich glaube nicht, dass sie hier etwas versuchen werden, doch kann ich nicht in meine Wohnung zurückkehren. Noch nicht.


## Dan
Auf Millers Spur kam er zwei Wochen später durch ein paar ausdauernde Telefonate und das Glück des Zufalls. Seit seiner Begegnung mit Moses waren einige Tage ins Land gezogen und die Gestalt am Ende der Straße hatte sich nicht mehr blicken lassen. Dafür war

314

Pike noch schweigsamer geworden als sonst und Dans andere Mitbewohner hatten ernsthafte Konsequenzen angedroht, falls er die Wohnungstür weiterhin von innen mit der Kette verriegelte. Die Notwendigkeit dieses Tuns wollten sie nicht einsehen, aber wenn Dan ehrlich war, konnte er ihnen das nicht verübeln. Sie wussten ja auch nichts von dem, was er in Erfahrung gebracht hatte.

Nachdem Dan sich gefühlt beinahe durch das halbe Telefonbuch von Suffolk County gequält hatte, landete er schließlich bei einer gewissen Harriet Miller, die sich schluchzend für seinen Anruf bedankte: *Ob er denn ein Freund gewesen sei?*

Dan fiel sofort die Vergangenheitsform auf, in der ihm diese Frage gestellt wurde, und aus irgendeinem Grund wusste er sofort, dass er an der richtigen Stelle angerufen hatte - und dass er zu spät war.

Miller hatte nach seinem Rauswurf aus der Irrenanstalt einen Job als Security-Mann bei Blackwall ergattert, wo er vermutlich weiterhin seine Neigungen zum Sheriff-Spielen ausleben konnte: Uniform tragen, Leute herumschubsen und einen auf dicke Hose machen. Dazu kam nach Aussage seiner mitteilungsbedürftigen Witwe ein zunehmender Hang zum Alkoholismus. Morgens bereits drei Bier, mittags noch mal das Gleiche und gegen Abend war er manchmal so betrunken, dass er den Weg nach Hause nicht mehr von allein fand. Richtig übel wurde es, nachdem er angefangen hatte zu schlafwandeln und überall in der Wohnung kleine Notizzettel mit wirren Notizen an die Wände zu pinnen. Von da an übernahm er nur noch die Nachtschichten in seiner Firma und kam so gut wie gar nicht mehr nach Hause. Dann, vor nicht einmal drei Tagen, hielt er sich seine Dienstwaffe an den Kopf und drückte ab. Nach Aussage seiner Kollegen hatte er sie um drei Uhr in der Früh zu einer Runde Russisch Roulette herausgefordert, die aber jeder von ihnen lachend abgelehnt hatte. Sie lachten so lange, bis sie feststellen mussten, dass es ihm äußerst ernst damit gewesen war. Mit einem Revolver hätte er das Spiel gegen sich selbst mit einer Chance von fünf zu eins vielleicht überlebt, aber mit seiner Dienstpistole war jeder Schuss ein Treffer. Eine Pistole hatte keine leeren Kammern. Die Polizei ging davon aus, dass es sich um einen nicht ganz ernst gemeinten, aber nichtsdestotrotz erfolgreich verlaufenen Selbstmordversuch unter starkem Alkoholeinfluss gehandelt haben musste. In Dans Studienunterlagen fand sich für so eine Verhaltensweise sicherlich auch ein passender Fachbegriff dafür. Nur dass ihm das nun auch nicht mehr weiterhalf.

Fluchend legte er den Telefonhörer auf. Er wusste, dass er ganz nah an der Sache dran gewesen war. Er hatte die Chance, gehabt und sie gerade einmal um drei Tage verpasst. Drei verdammte Tage, die ihn beinahe in den Wahnsinn trieben. Jetzt blieb nur noch eine Person übrig, die ihm sagen konnte, was verdammt nochmal hier vor sich ging:

PORTER.

Er dachte an den seltsamen Mann, den er vom Balkon aus beobachtet hatte. Wenn Porter herausgefunden hatte, dass Dan ihm auf den Fersen war, wie weit würde er dann gehen, um ihn aufzuhalten? Welche Möglichkeiten standen diesem Mann zur Verfügung? Wie skrupellos würde er vorgehen?

Inzwischen schloss Dan auch tagsüber die Tür zu seinem Zimmer ständig ab und richtete zum ersten Mal im Leben ein Passwort auf seinem Rechner ein. Wichtige Informationen schrieb er nur noch in das Tagebuch, das er Tag und Nacht bei sich führte und selbst unter der Dusche nicht mehr aus den Augen ließ. Pike musterte ihn mit zunehmend irritiertem Blick, während die anderen ihn gleich ganz ignorierten. Aber besser so, als wenn sie Fragen stellten, die er ihnen nicht beantworten konnte. Nicht, ohne sie in Gefahr zu bringen.

Nachdenklich tippte er sich mit der Spitze seines Kugelschreibers gegen die Lippe. Zunächst einmal schien es beinahe unmöglich, Porter auf die Spur zu kommen. Nach seinem Rauswurf war er lange Zeit wie vom Erdboden verschluckt gewesen. Sämtliche Hinweise und Spuren führten irgendwann ins Nichts, so als hätte dieser Mann niemals existiert. Doch das entmutigte Dan nicht. Ganz im Gegenteil. Lithgow hatte schon verdammt recht gehabt, als er sagte, dass er sich in Sachen verbeißen konnte, wenn er nur wollte.

Stellte sich nur die Frage, was er tun würde, wenn er Porter endlich gefunden hatte. Ihn zur Rede stellen? An die Polizei ausliefern? Fragte sich nur, aus welchem Grund. Was hatte der Mann denn getan? Und wie konnte er es ihm verdammt nochmal nachweisen?

Aber irgendwas musste er doch tun! Weiter nur Hinweise zu sammeln und im Tagebuch zu notieren brachte ihn doch auf Dauer keinen einzigen Schritt weiter! Was folgen musste, waren – unweigerlich – Taten.

**24. September – Lloyd Lithgow, Notiz**
Fall: Untersuchungen zum Tod Dr. Richard Thalers
*(Eine Woche Abstand zum vorhergehenden Eintrag? –*
*Dan)*

Ich halte es für sicherer, meine Notizen zu diesem Fall auch weiterhin in diesem Notizbuch festzuhalten, das ich inzwischen weniger als das Dr. Thalers als vielmehr das Franklin Duvalls betrachte.

Wie ich soeben in einer kurzfristig anberaumten Konferenz erfuhr, wurde das Netzwerk unserer Universität gestern zum Opfer eines Cyberangriffs, dessen Ziel es war, diverse verschlüsselte Daten und Forschungsergebnisse unserer Einrichtung zu stehlen. Mit Erfolg. Ich habe, wenn überhaupt, nur einen geringen Teil der Erläuterungen der Leute verstanden, die für die Sicherheit unserer hauseigenen Rechneranlage zuständig sind. Doch wiewohl man versuchte, uns zu versichern, dass der Übergriff keinerlei Schaden verursacht hatte und man davon ausging, dass es sich um einen studentischen Scherz oder allenfalls den Versuch gehandelt haben mochte, an Prüfungsfragen zu kommen, kann ich mich eines unguten Gefühls nicht erwehren. Zu den betroffenen Rechnern gehört nämlich auch mein Arbeitsplatz. Und da ich aktuell keine Prüfungen vorbereite und zudem keine für einen Datenräuber relevante Forschungsarbeit betreibe, kann ich nur zu einem Schluss kommen, der einen Angriff auf meinen Rechner erklären könnte: meine fortlaufenden Ermittlungsversuche dieses Notizbuch hier betreffend. Wer daran Interesse haben könnte, liegt wohl auf der Hand. Dieser Umstand verstärkt allerdings nur meine

Entschlossenheit, die Hintergründe der Tode von Thaler und Duvall aufzuklären.

Ich werde jedoch vorsichtiger vorgehen müssen. Sollte man mich tatsächlich beobachten, wäre es fahrlässig, meine Erkenntnisse an einem Ort festzuhalten, der so leicht von außen einsehbar ist.

Und Erkenntnisse habe ich gewonnen. Die Klinik, in der Thaler zum fraglichen Zeitpunkt gearbeitet hat, ist seit etwa fünf Jahren geschlossen – aus Gründen, die so vage gehalten sind, dass mir kaum etwas anderes übrig bleibt, als einen Zusammenhang mit dem Tod Duvalls und dem Zustand Tareks zu ahnen. Die Akten wurden ans Gesundheitsamt übergeben, wo sie vor zwei Jahren bei einem Brand des Außenarchivs vernichtet wurden. Das bestärkt mich natürlich in dem Verdacht, einem Geheimnis auf der Spur zu sein, dessen wahrscheinlichste Lösung noch immer in Duvalls Tagebuch verborgen liegt. Was das betrifft, ich meine, aus den Notizen des mutmaßlich an einer systematischen Paraphrenie leidenden Polizisten herauszulesen, dass er einem Geheimnis der Kubaner auf der Spur war. Ich glaube, Thaler wusste mehr, als er notiert hat.

*(Nicht nur Thaler, alter Mann! Du hast selbst weniger notiert als mir lieb ist! Worum zum Teufel geht es? Und wer sind »Sie«? Was wollen die? Und wessen Notizbuch ist das jetzt eigentlich? Deins? Thalers? Tareks? Oder doch Duvalls? Ist das Ding ein verdammter Wanderpokal? »Taler, Taler du musst wandern, von der einen Hand zur andern« … oder wie war dieses alte deutsche Kinderlied? – Warum konntest du nicht einfach aufschreiben, was du wusstest, du blöder Sack? – Dan)*

## Dan

Porter wohnte am Rand von Mattapan, was so viel bedeutete wie »Ein guter Platz zum Ausruhen«, aber in Wirklichkeit eine der miesesten Ecken der ganzen Stadt war. Graue, heruntergekommene Appartementhäuser und Verfall, soweit das Auge reichte. Mattapan war vielleicht früher mal eine anständige Gegend gewesen, aber diese Zeiten mussten schon sehr lange vorbei sein.

Dan parkte den Wagen am Ende der Straße, wo er das Haus gerade noch durch den Rückspiegel im Blick hatte. Ein rostiger Pickup parkte in der Einfahrt. Groß, wuchtig und blutrot, mit einem dicken Südstaatenaufkleber am Heck - was, wie Dan fand, in dieser Gegend mit seiner bunt durchmischten Einwohnerschaft fast schon an Wahnsinn grenzte. Er öffnete eine Coladose und richtete sich auf eine längere Wartezeit ein.

Er musste sich nicht lang gedulden. Keine Viertelstunde später öffnete sich die Verandatür und ein bulliger Kerl stiefelte hinaus, dem der Name Porter förmlich auf die Stirn geschrieben stand. So in etwa mussten die englischen Arbeiter ausgesehen haben, die im neunzehnten Jahrhundert nach Neuengland eingewandert waren. Untersetzt, massig und irgendwie gefährlich. Porter mühte sich mit einem großen, schwarzen Müllbeutel ab, dessen Inhalt offenbar ziemlich schwer war.

*In einem Horrorfilm wären da Leichenteile drin verpackt.* Mit einem Anflug faszinierten Grauens beobachtete Dan, wie der bullige Mann den Sack auf die Ladefläche des Pickup hievte und sich anschließend eine Zigarette anzündete. Nachdem er eine Zeitlang

Rauch in die Luft geblasen hatte, schwang er sich ins Führerhaus und startete den Motor.

Dan wartete angespannt, bis das rostige Fahrzeug um die nächste Ecke gebogen war, und näherte sich dann unauffällig dem Haus. Das erste was ihm ins Auge fiel, war die zerknüllte Zigarettenpackung mit dem abstoßend hässlichen Logo darauf.

Es konnte Zufall sein, ganz sicher. Aber Dan hatte noch keinen Menschen auf der Welt kennengelernt, der von dieser Marke jemals auch nur gehört hatte. Selbst Pike, der ansonsten alles rauchte was brennbar war, hatte er noch nie mit einer dieser seltsam hässlichen Packungen in der Hand gesehen. Unschlüssig schaute er sich um, blickte die Straße hinab und dann auf die dunklen Scheiben von Porters Haus. Es war zweistöckig und erinnerte ein wenig an eines dieser Herrenhäuser aus dem 19. Jahrhundert, einer Zeit, als man sich noch vorstellen konnte, dass in diesem Stadtteil würdevolle alte Damen im Rüschenkleid abends Tee auf der Veranda servierten.

**18. September – Lloyd Lithgow, Notiz**
Fall: Untersuchungen zum Geisteszustand, Richard Thaler
Patient verschieden (Suizid?)
Polizeikontakt: Dr. James Crossing, Quincy
*(Dieser Crossing war Cop? Warum haben die dann bis jetzt nichts herausgefunden? Am Ende stecken die dort mit drin! Es muss so etwas sein. Duvall war schließlich auch einer. Cops und Russen! Kein Wunder, dass Lithgow sich gefürchtet hat. Aber nicht mit mir! – Dan)*

Es ist ärgerlich. Vor zwei Tagen kehrte ich aus Quincy zurück, nur um festzustellen, dass kurz zuvor im gesamten Block die Stromversorgung zusammengebrochen war. Die Stadtwerke benötigten beinahe den kompletten gestrigen Tag, um das Problem zu beheben und zu meinem größten Ärger musste ich feststellen, dass mein Desktop-Rechner der Überspannung zum Opfer gefallen ist. Um meine Unterlagen bearbeiten zu können, müsste ich mein Büro in der Universität aufsuchen, doch ein ausgesprochen hässlicher Herbststurm hält mich davon ab, das Haus zu verlassen. Bis auf Weiteres bleibt mir also nichts anderes übrig, als meine Gedanken weiterhin handschriftlich festzuhalten. Es sind Tage wie dieser, die mich die zunehmende Elektronisierung unserer Welt verfluchen lassen. Immerhin gilt dies glücklicherweise noch nicht für meine private Bibliothek, sodass ich inzwischen meine Untersuchungen, wie mit James besprochen, fortsetzen konnte, und es erscheint mir mehr denn je angemessen, dass ich die Ergebnisse dieser Nachforschungen in ebendiesem Notizbuch festhalte. In mir verstärkt sich im Übrigen der Verdacht, dass der wichtigste Hinweis darauf in den Notizen jenes Anstaltsangestellten namens Tarek liegen muss, die mir mangels Arabischkenntnissen bislang verschlossen geblieben sind. In einem unwissenschaftlichen Anflug von Neugier befragte ich Akim Wahali, den Gemüsehändler in unserem Block. Mr. Wahali, der, wie sich herausstellte, in Brooklyn geboren ist und die Schriftsprache des Heimatlandes seiner Eltern offensichtlich noch schlechter beherrscht als das Englische (was ich kaum zu glauben vermag, wenn man seine Warenbeschriftungen betrachtet) bestätigte mir zumindest, dass es eine Form des Arabischen sei, konnte letztendlich nur mehrere Namen entziffern, die in den Notizen Tareks immer wieder vorkamen: Miller, Porter und der mir schon bekannte Duvall, sowie wie erwartet weiter hinten zusätzlich der Thalers. Damit scheint sich Thalers Verdacht weiter zu erhärten. Möglicherweise erwarteten sich die drei Pfleger Information von Mr. Duvall. Dr. Thaler vermutete, dass sie sich von dem Patienten Informationen über eine illegale polizeiliche Beschlagnahmung erhofften, bei der es wahlweise um Drogen, Geld oder Kunstgegenstände handeln könnte. Tatsächlich deuten die von einer starken Paranoia durchdrungenen Notizen Duvalls auf etwas dieser Art hin und liefern letztendlich einen Anhaltspunkt dafür, warum er aus den Südstaaten bis hier herauf nach Boston geflohen war. Vermutlich war Duvall in den Besitz eines wertvollen Gegenstandes gekommen und das kriminelle Trio versuchte, ihm diese Information abzupressen. Das wiederum würde genug Grund dafür liefern, warum Dr. Thaler begann, sich verfolgt zu fühlen, nachdem er den Pflegern das Tagebuch des Patienten abgenommen und für deren Entlassung gesorgt hatte. Ich halte es im Licht dieser Erkenntnis durchaus für möglich, dass ihn sein Gefühl nicht trog.

Meine Vermutung geht dahin, dass die Pfleger nach Duvalls Tod (der durchaus eine erneute Untersuchung rechtfertigen könnte) Thaler beschatteten. Zum einen, um Rache für ihre Entlassung zu nehmen, vor allem aber, um an das Tagebuch des Toten zu kommen, das sich jetzt in Thalers Besitz befand. Eine solche Beschattung allein kann natürlich nicht der Grund, sondern allenfalls der Auslöser für Thalers ausbrechende Paranoia gewesen sein. Thaler fühlte sich nämlich zu keinem Zeitpunkt genötigt, wegen dieses Sachverhaltes die Behörden einzuschalten, wie es ein gesunder Mensch getan hätte. Im Gegenteil – im weiteren Verlauf seiner Notizen scheint er einen wachsenden Unwillen gegen eine Involvierung der Polizei zu entwickeln. Ich kann nur vermuten, dass dies mit der Tatsache zusammenhängt, dass Duvall selbst Polizist gewesen ist. Ich werde nicht ganz schlau aus Thalers unzusammenhängender werdenden Notizen, doch scheint er eigene Ermittlungen angestellt zu haben, die den Verdacht eines Geheimnisses in den Seiten dieses Buches erhärten. Ich gedenke, in den nächsten Tagen Thalers ehemalige Wirkungsstätte und den Ort von Duvalls Tod aufzusuchen, um mir vor Ort ein Bild zu machen.

**Dan**
Die Haustür war nicht abgeschlossen, und das hätte Dan von Anfang an misstrauisch machen müssen. Aber zunächst hatte er sich nichts dabei gedacht. In der Gegend, aus der er stammte, schloss kein Mensch die Türen ab. Seine Eltern lebten auf dem Land, in einer Gegend, in der Nachbarn noch Freunde waren, die sich am Wochenende gegenseitig zu Kuchen und Tee einluden. Wo in jedem sauber gestutzten Garten noch die Fahne der Vereinigten Staaten im Wind flatterte, man gemeinsam in die Kirche ging und danach auf die Hirschjagd. *Good Ol' America*, wie man sagte.

Wer in Mattapan seine Tür nicht abschloss, war höchstens verrückt.

Im Erdgeschoss unterschied sich die Wohnung kaum von Tausenden anderen Wohnungen in dieser

Gegend: Heruntergekommen, schmutzig und altbacken. Im Wohnzimmer stand ein uralter Röhrenfernseher und direkt daneben ein bis oben mit Bier gefüllter Kühlschrank. Der einzige Sessel war so abgewetzt, dass an einigen Ecken bereits die Polsterung herausschaute. Überall stank es nach Schweiß, Rauch und noch etwas Schlimmeren, das Dan nicht identifizieren konnte. Er hatte nicht den Eindruck, dass es in diesem Dreckloch etwas Wichtiges zu entdecken gab und stieg die Treppe zum Obergeschoss hinauf. Obwohl er sich alle Mühe gab, so leise wie möglich aufzutreten, protestierten die alten Holzdielen lautstark unter seinen Füßen und er hielt einige atemlose Augenblicke inne, um nach verdächtigen Geräuschen zu horchen.

Hinter der ersten Tür fand er lediglich ein gutes Dutzend Plastikkanister, von denen ganz offenbar der beißende Gestank ausging, der ihm schon im Erdgeschoss aufgefallen war. Angewidert hielt er sich die Nase zu und ging weiter. Die zweite Tür war verschlossen und er wollte sich schon der nächsten zuwenden, als ihm die Staubflusen auf dem Boden auffielen.

*Das ist ja beinahe zu einfach*, dachte er und schaute zum Türstock hinauf. Er streckte die Hand aus und seine Finger tasteten den oberen Rand entlang, bis sie auf den Schlüssel stießen, den Porter dort oben versteckt hatte.

Auf den Anblick, der sich ihm bot, war er beim besten Willen nicht vorbereitet. Entsetzt ließ er den Blick durch den Raum schweifen. Über mit Glasflaschen gefüllte Regale, in denen in trüben Flüssigkeiten Dinge schwammen, deren bloßer Anblick ihm Übelkeit verursachte. Um was es sich genau handelte, konnte er im

Licht der flackernden Neonröhren nicht erkennen. Er hatte auch nicht unbedingt das Bedürfnis, es genauer herauszufinden. Der Anblick unzähliger Augen, Organe, Extremitäten und nicht zu identifizierender weiterer Monstrositäten reichte ihm vollkommen aus. In der Mitte des Raums befand sich ein fleckiger Tisch, auf dem sauber aufgereiht ein ganzes Arsenal blitzender Schneidinstrumente lag, an der Wand dahinter ein vergilbtes Waschbecken mit alten Rostspuren darin, und direkt daneben ein schmales, vergittertes Fenster, das von außen zusätzlich mit Holzbrettern vernagelt war.

Das Geräusch einer zufallenden Tür weckte ihn unsanft aus seiner Erstarrung. Im gleichen Augenblick fuhr es ihm eiskalt den Rücken herunter. Die Haustür! Fieberhaft versuchte er, sich daran zu erinnern, ob er sie offen stehen gelassen hatte. Vielleicht war es ja nur der Wind gewesen, der sie hatte zuschlagen lassen?

Diesen hoffnungsvollen Gedanken zerstörte das widerstrebende Knarren der alten Holzdielen. Schwere Schritte, die sich langsam aber unaufhaltsam näherten.

Dan trat einen Schritt zurück und stieß gegen den Tisch. Es schepperte leise und er riss die Augen auf. Das Knarren hatte aufgehört. Sein Herz hämmerte so heftig, dass er fürchtete, es würde seinen Brustkorb sprengen. Er hatte schon von Fällen gehört, in denen Menschen vor lauter Angst gestorben waren. Ihr Herz hatte einfach einen Sprung gemacht und dann aufgehört zu schlagen. *Vielleicht wäre das die einfachste Lösung...*

Nein! Wütend schloss er die Augen und holte tief Luft. So einfach würde er es ihnen nicht machen. Äußerst vorsichtig, um nur ja kein weiteres Geräusch zu

326

verursachen, griff er nach einem der vielen Messer, die auf dem Tisch ausgebreitet lagen. Es besaß eine lange und breite Klinge. So eine für die normalerweise nur Profiköche oder verrückte Killer in Horrorfilmen Verwendung haben konnten. Er umklammerte sie und schickte ein letztes Stoßgebet an Gott. Auch wenn er ahnte, dass Gott ihn an diesem Ort vielleicht nicht hören würde.

### 16. September – Lloyd Lithgow, Notiz

Fall: Untersuchungen zum Geisteszustand, Richard Thaler

Patient verschieden (Suizid)

Polizeikontakt: Dr. James Crossing, Quincy

Ich bin leider gezwungen, meine Notizen für diesen Tag in diesem Buch hier festzuhalten, ist es doch, in einem Moment der Unachtsamkeit meinerseits, einem Dieb gelungen, mein Handgepäck zu entwenden. Es ist den Herren von der Transit Police leider nicht gelungen, den Täter dingfest zu machen, sodass ich mich mit dem Gedanken anfreunden sollte, weder mein Laptop oder meine Unterlagen, noch meine Wechselhemden und Unterhosen jemals wieder zu sehen. Nur einem glücklichen Umstand ist es zu verdanken, dass sich dieses Buch hier nicht im Gepäck befand, sondern unter meiner Jacke verborgen auf dem Sitz lag. Ich muss also meine Gedanken hier festhalten, bis ich Ersatz schaffen kann, denn es wäre ein Fehler, zu viel Zeit verstreichen zu lassen, so lange die Eindrücke noch frisch sind.

Ich wurde hinzugezogen, um ein Vergleichsgutachten zum Tod von Doktor Richard Thaler zu erstellen. Anfänglich erschien mir die ganze Angelegenheit bloße Routine und überflüssig noch dazu. Doch Doktor James Crossing, Gerichtsmediziner im Polizeidezernat von Quincy (ein Umstand, der ihn immer wieder zu Heiterkeitsausbrüchen verleitet), bat mich inständig, ihm meine Expertise zur Verfügung zu stellen. Da mich mit James eine langjährige, über bloße Kollegialität hinausgehende Freundschaft verbindet, hatte ich ihm jedoch meinen Rat in diesem Fall zugesagt.

Meine anfängliche Skepsis legte sich jedoch, als ich gestern im Büro von Dr. Crossing eintraf. Der Autopsiebericht war umfassend und in sich unauffällig. Nichts deutete auf ein Fremdverschulden am Tod von Doktor Thaler hin. Es bleibt lediglich zu klären, warum ein renommierter Psychiater wie Thaler auf die Idee kommen konnte, sich mit seinen Schnürsenkeln in seinem eigenen Büro zu erhängen. Die Kollegen in Quincy waren zu keinem schlüssigeren Ergebnis gelangt als dem, dass unser Berufsstand uns mit den absonderlichsten und wohl auch abscheulichsten Regionen der menschlichen Psyche in Kontakt brachte und mancher Geist diesem im Laufe der Jahre anwachsenden Druck nicht standhalten konnte. Kurzschlusshandlungen waren die Folge, wenn auch selten.

Im Normalfall begnügen sich die Kollegen mit stark kontrastierenden Freizeitbeschäftigungen. Eine erstaunliche Zahl von uns musiziert – Klassik, so habe ich festgestellt, wirkt besonders beruhigend auf den vom menschlichen Schmutz befleckten Geist. Schon gehört entfaltet die simple, mathematische Ästhetik einer Bach'schen Messe eine ungemein reinigende Wirkung. Für jene unter uns, die die Begabung haben, selbst ein Instrument zu spielen, muss der Effekt noch ungleich größer sein. Andere entspannen sich in der Malerei, der Schriftstellerei, oder, wie mir von einem Kollegen aus Philadelphia zu Ohren kam, der Teilnahme an Autorennen. Auf einem Symposium bin ich sogar einem deutschen Analytiker begegnet, der in seinen Mußestunden Verbrechenstatorte auf einer Modellbahnlandschaft bis ins kleinste Detail rekonstruiert. Andere finden ihr inneres Gleichgewicht bei Essen oder Wein (auch wenn ich zugeben muss, dass hier die Grenze zur Suchthandlung leider gelegentlich mehr als nur berührt wird). Wir alle haben unsere Fluchten, um angesichts der Gräuel des Geistes nicht selbst den Verstand zu verlieren. Doktor Thaler scheint zu jenen Unglücklichen zu gehören, die diesen Kampf verloren haben, und sein Fluchtweg waren schwarze Seidenschnürsenkel gewesen, befestigt an einem Deckenventilator aus Mahagoni und Messing.

Einige Tage nach Beisetzung Thalers fand seine Frau ein Tagebuch im Arbeitszimmer ihres Mannes. Sie übergab das Buch an Dr. Crossing, zu dem das Paar bereits vor dem Suizid Thalers freundschaftlichen Kontakt gepflegt hatte. Auf den Seiten dieses Buches hatte sie die Handschrift ihres Mannes gefunden, Seiten über Seiten von Notizen. Allerdings waren sie auf Latein abgefasst, und damit für die Ehefrau unlesbar. Dr. Crossing, dessen Latein in den letzten Jahrzehnten in Quincy nicht allzu viel Bedarf gefunden hatte, entschlüsselte mit Mühe einige Passagen. Sie schienen sich vor allem mit der Arbeit zu beschäftigen, der Thaler in den Monaten vor seinem Tod nachgegangen war. Das wenige, was Doktor Crossing entziffern konnte, überzeugte ihn jedoch davon, dass der Schlüssel zum Ableben des bemitleidenswerten Doktors in diesen Seiten zu finden sein könnte. Warum er nicht seine Dienststelle davon unterrichtete? Ich weiß es nicht. Ich denke, er hat seine Gründe dafür, dass er stattdessen mich beauftragte. Einer dafür mag wohl sein, dass mein Latein besser ist als seines und ich darüber hinaus spanisch, französisch und niederländisch beherrsche – alles Sprachen, die wir in den Seiten des Buches fanden. Wie es aussieht, war Doktor Thaler nicht der erste Besitzer dieses Werkes. Doch meine Gedanken eilen voraus.

Dr. Crossing kontaktierte mich und ich nahm gestern Morgen die Red Line nach Quincy, um mich mit ihm in seinem Büro zu treffen. Bereits als ich eintraf, lag das fragliche Buch auf dem Tisch. James hatte einige Labortests zu dessen Beschaffenheit durchgeführt, mit, gelinde gesagt, erstaunlichen Ergebnissen. Das Papier ist nicht genau zu datieren, jedoch von minderer Qualität und nicht ungewöhnlich, auch wenn die hinteren Rohblöcke neueren Datums zu sein scheinen. Es sieht so aus, als sei das Werk nachträglich mehrfach erweitert worden. Bemerkenswerter ist der Einband dieses Buches, ein Leder von ungewöhnlicher Struktur und Beschaffenheit, bereits rissig und sichtlich abgegriffen. Im Rückblick wundere ich mich ein wenig darüber, dass ich überhaupt erstaunt war, von Dr. Crossing zu erfahren, dass es sich hierbei um menschliche Haut handelt. Wie mir James versichert, schließt die gewissenhafte Analyse aus, dass dieses makabre Leder jünger als zweihundert Jahre ist. Damit ist es aus kriminalistischer

Sicht, zumindest was den Suizid Thalers angeht, nicht von Interesse. Vielmehr scheint es sich eher um ein Kuriosum zu handeln, ähnlich den in einigen Kreisen so beliebten Schrumpfköpfen der Kolonialzeit. Immerhin wirft dieses Merkmal tatsächlich interessante psychologische Fragen zum verstorbenen Doktor Thaler auf. Im Licht unserer nächsten Entdeckung jedoch verblasste dieses Detail schnell.

Wie oben erwähnt, enthielt das Buch die inkohärenten Notizen von, wie es aussah, den letzten drei Monaten in Thalers Leben. Welche Psychose Richard Thaler auch gehabt hatte (und das musste der Fall gewesen sein, denn niemand weist eine derartig starke Form von Paranoia ohne vorherige Anzeichen auf), sie kreiste offensichtlich um drei Pfleger, die ihm in seiner Bostoner Klinik unterstellt waren. Porter, Miller und Tarek. Letzterem hatte Thaler das Buch etwa fünf Jahre zuvor abgenommen, als schließlich ans Licht gekommen war, dass die Pfleger ihre – und damit Thalers – Patienten über Jahre hinweg systematisch misshandelt und bestohlen hatten. Tarek hatte mehrere Seiten mit furchtbar krakeligem Arabisch beschriftet, das zu lesen leider keiner von uns in der Lage ist. Möglicherweise war Thaler imstande gewesen, es zu entziffern, doch dafür ergibt sich kein Anhaltspunkt. Interessanter sind damit die Seiten vor Tareks Notizen. Sie sind im flüssigen, wenn auch etwas unmodernen Französisch geschrieben, das in gewissen Kreisen in der Region des Mississippi-Deltas noch immer gebräuchlich ist. Wie wir bereits aus Dr. Thalers Aufzeichnungen entnehmen konnten, gehörte das Tagebuch in den Besitz eines der Patienten, einem Franklin Duvall aus Crawfordville, Waculla County, unten im Norden von Florida. Duvall war ein Jahr vor seinem Tod in die geschlossene Anstalt unter Thalers Betreuung gekommen und Dr. Thaler vermutete, dass die Pfleger nicht nur diesen persönlichen Besitz des Patienten entwendet, sondern darüber hinaus für dessen Tod an einer Medikamenten-Überdosis verantwortlich waren. Ironischerweise eine Annahme, die wohl auch zum Ausbruch seiner eigenen Paranoia geführt und letztendlich Mitschuld an seinem eigenen Tod hatte.

Der Grund für Duvalls Einweisung in die Anstalt war übrigens eine Form paranoider Schizophrenie gewesen, aufgrund derer der Mann einige Monate zuvor aus dem Süden geflohen war. In Boston hatte er keinen festen Wohnsitz aufgewiesen und war schließlich eingeliefert worden, nachdem er in einer städtischen Suppenküche ohne Vorwarnung versucht hatte, einen Obdachlosen in einem Kessel Fischsuppe zu ertränken.

Duvalls Aufzeichnungen brachten schließlich zutage, dass er in Crawfordville Polizist gewesen war und dieses Buch aus den verbliebenen Besitztümern eines Exil-Kubaners stammte, der sich Ende der 80er mitsamt seiner illegalen Schnapsbrennerei in den Everglades in die Luft gesprengt hatte. Der ehemalige Polizist hatte das Buch aus der Asservatenkammer entwendet, wohl, um an Informationen über vermutete, geschmuggelte Gelder der Kubaner zu kommen. Es erscheint mir unwahrscheinlich, dass er derartige Informationen gefunden hat, da die Aufzeichnungen des Kubaners bestenfalls lückenhaft und zusammenhanglos erscheinen. Der Vater dieses Mannes, ein Relicario Alvarez, war in den 60er-Jahren Kontaktmann eines sowjetischen Wissenschaftlers gewesen, aus dessen Nachlass wiederum dieses Notizbuch in seinen Besitz gekommen ist. Sein Sohn hatte nach dem Tod des Vaters das Buch übernommen, sich jedoch bald darauf von russischen Agenten verfolgt gefühlt. Dies war wohl der Grund für seine Flucht aus Kuba gewesen. Was immer daran sein mag – auch der Russe war nicht der erste Besitzer des Buches gewesen. Die Einträge vor den auf Kyrillisch abgefassten waren auf 1926 datiert und wiederum auf Spanisch abgefasst, jene davor auf Niederländisch, der vor diesen in irgendeiner Art asiatischer Schriftzeichen. Diese erstaunliche Reihe reicht zurück ins 19. Jahrhundert – und weit darüber hinaus, auch wenn das Werk in Sprachen und Handschriften geschrieben ist, die weder Dr. Crossing noch ich in einer ersten Durchsicht entziffern konnten. Es bedarf natürlich einer eingehenden Überprüfung und Verifizierung, doch kann ich mich des Verdachtes nicht erwehren, dass dieses Werk durch Dutzende, wenn nicht Hunderte Hände gewandert ist.

Das sich abzeichnende Muster ist eindeutig, der Schluss daraus unvermeidlich. Dr. Crossing und ich kamen überein, das Buch an der Universität von geeigneten Fachleuten untersuchen zu lassen, um dem Inhalt der älteren Einträge nachzugehen. James wird mir genauere Informationen zu Alter und Herkunft des Einbandes liefern, sobald die Laborergebnisse eintreffen. Inzwischen werde ich das Schriftstück am kommenden Montag einigen ausgewählten Kollegen zur weiteren Begutachtung und Analyse vorlegen, bin jedoch zuversichtlich, dass die Antworten auf all unsere Fragen und damit auch das Geheimnis um den Freitod Thalers in diesem Buch verborgen liegen – einem Buch, das mit dem unglücklichen Schicksal einer erstaunlichen, momentan für mich noch unüberblickbaren Zahl von Vorbesitzern im Zusammenhang zu stehen scheint.

Meine Station. Ich setze die Zusammenfassung später fort.


## Pike

»Darf ich rauchen?« Pike öffnete mit einem fragenden Blick die Zigarettenpackung.

Der Cop zuckte mit den Schultern. »Nur zu. Es ist Ihr Zuhause.«

Pike nickte. Er drehte die Packung in der Hand. Plavatski … Wer dachte sich eigentlich so einen bescheuerten Namen für eine Zigarettenmarke aus? Und dann das Logo: eine Schlange mit einer Krone auf dem Haupt, die sich um einen Stern wand. Hässlicher ging es ja nun wirklich nicht! Aber der Erfolg gab dem Hersteller Recht. Inzwischen schien schon jeder zweite Bostoner die Dinger zu rauchen. Waren ja eigentlich auch nicht schlecht – und im Augenblick genau das Richtige, um den Schock zu verdauen. »Einfach so erschossen, sagen Sie?«

Der Cop zuckte abermals mit den Schultern. »Wie ich bereits sagte: Ist draußen in Mattapan bei einem Typ namens Porter ins Haus eingestiegen.« Er blickte auf seine Notizen herunter. »Von Beruf Tierpräparator. Stopft alles Mögliche aus, vom geliebten Hausdackel bis zum Zooelefanten, wenn es sein muss. Man sollte eigentlich nicht erwarten, dass irgendjemand glaubt, bei so einem Geld oder Wertsachen zu finden. Aber in Mattapan ist heutzutage alles möglich. Vor allem, wenn die Leute zugedröhnt sind.«

334

»So einer war Dan nicht.« Ungläubig schüttelte Pike den Kopf. »Ich meine: Etwas seltsam war er in letzter Zeit schon drauf. Vielleicht hatte er psychische Probleme oder die falschen Medikamente eingenommen. Der Selbstmord unseres Professors hatte ihm schon übel mitgespielt ...«

»Das erwähnten Sie bereits.« Der Cop tippte mit dem Kugelschreiber auf seinen Notizblock. »Wir werden dem natürlich nachgehen. Aber ich verspreche mir keine wirklich neuen Erkenntnisse davon. Wenn Sie mich fragen, ist die Sache klar: Ihr Studienfreund brauchte dringend Geld wegen irgendwelcher Drogengeschichten, ist wahllos in irgendein Haus eingestiegen und dabei an den Falschen geraten. Porter besitzt ganz legal eine Schusswaffe – hat früher bei einem Sicherheitsdienst gearbeitet – und er hat natürlich das Recht, sich damit gegen einen Einbrecher zur Wehr zu setzen. Vor allem, wenn der ihn mit einem Messer bedroht.« Der Cop steckte den Notizblock zurück in die Hemdtasche, unterdrückte ein Gähnen und stand auf. Sein Blick fiel auf das in Leder gebundene Tagebuch auf dem Küchentisch. »Gehörte das Daniel?«

Pike runzelte die Stirn. Das war doch Professor Lithgows Tagebuch, oder nicht? Hatte es tatsächlich schon die ganze Zeit dort gelegen? Vermutlich hatte Dan es versehentlich liegengelassen, bevor er weggefahren war. Bevor irgend so ein Tierpräparator ihn in Mattapan erschossen hatte ...

Nachdenklich zog Pike an seiner Zigarette. Er hatte das unbestimmte Gefühl, dass es keine gute Idee war, das Tagebuch den Cops zu überlassen. Vor allem, wenn mehr hinter der Sache mit Dans Tod steckte. Nein, er würde es ihnen ganz gewiss nicht mitgeben. »Nee«, sagte er und zog es betont beiläufig vom Tisch. »Das sind meine Studienunterlagen. Ein Haufen uralter Patientenberichte, die ich für eine Projektarbeit benötige. Langweiliger Scheiß, aber was will man machen.«

»OK«, sagte der Cop und stand auf. »Vorerst haben wir keine weiteren Fragen mehr an Sie. Aber halten Sie sich in den nächsten Tagen sicherheitshalber in der Nähe auf. Falls Ihnen in der Zwischenzeit noch etwas einfällt, wissen Sie ja, wie Sie mich erreichen können.«

»Ist klar«, sagte Pike. Aus dem Augenwinkel betrachtete er das uralte Tagebuch. Es schien auf ihn zu warten.

# Der Mann am anderen Ende

von

Sabrina Hubmann

Fünf Monate sind seit jener Nacht vergangen, und seitdem kann ich nicht mehr ruhig schlafen. Obwohl ich es selbst miterlebt habe, bin ich nicht fähig es zu verstehen, geschweige denn zu verarbeiten.

Ich höre immer noch diese Stimme am anderen Ende, sehe, wie die Nachrichten auf meinem Bildschirm erscheinen, ich kann es einfach nicht vergessen.

Ich war stets eine realistisch denkende Frau mit gesunden Ansichten. Meine Arbeit als Krankenschwester machte mir Spaß und über meinen kleinen, aber feinen Freundeskreis konnte ich mich auch nicht beschweren.

Ich weiß, dass ich nun alles falsch mache, und doch kann ich nicht anders. Ich habe meine Arbeit verloren, nachdem mich mein Chef dreimal verwarnt hatte, ich solle nicht so streng zu den Patienten sein.

Normalerweise war ich gütig und freundlich. Mich konnte nichts so leicht aus der Ruhe bringen. Doch nach meinem Erlebnis wurde ich ängstlich, verschreckt und hatte einfach nicht mehr die Geduld, mit kranken Menschen umzugehen. Allein ihr Dasein nervte mich, es ließ einen nicht gekannten Hass in mir aufsteigen. Wäre mein Kollege einmal nicht dazwischen gegangen, ich glaube, ich hätte die alte Meyer geschlagen. Sie war schon eine so lange Zeit bei uns und es bestand keine Aussicht auf Genesung, nicht mal im Geringsten. Sie war mir lästig und sie roch nicht gut. Ja, sie stank, doch das störte mich erst, seit ich mich verändert hatte. Und eines Tages wollte sie nicht so, wie ich es wollte, dann schrie ich sie an und hätte sie fast geschlagen. Jakob, mein Kollege, hielt mich zurück und meldete es unserem Chef. Noch am selben Tag durfte ich meine

Sachen packen und wissen Sie, was das Schlimmste daran war? Es machte mir noch nicht mal etwas aus.

Diese Erkenntnis erschreckte mich zutiefst. So war ich nicht! Wer war diese Person?, fragte ich mich immer und immer wieder, bis mir auch das egal wurde ...

Meine Kündigung erfolgte vor vier Monaten und seitdem bin ich zu Hause. Mein Freundeskreis hat sich auch rar gemacht, sollen sie sich doch verpissen ... Ich habe weder die Kraft, noch die Lust aufzustehen. Wenn ich es doch mal schaffe, dann wandle ich ziellos durch meine Wohnung.

Meine Nachbarin nimmt mir manchmal etwas aus dem Geschäft mit, dann brauche ich die Wohnung nicht verlassen. Ich habe ihr erzählt, dass ich an einer Lichtkrankheit leide und die eigenen vier Wände oft nicht verlassen darf. Sie glaubt mir, das alleine zählt. Nur die lästigen Fragen nach meinem Befinden nerven ...

Aber zurück in jene Zeit, als ich Lost_Soul kennen lernte und sich alles veränderte. Ich besuchte nach einem anstrengenden Arbeitstag einen Chatroom. Ein paar Mal war ich schon dort gewesen, hatte mich bisher aber immer nur über belangloses unterhalten. Wo kommst du her? Wie siehst du aus? Wie alt bist du? Die ganzen uninteressanten Fragen. Doch dieser Abend war anders ... Gerade als ich ausloggen wollte, weil ich mich müde fühlte, las ich in hellblauer Schrift: *Hallo Sonnenkönigin!*

Ich wunderte mich noch, dass er genau mich ansprach, immerhin waren mehr als dreißig Leute im Chat und ich hatte die letzten drei Minuten nichts geschrieben, sondern nur mitgelesen.

Aber ich antwortete … Und dieses Gespräch war anders. Vom ersten Moment an. Wir ließen die belanglosen Fragen aus. Er stellte sie nicht. Wir gingen in einen separaten Chatroom, um ungestört reden zu können. Ich fand das aufregend und kribbelig.

Lost_Soul: Du bist so ruhig.
Sonnenkönigin: Nur etwas müde. Hatte einen langen Tag …
Lost_Soul: Das tut mir leid! Umso mehr schätze ich es, dass du dich hier mit mir unterhältst.
Sonnenkönigin: Das mache ich doch gerne. Was machst du so?
Lost_Soul: Ach, nichts Besonderes. Momentan schreibe ich mit einer netten Dame.
Sonnenkönigin: Das ist mir klar, aber was machst du sonst? Tagsüber …
Lost_Soul: Ich schreibe!
Sonnenkönigin: Du schreibst?
Lost_Soul: Ja!
Sonnenkönigin: Und was schreibst du?
Lost_Soul: Na, Geschichten.
Sonnenkönigin: Ahhh, du bist Schriftsteller.
Lost_Soul: So könnte man dazu sagen …

Anfangs fand ich es anstrengend, dass man ihm alles aus der Nase ziehen musste, doch da gewöhnte ich mich schnell dran.

Sonnenkönigin: Was schreibst du denn so? Liebesgeschichten?
Lost_Soul: Ganz sicher nicht! Ich schreibe Horrorromane.

Sonnenkönigin: Oh, klingt spannend.

Lost_Soul: Meine Pause ist leider auch schon wieder zu Ende, außerdem bist du müde. Wollen wir uns wieder treffen?

Sonnenkönigin: Aber klar doch! Morgen um dieselbe Zeit?

Lost_Soul: Ich werde hier sein.

Dann war er auch schon weg. Beim Einschlafen drehten sich meine Gedanken immer und immer wieder um Lost_Soul. Irgendwann schlief ich ein. Die Träume fingen erst später an ...

Wir trafen uns von nun an regelmäßig. Auch wenn er nie vor Redefluss überschäumte, wurde er gesprächiger, als er es noch am ersten Abend war.

Er erzählte mir von seinen Ideen und Geschichten. Ich fand sie schräg, sagte es ihm aber nicht. Es war eine neue Welt für mich. Bisher hatte ich nur Liebesromane gelesen oder Krimis. Doch durch ihn geriet ich immer mehr in einen Bereich, den ich zuvor nicht gekannt hatte. Einerseits stießen mich seine kranken Gedanken ab, andererseits gefielen sie mir.

Meine komplette Freizeit verbrachte ich von nun an in dem separaten Chatroom mit Lost_Soul. Seinen richtigen Namen hat er mir übrigens nie selbst verraten, und irgendwann war er für mich nur noch Lost_Soul.

Lost_Soul: Wie hat dir meine Geschichte gefallen?

Sonnenkönigin: Du hast sie mir erst heute Mittag geschickt. Aber du hast Glück, ich habe sie bereits gelesen.

Lost_Soul: Und was sagst du?

Sonnenkönigin: Tja, was soll ich sagen, sie ist seltsam.

Lost_Soul: Und weiter?

Sonnenkönigin: Ich frage mich, wie du nur immer auf solche Ideen kommst. Der Protagonist tut mir echt leid. Erst fand er sich in einer völlig fremden Welt wieder, dann musste er auch noch herausfinden, dass er sie nie wieder verlassen könne. Und dieses Wissen machte ihn wahnsinnig … schräg und unheimlich, aber gut.

Lost_Soul: Es freut mich zu hören, dass sie dir gefallen hat. Warte nur meine nächste ab … die übertrifft alles. Ich schreibe seit fast einem Jahr daran. Schon bald werde ich sie vollenden.

Sonnenkönigin: Ich bin gespannt. Sei mir nicht böse, aber ich habe morgen einen langen Tag und bin hundemüde …

Lost_Soul: Schade! Aber na gut, dann sehen wir uns eben morgen wieder. Gute Nacht!

Sonnenkönigin: Gute Nacht!


Aber es wurde keine gute Nacht. Ich schlief zwar sofort ein, wurde aber von einem Albtraum nach dem anderen gejagt. Ich befand mich in fremden Welten, anderen, weit entfernten Dimensionen. Schreckliche Zerrbilder von bizarren Wesen und felsenartigen Städten erschienen vor mir. Ich hörte im Traum chorale Gesänge in einer Sprache, die es nicht gab … einfach nicht geben durfte. Diese Wesen bildeten einen Kreis um mich. Führten mich in ihr Reich. Ich wusste nicht, ob sie mir böse oder gut gesinnt waren, aber sie wollten etwas von mir. Doch was?

Am Morgen erwachte ich todmüde und schweißgebadet. Ich hatte das Gefühl keine Sekunde geschlafen zu haben, vielmehr kam es mir vor, als wäre mein Traum Realität gewesen und ich hätte ihn in Wirklichkeit erlebt.

Den ganzen Tag über dachte ich an den Albtraum. Obwohl ich ihn den intensiven Gesprächen mit Lost_Soul und dessen skurrilen Geschichten zuschrieb, konnte ich ihn einfach nicht abtun und vergessen.

Gespannt erwartete ich den Abend. Ich wollte ihm alles erzählen. Pünktlich wartete er im Chatroom bereits auf mich. Nach einer kurzen Begrüßung sprudelte es aus mir heraus.

Lost_Soul: Was für ein Traum! Wahnsinn …
Sonnenkönigin: Du sagst es. Er war so real. Ich hatte noch nie so intensiv geträumt. Daran sind bestimmt deine Geschichten schuld.
Lost_Soul: Könnte sein …
Sonnenkönigin: Sogar ganz sicher kann das sein.
Lost_Soul: Ich muss nachdenken …
Sonnenkönigin: Worüber denn? Über meinen Traum? Das musst du nicht, er ist vorbei und es war ja nur ein Traum. Nicht mehr und nicht weniger. Lass uns lieber das Thema wechseln …
Lost_Soul: Verzeih' mir bitte, meine schöne Sonnenkönigin, aber ich muss noch etwas schreiben. Schon bald habe ich meine Geschichte vollendet. Ich MUSS einfach weiterschreiben und nachdenken.
Sonnenkönigin: Ist ja in Ordnung. Wenn der große Künstler seinen Ideen nachgehen muss, will ich die Letzte sein, die ihn davon abhält.

Damit verabschiedeten wir uns voneinander. Für den nächsten Tag war natürlich wieder etwas ausgemacht.

An diesem Abend nahm ich ein Bad und sinnierte über meine neue Bekanntschaft. Manchmal wirkte Lost_Soul abwesend und unkonzentriert. Doch das störte mich nicht. Dass Schriftsteller ganz eigene Menschen waren, wusste und akzeptierte ich, doch mit meinem heutigen Wissen wünschte ich mir, ich hätte auf Lost_Souls Begrüßung nie reagiert …

Auch in dieser Nacht befand ich mich wieder in dieser fremden Umgebung. Unheimliche Gesänge drangen aus allen Richtungen an meine Ohren. Ich konnte nicht ausmachen, wo der Chor war. Ich war mir nicht einmal sicher, dass es einen Chor gab … die Musik schien einfach da zu sein. Wieder führten mich die Wesen zu irgendeinem unbekannten Ziel. Ihre Anwesenheit flößte mir Angst ein. Obwohl sie mir nichts taten, traute ich ihnen nicht.

Wir gingen auf ein seltsames Gebilde zu. Es sollte wohl ein Haus oder etwas Ähnliches sein. Sie führten mich in eine titanische Halle. Das Licht darin war so weiß und hell, dass ich geblendet meine Augen schließen musste …

Als ich sie wieder öffnete, lag ich in meinem Bett. Dunkelheit umgab mich. Vor meinen Augen schwebten helle Flecken und schwarze Kreise, so, als hätte ich direkt in die Sonne geschaut. Es dauerte eine Weile, bis sich mein Blick klärte und ich wieder normal sehen konnte. In dieser Nacht schlief ich nicht mehr ein. Leider erwartete mich ein anstrengender Arbeitstag.

Abends verspätete sich Lost_Soul …

Lost_Soul: Wie geht es dir?

Sonnenkönigin: Nicht gut, ich bin müde, habe schlecht geschlafen, hatte einen Scheißtag und musste hier zwanzig Minuten auf dich warten …

Lost_Soul: Das tut mir leid zu hören. Aber ich verspreche dir, dass sich das ändern wird.

Sonnenkönigin: Wie meinst du das?

Lost_Soul: Schon bald wird es dir wieder besser gehen.

Sonnenkönigin: Wovon sprichst du? Sag!

Lost_Soul: Ich kann dir das jetzt nicht erklären. Vertrau mir!

Ich weiß noch genau, dass mich sein kryptisches Gerede aufregte. So etwas konnte ich echt nicht gebrauchen. Aber Lost_Soul redete weiter. Er versprach mir Dinge und erzählte von Sachen, die ich nicht verstand …

Lost_Soul: Du darfst dich nicht fürchten. Sei offen für Neues!

Sonnenkönigin: Ich möchte aber nicht offen für Albträume sein. Sag mir endlich, warum du dich verspätet hast …

Lost_Soul: Auch das wirst du schon bald erfahren. Gib mir deine Handynummer und du wirst alles erfahren.

Sie werden mich für verrückt halten, weil ich ihm meine Nummer gegeben habe. Ich weiß bis heute nicht warum, aber ich tat es, obwohl sich etwas in mir dagegen wehrte und mich warnte. Doch diese Stimme in mir war leise und schwach. Lost_Soul war stärker …

Sonnenkönigin: Na gut … jetzt hast du sie. Willst du mich etwa anrufen?

Lost_Soul: Geduld!

Ob ich es hätte verhindern können, und ob mein Leben anders verlaufen wäre, weiß ich nicht. Ich kann es nicht sagen, weil ich auf sein erstes *Hallo Sonnenkönigin* reagierte, ihm meine Nummer gegeben und damit wohl mein Schicksal besiegelt hatte.

Er machte mir Angst, wie er die Dinge sagte, was er sagte …

Lost_Soul: Leg das Handy in deine Nähe. Du wirst gleich einen Anruf bekommen.

Das Handy läutete, nachdem ich seinen Satz gelesen hatte.

Mit zittrigen Händen griff ich danach. Unbekannter Teilnehmer …

Ich hob ab: »Ja?«, fragte ich mit leiser Stimme.

»Ist hier Anne Waiding?«

»Ja …«, antwortete ich zögernd.

»Hier spricht die Polizei und ich muss Ihnen leider etwas Schlimmes sagen. Herr Frederik Bosten wurde in seiner Wohnung tot aufgefunden.«

Obwohl ich seinen echten Namen nicht kannte, wusste ich, dass der Polizist von Lost_Soul sprach.

»Aber wie kann das sein? Ich verstehe nicht … und woher haben Sie meine Nummer?« In mir drehte sich alles. Gerade hatte ich ja noch mit ihm gechattet. Er verhielt sich zwar seltsam, lebte aber … Hatte er etwa Selbstmord begangen, während wir chatteten?

»Wir erhielten einen Anruf von Bostens Nachbarin. Sie hörte seltsame Geräusche aus seiner Wohnung. Als wir die Tür aufbrachen, fanden wir seine Leiche. Der Notarzt konnte nur noch den Tod feststellen. Sein Computer war noch an und auf dem Monitor stand eine Nummer, Ihre Handynummer. Darunter stand eine kurze Notiz, dass wir Sie umgehend nach dem Auffinden seiner Leiche anrufen sollten. Es tut mir leid!«

Ich verstand nichts mehr. Wovon sprach dieser Kerl? Immer und immer wieder sah ich auf den Monitor. Ich hatte hier den Beweis, dass ich eben noch mit ihm gechattet hatte.

Sonnenkönigin: Antworte, Lost_Soul! Schreib mir etwas, damit ich weiß, dass das nur ein übler Scherz ist. Das kann doch nicht wahr sein, bitte antworte mir, bitte!!

Doch ich bekam keine Antwort. »Ich war doch die ganze Zeit mit ihm im Chat. Wie kann das sein?«

»Was meinen Sie?«, fragte der Polizist sichtlich verwirrt. »Herr Bosten ist seit mindestens drei Stunden tot. Das hat uns der Notarzt mitgeteilt.«

»Seit drei Stunden …« Ich konnte nicht mehr. Das Handy fiel mir aus der Hand. Was war nur aus meiner Welt geworden?

Ich musste an den Mann aus Lost_Souls Geschichte denken, der wahnsinnig wurde, weil er feststellte, dass es aus der fremden Welt keinen Ausweg mehr gab. So hatte ich mich gefühlt. Ich war an der Grenze zum Wahnsinn und bin auch heute noch dort. Einen normalen Alltag wird es für mich nicht mehr geben.

Kurze Zeit nach diesem Ereignis erfolgte meine Kündigung, wie ich anfangs schon erzählte. Ich bin so müde, möchte aber nicht einschlafen, denn ich träume jede Nacht denselben Traum: Ich befinde mich in dieser anderen Dimension, einer völlig fremden Welt.

Diese seltsamen Wesen führen mich in diese licht-durchflutete Halle. Nacht für Nacht durchquere ich eine endlos scheinende Halle.

Irgendwann kann ich einen Thron erkennen. In diesem Thron sitzt Lost_Soul und lächelt mich an. In seiner rechten Hand hält er ein Buch, seine Geschichte? Obwohl ich ihn ansehe, kann ich ihn nicht genau erkennen. Diese Gesänge machen mich ganz schwindelig. Er bittet mich jede Nacht um das gleiche ... Er will, dass ich für immer bei ihm bleibe und neben ihm Platz nehme.

Dann erwache ich. Bis jetzt war es jedenfalls so. Und ich weiß nicht, ob ich darüber glücklich sein soll. Ich bin gefangen und verloren zwischen den Welten. Ich kann nicht hier sein, aber auch nicht dort. Doch ich fühle, dass ich mich nicht mehr lange widersetzen kann. Schon bald wird er es geschafft haben und ich nehme neben ihm auf dem Thron Platz.

Aber will ich das? Muss ich es denn? Ich weiß es nicht, ich weiß gar nichts mehr!

Doch, eines weiß ich: Die Grenze zwischen Normal und Wahnsinn ist klein und ganz nah beisammen. Frederik Bosten war wahnsinnig. Er lebte in seiner eigenen Welt, aus der er nicht mehr heraus wollte oder konnte. Vielleicht sogar war er der Protagonist aus jener Geschichte. Jedenfalls lebt er jetzt dort, ich weiß, dass es so ist. Er ist nicht Tod. Er wartet auf mich.

# Das Bionomicon

von

Nina Horvath

*Ende. Zwei Jahre Einsamkeit, nur durchbrochen von kurzen Ausflügen nach draußen. Ende, geschrieben mit meinem Blut. Die Male an meinem Hals sind aufgebrochen. Sie jucken und das Atmen fällt mir schwer. Linderung verschafft mir nur noch, wenn ich meinen Leib mit Salzwasser übergieße. Doch das Meer ruft, stärker denn je. Ich weiß nicht, wie lange es dauern wird, bis ich nur noch durch die neugewonnen Kiemen atmen kann. Morgen werde ich reisen und das Buch wird alles sein, was ich mitnehme. Ich brauche keinen Hausrat. Soll ich denn gefälschte Tupperware aus China mitnehmen, wenn ich schon bald in Y'ha-nthlei von goldenen Tellern speisen werde? Brauche ich einen trivialen Roman, wenn ich das Buch aller Bücher, das soeben vollendete Bionomicon, das Buch des Lebens, bei mir trage?*

*Es ist das Werk, das der Welt noch fehlt. Das Necronomicon, geschrieben vom verrückten Araber Abdul Alhazred, ist schon lange in dieser Welt. Das Buch des Todes, das Werk des toten Gottes Cthulhu, der träumend wartet. Doch kein Tod ohne Leben und das Leben kommt aus dem Meer. Genau wie mein Herr Dagon, der schon zu lange nach seinen Kindern ruft.*

*An mein früheres Dasein erinnere ich mich, aber es scheint mir wie ein dumpfes Echo, als etwas, das zu mir gehört und doch nicht Teil von mir ist ...*

Wie hätte ich auch ahnen können, dass nicht nur Hotel und Metrostation so hießen, sondern der ganz gottverdammte Bezirk? – Ja klar, nach der seltsamen Fahrt im Sammeltaxi rein in die U-Bahn, dann aussteigen und die Straße rauf und um die Ecke. So hatte es zumindest auf dem Plan gewirkt. Dass die Straße endlos war und sich der Koffer, den ich hinter mir herzog, angesichts der zahlreichen Schlaglöcher wie ein bockiges Tier benahm, war in meiner Kalkulation nicht enthalten gewesen. Und dass die Passanten und die Besitzer von diesen kleinen Barackengeschäften zwar allesamt sehr freundlich waren, aber Fragen grundsätzlich mit einem Redeschwall auf Russisch beantworteten, den selbst ein »I do not understand« nicht bremsen konnte, machte das alles auch nicht gerade einfacher. Aber immerhin hatte ich eine Frau, die am Straßenrand verwachsene Pilze anbot, soweit bringen können, dass sie ihre Worte mit wegweisenden Handbewegungen begleitete.

Die Frauen hier erstaunten mich allgemein: Die jungen schienen direkt dem Cover eines Modemagazins entsprungen zu sein. Sie waren toll geschminkt, hatten perfekte Haare und flanierten mit ihren Zehn-Zentimeter-Absätzen so geschickt herum, als würden sie sich nicht auf einem Gehsteig voller Schlaglöcher befinden, als gingen sie nicht an einem Abrissgebäude vorbei, vor dem ausrangierte Injektionsnadeln Zeugnis davon gaben, was hier tagtäglich geschah, sondern als liefen sie direkt auf einem roten Teppich auf dem Weg zur Unsterblichkeit.

Doch hier gab es kein ewiges Leben, nur die Frische der Jugendlichkeit und alte, fette, verwachsene Magdweiber. Die wunderschönen Mädchen alterten an diesem Ort nicht langsam, sondern verwelkten in Windeseile wie gepflückte Blumen. Der Glanz vergangener Zeiten in frisch restaurierten Gebäuden ... golden und glorreich. Daneben Ruinen, aber auch bewohnte Häuser, deren Verfall niemand Einhalt gebot.

Eine Stadt wie diese konnte man nur abgrundtief hassen – oder ihr den Rest seines Lebens verfallen sein ...

Wenigstens war das Hotel in Gehweite zur Location, einem Gebäude der hiesigen technischen Universität, und dieses Mal wirklich und nicht nur scheinbar auf dem Plan. Ich schlenderte nach der Registrierung, die rasch ging, da ich bereits auf der Liste stand, weiter. Ich sah mir die Stände an und knipste ein paar Fotos. Dann suchte ich mir einen freien Sitzplatz, der vermutlich gar nicht für Gäste gedacht war, sondern wohl zu den Ausstellungstischen eines Vereins gehörte und klappte dort mein Netbook auf. Ein Strich auf der Anzeige! Verdammt noch mal, wo konnte ich vernünftiges WLAN hereinbekommen?

Ich seufzte. An und für sich bloggte ich gerne, aber das während einer Veranstaltung zu tun, war ein echter Klotz am Bein. Andere tranken gemütlich tratschend ihr Bier, ich versuchte genau die Atmosphäre schriftlich einzufangen, die ich live gerade halb verpasste. Das Netbook vor mir war wie ein Maschendrahtzaun, eine Barriere zwischen mir und dem echten Leben. Das Gerät degradierte mich von der Hauptperson meines Lebens zu einer außenstehenden Beobachterin.

Wenigstens war es nur ein Zwischenbericht vom ersten Tag. Da erwartete niemand, dass ich angesichts der vergleichsweise exotischen Kulisse großartig über Programmpunkte schrieb. Und genau das hasste ich ja am meisten: Die Jagd nach Vollständigkeit. Dass ich die Vortragenden kirre machte, die glaubten, ich würde den Raum verlassen, weil sie etwas falsch machten. In Wahrheit war ich ab dem ersten halbwegs brauchbaren

Satz, den ich zitieren konnte, in einer parallelen Programmschiene.

Aber gut, im Grunde genommen war ich undankbar – das bisschen Bloggen sollte ja nicht so ein Problem sein. Ich hatte sehr darum gekämpft, mich beim Fanfund durchzusetzen, der eben Menschen wie mir ermöglichte, kostenlos in ferne Länder zu reisen und dort einschlägige Veranstaltungen zu besuchen. Voraussetzung war jedoch, neben bei der Beteuerung, bei Gewinn sein Land würdig zu vertreten und einige Berichte zu verfassen, erst einmal, eine Wahl zu gewinnen. Da musste man natürlich in einer gewissen Szene auch bekannt sein. Monatelang hatte ich über Facebook, Foren und höchstpersönlich um Stimmen gebettelt, was alles andere als einfach gewesen war, da das Wahlrecht an eine kleine Spende gekoppelt war. Ich hatte mich da gegen starke Konkurrenten durchsetzen müssen und es lief anfangs eher lau. Bis es dann gegen Ende eine unerwartete Wendung gab und plötzlich der Zähler nach oben gerutscht war.

Böse Zungen hatten behauptet, dass das mit einem gewissen Foto zu tun gehabt hatte, dass mir ein sogenannter Freund hämisch auf meine Facebook-Pinnwand gepostet hatte. Ich hatte zwar auf diesem Bild nicht viel an, glaubte aber nicht, dass das tatsächlich positiven Einfluss gehabt hatte. Das Ganze war immerhin weder spektakulär noch sonderlich ästhetisch, sondern zeigte mich bei sommerlichen Temperaturen auf einem Campingplatz, wie ich in Shorts und ein Bikinioberteil gekleidet einen Topf voll mit unappetitlich aussehender Dosenravioli auf einem Campingkocher umrührte. Mehr als das bisschen unbedeckte Haut hatte mich geärgert, dass man die dunklen Streifen am Hals und seitlich am Brustkorb sehen konnte. Mein Hausarzt hatte mir zwar versichert, dass es nur harmlose Hautverfärbungen waren, aber ich fand sie einfach ziemlich hässlich und trug daher im Normalfall Rollkragenpullover – außer eben bei dreißig Grad im Schatten auf einem Campingplatz.

Ich ging ein paar Schritte, während ich die Anzeige des WLAN-Netzes im Auge behielt. Allmählich wurde es etwas besser, aber ohne eine Sitzgelegenheit oder zumindest ein Stehtischchen nutzte mir das reichlich wenig. Ich beschloss schließlich, es mal in einem der angrenzenden Räume zu probieren. Es war ja offenbar der Lesesaal einer Bibliothek, wie ich durch die Glastür erkennen konnte. Wenn es denn einen gut funktionierenden Router gab, dann doch bestimmt dort!

Die Tür knarrte, als ich sie öffnete und alle Blicke lasteten auf mir. Ich hob grüßend die Hand und tat so, als ob ich eben einen alten Bekannten entdeckt hatte, um die peinliche Situation zu überspielen. Ich ging möglichst schnell zu einem freien Platz, um mein Netbook aufzuklappen.

Mein Nachbar, ein älterer Herr im Rollstuhl, beugte sich zu mir: »Wir haben Sie erwartet.«

Ich war völlig baff. Und was noch weitaus seltsamer war: Ich hatte den Mann verstanden, obwohl er weder auf Deutsch noch auf Englisch mit mir gesprochen hatte. Dabei kannte ich, abgesehen von ein bisschen Latein, das sich von Jahr zu Jahr mehr verflüchtigte, keine Fremdsprache!

»Oh«, sagte ich. »Sie meinen den Fanfund.«

»Ja«, sagte er. »Aber vor allem geht es um das Buch.«

Mein Blick fiel auf seine Hand, die auf dem Tisch lag. Ein verwachsenes Etwas, das in mir die unangenehme Assoziation mit einer Froschextremität hervorrief. Vielleicht ein Unfall? –Ich hatte mal einen Bekannten gehabt, der bei einem unterbezahlten Ferienjob in einer Fabrik in eine der Maschinen gekommen war. Da hatten sie so wenig von der Hand retten können, dass die Chirurgen erst einmal mehrere Finger zusammen genäht hatten.

»Aha«, meinte ich – abgelenkt von der Hand – wenig intelligent. Welches Buch? Eine der vielen Anthologien, in denen ich vertreten war? Meine Jugendsünde von Roman, der im Grunde nur aus einer zusammenhanglosen Aneinanderreihung von Tagträumen bestand und der bei einem Verlag erschienen war, dessen Name nicht gerade dazu geeignet war, eine Vita zu schmücken? Oder das Werk, das jetzt seit vier Jahren angeblich immer kurz vor der Veröffentlichung stand?

Ich spürte, wie sich schließlich alle Menschen in dem Raum zu mir gewandt hatten. Sie kamen mir wie Raubtiere vor, die auf ihre Beute lauerten.

Mir wurde das Ganze zu schräg. Von Science-Fiction-Fans war ich ja einiges gewöhnt, aber es gab für alles Grenzen. Ich klappte das Netbook zu, ohne es herunterzufahren und stand auf.

»Du musst erst das Buch finden!«, mischte sich eine Frau ein und trat mir in den Weg.

Ich sah mich um. Der Raum war bis unter die Decke mit Büchern vollgestopft. Selbst wenn mir klar gewesen wäre, wonach genau ich Ausschau halten sollte, wäre das sicherlich nicht in den paar Tagen, die mir für diese Stadt zur Verfügung standen, zu bewerkstelligen gewesen. Es war demnach ein völlig absurdes Ansinnen.

»Ich bin nicht so gut im Suchen«, versuchte ich mich in einer Ausflucht. »Das kann jemand anderer besser.«

»Du bist die Auserwählte, das Buch zu finden. Wir sind uns da sicher«, mischte sich ein junger Mann ein.

Ich sah sehr zweifelnd drein. Am liebsten hätte ich mir an die Stirn getippt und wäre einfach gegangen. Allerdings traute ich mich nicht.

Statt weiter zu protestieren, beschloss ich allerdings, den umgekehrten Weg zu gehen: Wenn die Spinner gerne in ihren Wahnvorstellungen bestärkt werden wollten, dann konnte ich genauso gut mitspielen! Also trat in an das Regal heran und tat so, als würde ich tatsächlich suchen. Meine Finger strichen über die Buchrücken, fuhren liebkosend über dickes Leder und Goldprägungen. Und da war sie wieder, diese Begeisterung für Bücher, diese an Fanatismus grenzende Bibliophilie. Ein Hunger nach dem geschriebenen Wort, der letztendlich durch Lesen und Schreiben zu bändigen, aber nicht zu stillen war. Mehr denn je fühlte ich die Erregung und mit einem Mal spürte ich, dass ich dem Ziel nahe war: Diesem einen, diesem ganz besonderen Buch, das mein ganzes Leben lang vorhalten würde.

Ich griff spontan nach oben und holte ein Buch hervor. Mit zittrigen Fingern schlug ich es auf und mir entfuhr ein Aufschrei der Enttäuschung. Das Buch war alt und kunstvoll illustriert, aber es war nicht das Werk, das diese fiebrige Erregung in mir ausgelöst hatte. In dem Moment gab es einen Knall. Das schwere Werk hatte offenbar als Stütze für die anderen gedient und nun fielen die Bücher der Reihe nach um. Die zwei vordersten fielen zu Boden. Ich bückte mich automatisch danach – und fühlte nichts.

Dann fiel mein Blick ins Regal. Ein Band steckte hinter dem Regal fest.

Ich griff danach und wusste sofort, dass es das richtige Buch war. Ich blätterte durch und hätte fast vor Enttäuschung aufgeschrien, als nach wenigen beschriebenen Seiten alles leer war.

»Das Werk ist unvollendet. Du wirst es fertigschreiben.«

Ich sah mir die vielen leeren Seiten an.

»Das wird dauern. Ich bin nur noch vier Tage hier«, lehnte ich ab.

»Das macht nichts. Wir haben lange auf die Wiedergeburt unseres Propheten gewartet, dass es auch auf Jahre nicht ankommt ...«

Und ja, ich kehrte nach Hause zurück. Dort schrieb ich das Buch des Lebens. Und ich träumte davon, ins Meer zurückzukehren ...

*2. Platz beim Deutschen Phantastik-Preis 2010*

# Metamorphosen

## Auf den Spuren H. P. Lovecrafts

### von M. Bianchi, S. Eberl, N. Horvath (Hrsg.)

Geschichten über Menschen, die aus ihrem Alltag gerissen werden und sich einem Schicksal stellen müssen, das an Ekel und Bizarrerie ihre Vorstellungen übersteigt. Sie sind die Auserwählten, die Wiedergeburt einer Rasse, die sich anschickt, den Planeten ein weiteres Mal zu erobern.

*14 cthuloide Geschichten in einer Anthologie der Edition Geschichtenweber.*

200 Seiten Taschenbuch

ISBN 978-3-940036-03-3
Preis 11,90 €

*Jedes Exemplar enthält einen Downloadcode für die CD Devourer der Band Sorrowfield.*

*2. Platz beim Deutschen Phantastik-Preis 2012*

# Die Klabauterkatze

## Auf den Spuren H. P. Lovecrafts

### von T. Backus, M. Bianchi, S. Hubmann (Hrsg.)

Auf dem Weg zu einem abgelegenen Dorf leistet einem Heiler eine Katze Gesellschaft. Kann ein so liebes Tier Tod und Verderben über die Menschen bringen?
Archäologen graben sich durch uralte Ruinen und finden einen bizarren Spiegel. Zu welchen blutigen Ritualen diente er einst den Maya?
Ein Student entdeckt im Schreibtisch seines Professors ein blasphemisches Buch. Sind tatsächlich mordende Monster auf der Suche danach?

Mit „Metamorphosen" ist es den Geschichtenwebern gelungen, den Lovecraftschen Kosmos um einige Facetten zu bereichern. Dennoch lauern noch viele Geheimnisse der Großen Alten verborgen in der Vergessenheit und warten darauf, erweckt zu werden.
15 Autoren haben sich diesmal gefunden, um erneut „Auf den Spuren H.P. Lovecrafts" zu wandeln.
Das Grauen ist nicht von dieser Welt. Aber es lauert hier ... und es will gefunden werden!

420 Seiten Taschenbuch

ISBN 978-3-940036-09-4
Preis 14,90 €

*»Was für ein Buch!«* – *Horror and more*
*»Unbedingt lesen!«* – *Krimi & Co*

# Wasser

## von Vincent Voss

Die Sommerferien stehen vor der Tür. Am letzten Schultag bringt ein Gewitter den Regen mit, der nicht aufhören will. Das Wasser steigt im norddeutschen Henstedt-Ulzburg an und mit ihm ereignen sich mysteriöse Ereignisse.

Paul, Mark, Dirk, Sasch und Lucie wollen in den Ferien ein neues Baumhaus bauen. Fast keine Kinder mehr und auch noch keine Jugendlichen – so erobern sie die Plätze der »Großen« und machen dabei eine grausame Entdeckung.

Sie wollen Hilfe von den Erwachsenen holen, aber stellen fest, dass ihnen bereits etwas folgt …

Mit dem Wasser kommt das Böse!

320 Seiten Taschenbuch

ISBN 978-3-940036-31-5
Preis 13,90 €

*Ein Knusperhauskettensägenkannibalen-Abenteuer mit
märchenhafter Note und einer beeindruckenden
Geschichte, der man sich nicht mehr entziehen kann, hat
man sie einmal probiert. – Feenfeuer*

# Im Zentrum der Spirale

## von Cecille Ravencraft

Thomas, ein junger Mann auf der Flucht, findet unverhofft Unterschlupf bei einem sympathischen Pärchen: Den Moerfields.
Wie Hänsel ohne Gretel lässt er sich in ein Pfefferkuchenhaus der besonderen Art locken und wie Hänsel wird er nach Strich und Faden mit dem besten Essen verwöhnt.
Die einsamen Moersfields sehnen sich nach einem Sohn und setzen ihre Hoffnungen auf Thomas – und sie lassen sich nur ungern enttäuschen ...

420 Seiten Taschenbuch

ISBN 978-3-940036-06-3
Preis 14,70 €

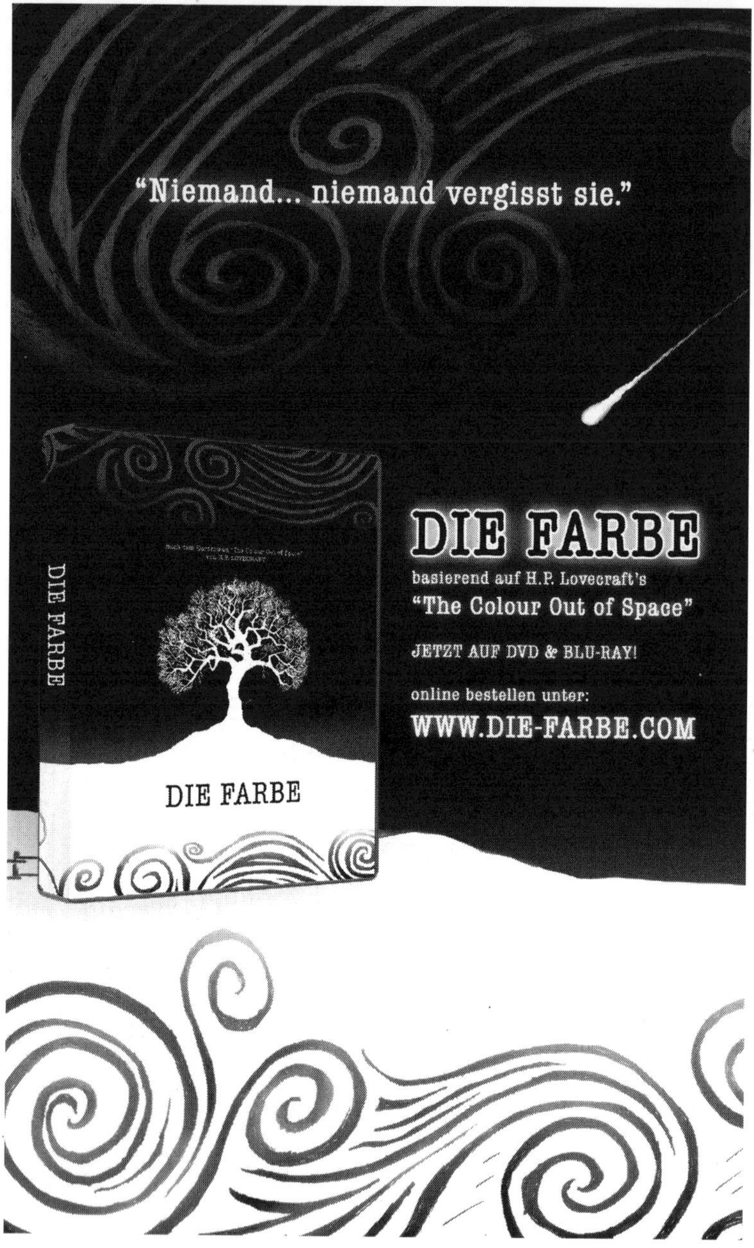
"Niemand... niemand vergisst sie."
DIE FARBE
DIE FARBE
DIE FARBE
basierend auf H.P. Lovecraft's
"The Colour Out of Space"
JETZT AUF DVD & BLU-RAY!
online bestellen unter:
WWW.DIE-FARBE.COM